U0498870

CAMBRIDGE
－剑桥精选－

脆弱的未来

灾害、大流行病和气候变化的不确定性经济学

Fragile Futures

The Uncertain Economics of Disasters, Pandemics, and Climate Change

〔美〕维托·坦茨　著

陈瑶　译

商务印书馆
The Commercial Press

Vito Tanzi

FRAGILE FUTURES

The Uncertain Economics of Disasters, Pandemics, and Climate Change

Copyright © Vito Tanzi 2022

根据英国剑桥大学出版社 2022 年版译出

This is a simplified Chinese translation of the following title published by Cambridge University Press：

Fragile Futures：The Uncertain Economics of Disasters, Pandemics, and Climate Change
ISBN 978-1-009-10012-0

This simplified Chinese translation for the People's Republic of China (excluding Hong Kong, Macau and Taiwan) is published by arrangement with the Press Syndicate of the University of Cambridge, Cambridge, United Kingdom.

© Cambridge University Press and The Commercial Press, Ltd. 2024

本书由浙大城市学院资助

为浙大城市学院科研成果

目　录

致　谢

这本书的大部分内容是在当前新冠病毒疫情下的强制隔
离期内完成的。隔离减少了人际交往，也减少了他人对创作
可能产生的影响。也因为如此，我需要感谢的人并不多。

首先，我必须感谢多年的挚友乔治·伊登（George Iden）
博士，当我们还是哈佛大学的年轻学生时就已相识。他阅读
了本书的初稿，并提出了很多有益的意见。其次，我要感谢儿
子亚历克斯·坦兹（Alex Tanzi），他是彭博新闻社的资深编
辑。他提醒我关注一些容易被忽略但又与本书话题相关的研
究，如涉及气候变化以及全球变暖等问题的报告。我的妻子
玛丽亚（Maria）是第三位我想要感谢的人。她是一位受过专
业培训的统计学家。几个月来她打理着家里的一切，有时她
一定觉得自己是和一个毫无反应的僵尸生活在一起，因为我
完全沉浸在写作中，几乎没有承担任何家务，甚至是那些本应
由我负责的活儿。但她总是以她一贯的优雅全心全意地支持
我。此外，她还经常帮助我解决一些令我感到困惑的电脑
问题。

此外，两位匿名读者提供了非常有价值的意见，让我对一

些问题进行了重新审视。

也许我还应该提到维基百科的帮助。本书涉及的一些灾难事件发生在很久之前，资料很难获取，而在这方面维基百科提供了很多宝贵信息。

Legum Servi Sumus ut Liberi Esse Possimus

（为了自由，我们成为法律的臣仆）

马尔库斯·图利乌斯·西塞罗（Marcus Tullius Cicero）

公元前 106—前 43

第一编

不确定的未来事件及对其的反应

第一章 绪论

税收、法规和公共支出历来是政府满足集体需求以及实现国家目标的主要手段。各国公民一直寄希望于通过政府追求或实现集体及国家目标。当然,要精准地确定任何特定国家在任何特定阶段的集体需求或国家目标相当不易,同样难以确定的是能够满足这些需求与目标的税收水平。在实现这些目标方面,一些政府明显更为擅长,一些公共产品也超越了单个国家的边界。

由于技术和社会的发展,集体需求或目标会随着时间的推移而改变。同样,政府征税和有效监管的能力也会不断变化。因此,广泛的政府角色需要转变,必须认识到政府也许有能力满足公民的需求,但有时也可能无法满足。

实行市场经济的民主国家通常认为集体需求可以通过民主方式决定,同时集体需求将为理想的税收水平和必要的监管政策提供建议。这样的民主程序还可以决定税收和监管预算的分配,以及如何使用税收收入和通过贷款筹集而来的资金。当这一切以最佳方式完成时,就可以如西塞罗在两千年前那样声称:"为了自由,我们[将]成为法律的臣仆。"

　　自然,总会有一些个人或团体认为税收水平或公共债务水平过高,而不论它们实际有多高;有些人则认为它们太低,不足以满足集体需求。其他人可能认为,税收负担没有在该国公民之间公平分配。还有一些人认为,筹集的资金没有得到有效或公平的使用。监管预算也是如此。有些人批评预算过度、成本过高,且对个人自由的限制过大,而另一些人则批评监管不足。这些辩论使民主国家成为令人兴奋的地方,但有时也让人感到难以忍受、易遭批评。它们也让一些人怀念过去的时光和待过的地方。在彼时彼地,决策由执政党和集权政府做出,那些决策虽然有时不那么民主,但决策速度更快。此外,在公共财政决策的正常框架中,人们仍然认为公共产品具有国家性,处理公共产品需要本国政策,而不是多国或全球性合作与政策。

　　在 20 世纪,有关税收的观点发生了重大变化。关于公共部门在经济中所应扮演的理想角色的看法也发生了改变。从广义上讲,尽管持续受到自由主义或保守主义的强烈反对,在过去的近十年里,政府角色得到了扩展,特别包括以下几点:

　　(1)当由市场产生的资源分配被认为不公平且过于不平等时,需要将部分收入和财富从富有的公民那里再次分配到贫困的公民手中(然而人们也已认识到再分配政策的有效性可能受制于市场经济环境,且再分配政策仍然具有国家性);

　　(2)努力通过政策的制定以促进劳动力和资本的充分利

用,此举尤其发生在经济衰退期间;

(3)促进资源的优化配置,以应对国家公共产品的需要以及大多数市场经济中存在的各种市场失灵问题。

税收专家和政府通常认为的理想的税收水平和税收措施是各国在正常时期所需要的,而非危机时期。偶尔,特别是在战争期间或在战争的预期下,一些额外的财政收入和某些新的规定出台(配给或价格控制)是必要的。此时,税收水平和一些税率会被临时推高,也会引入一些新的法规。

在正常的和平时期,在一个民主政治体制下的有效市场中,税收水平和税收结构被认为是与公民和企业的正常需求相一致的,并足以满足这些需求。在该体制下,政策的制定通常以获得有投票权的公民的支持为导向,并专注于赢得下一次选举以实现继续执政的政治目标。因此,税收在有效发挥其长期影响的同时,应能够足够满足公民常规及即时的需求;同样,法规也是如此。这些都是当代公共财政中基本、普遍和指导性的原则(Tanzi,2020a)。

在正常时期和正常经济形势下,人们期待政府尽可能地降低税收水平,保持税收结构的高效性,并将公共支出和监管的重点放在满足公民和经济的迫切需求上。此外,当制定财政规则来指导和约束政府行为时,这些规则也是基于在正常时期运行的预期,例如欧洲货币联盟的《稳定与增长公约》(Stability and Growth Pact)。该公约将成员国的最高财政赤

字定为当年国内生产总值的 3%，期望的公共债务上限定为
60%。成员国均应以该公约为目标并遵守这些规则。

　　财政规则和"财政委员会"是为了监督和执行国家内部
财政法规而设立的，自 20 世纪 80 年代以来，无论在经济学家
还是在一些政府中都广受欢迎。一些政府以及欧洲货币联盟
采用了这些法规，也有一些国家设置了类似的委员会（Kopits，
2004）。美国各州大多早在 19 世纪就引入了平衡预算规则，
同时美国偶尔也会讨论在联邦政府中引入平衡预算规则的可
能性或可取性。

　　然而，诸如战争或新冠病毒疫情等意外事件，却能使那些
过去为正常时期制定的规则变得完全脱离现实。这使政府陷
入了两难境地：或坚持已商定的规则，或如许多公民所期望的
那样，帮助他们应对那些异常情况。同时，大流行病和气候变
化也引发了关于全球需求的问题，这些需求无法通过单个国
家的行动而得到有效的满足。

　　问题是，以公共财政理论为基础的政府预期行为（详见马
斯格雷夫［Musgrave］1959 年的重要著作），以及自 20 世纪 80
年代以来盛行的财政规则，均忽视了出现不确定或无法预测
的未来发展以及未来需求的可能性，这些事件包括大流行病
和重大自然灾害的发生。这时可能需要政府采取不同的行
为，至少在紧急情况下是如此。需要注意的是，财政规则是为
预期下的政府行为而制定的，制定时并未考虑上述不可预见

和不确定的事件的发生,同时也忽略了国家外部因素的可能影响。

不确定的事态发展在此之前几乎没有引起专家或政府的注意,因为它们很难预测和准备。因此,当一个重大的意外事件发生时,那些指导性的理论或财政规则无法为政府的政策应对提供指导。在当前的新冠病毒疫情中所显露出的对政府角色的困惑也正说明了理论指导的缺乏。显然,在处理此类事件上出现了理论失效的情况。然而,该类事件以前可能发生过,因此不应该被认为是完全意外的。正如我们将在本书第二编中所报告的那样,除了战争,全球性和地区性流行病在过去不同时期都曾发生过,其他重大自然灾害也是如此。

通常,不确定的未来事件在成为事实之前,并不会改变政府当前的税收和公共支出水平,对监管预算的影响也不大。在这些事件变成确定事件之前,它们对政府决策或者私人机构的决策也不会产生影响。

如果一个民主政府为了应对那些被视为遥远和不确定的需求花费了大量资金或者实施了更为严格的监管,那么很可能会失去民众的支持,并在选举中付出巨大的政治代价,这是因为人们认为这些事件可能永远不会发生或者很长一段时间内不会发生。而在实行市场经济的民主国家中,选民的支持非常重要。政府很可能会因为在黄金时期或正常时期浪费资源而遭受批评。

在竞争性市场中,私营企业专注于生存和为股东创造利润。他们将最大限度地减少当前在经济运行中劳动力的使用和资本的投入。他们将保持低库存以控制成本。那些分配了大量现有资源用于应对未来仍不确定事件的企业,将面临在短期内竞争力下降的风险。

制药公司可能是一个例外。如果他们的新药研究获得成功,他们期待能从这些药品销售中获得一定时限的垄断权,从而获益。这些公司依赖于由投资者提供的"风险资本(venture capital)"。对投资者而言,尽管单个企业存在失败的概率,但他们会在这样的失败风险与成功企业可能带来的巨大收益之间进行平衡(Tanzi,2018a,2020b)。

综上所述,无论政府还是大多数私营企业,都不太可能对潜在的、仍不确定的未来事件给予太多思考或关注,例如未来可能发生的地区性流行病、大流行病和重大自然灾害。正如人们在当前的新冠病毒疫情中所看到的,当这些事件发生时,各方毫无准备,同时还会因缺乏对行为的明确指导而出现混乱。不同的国家选择了不同的做法。人们会要求政府进行干预,但政府将立即面临现有财政规则的障碍,就像疫情期间美国地方政府的情况一样,现有规则可能会限制部分政府行为。

历经几十年发展起来的企业税收和市场行为理论是为正常时期制定的,而并未考虑未来不确定的危机。这些理论最初基于达尔文的进化论,认为变化是在很长一段时间内缓慢

发生的。同时,它们还受到 19 世纪对进步所抱有的坚定信念
的影响。这些信念部分受到工业革命的推动,而后者被证实
是所有革命中最激进的。

正如保罗·萨缪尔森(Paul Samuelson)在其 1947 年的经
典著作中所述,发展起来的理论聚焦于实现均衡
(equilibrium)和最优(optimality)。伯恩斯坦(Bernstein,1996:
216)也提出:"[尤其是 19 世纪的]古典经济学家认为经济学
并不适用于特殊情况,他们将经济学定义为一个无风险的系
统,且总是产生最佳的结果。"多年来,尽管许多经济学家不断
地在现实世界中发现例外情况,但这个系统的本质并没有发
生根本性的改变。

值得强调的是,自由放任主义以及古典、新古典经济学家
建立的均衡理论着眼于长期均衡。他们不会没有注意到在短
期内一些市场失灵会在市场局部发生,甚至确实已发生。然
而,他们相信假以时日,竞争的力量会占据上风,并使市场回
到平衡和高效的状态。对于他们而言,市场均衡和进化一样,
是一个动态过程。这一观点是芝加哥学派经济学家和凯恩斯
主义经济学家之间分歧的核心,前者聚焦长期,后者则更注重
短期,尤其是商业周期的影响。

凯恩斯主义经济学家将商业周期引发的不均衡现象视为
常见的发展,而非例外情况。他们认为非均衡性是资本主义
经济的一个重要组成部分(Rohatinski,2017:100—101;

Vicarelli,1984)。问题是时间越长,越有可能发生意外和随机的危机。一件不太可能在一年内发生的事件,很有可能在十年乃至一百年内发生。长期比短期更有可能经历那些曾被认为是不可能发生的随机事件。

正如我们将在本书中提到的,各国都无法避免这些事件的发生。它们有时会威胁生命、导致财物损失,并影响人们的正常生活。这些事件需要社会和政府做出特别或非常规的响应,而不仅仅是来自单一个体且缺乏协调的应对。在过去一个多世纪里,政府经常被要求在"一切手段都失效了"的情况下进行干预和"做点儿什么"(Moss,2002)。

随着政府在税收、管理、市场监管和公共资金分配等方面能力的提高,公民对它们的要求也在提高(Tanzi,2018b)。然而,这些要求主要与政府应对可识别风险有关,包括处理许多公民面临的失能、疾病、养老和失业等风险。为了应对此类风险,政府逐步建立或修订了政策。在一些国家,政府在处理这些风险方面更为积极且高效。然而,政府通常会忽视可能由不确定事件所引发的需求,例如未来可能发生的大流行病或气候变化所带来的影响。

目前有很多书介绍、分析并批评了政府在处理公民所面临的可识别风险方面扮演的角色,因此在本书中我们将不再关注这些政府功能。然而,很少有讨论涉及政府在处理特殊情况时所起到的实际或潜在的作用,而这些特殊情况在过去确实偶尔发生过,且预计在未来仍会不断出现。这类潜在的、理想的政府角色除了在 20 世纪 80 年代之后关于"全球变暖"和其他一些环境问题的讨论中出现过,迄今为止在很大程度上被经济学家和政治学家所忽略。

　　自 20 世纪 80 年代以来,环境问题越来越受到一些经济学家和其他人士的关注,但政府的行动仍相对有限,且无论经济学家还是各国政府都没有就政府应发挥的作用达成一致。一些经济学家和政府(如特朗普政府和巴西政府)一直漠视这些影响,并且坚信自由市场和自发创新能应对部分环境问题。他们希望政府不要插手干预。其他政府则认为政府应该积极介入并在处理这些问题上扮演部分或主要角色,例如2021 年 1 月履任的拜登政府。

　　本书的主要目的是引发对在特殊情况下政府角色的关注。这些特殊情况可能涉及大流行病和其他重大灾害的发生,而政府过去在应对此类事件方面并没有发挥太大的作用。有一些灾害持续时间短、影响范围有限,它们所带来的冲击严格来说是国家性的。其他的灾害则可能涉及更广泛的地理范围。后者包括一些大流行病,例如 1918—1920 年的"西班牙流感"和 2020—2021 年的新冠病毒疫情。此外,气候变化事件涉及的地理范围显然也非常广泛。

　　在本书撰写期间(2020 年下半年及 2021 年上半年),没有人知道当下的全球性疫情会伴随我们多久,以及它最终将对经济和社会产生何种影响。除了天花,过去引起大流行病爆发的病毒从未被完全根除。当病毒在一定程度上被医学进步所控制后,它们就成了地方性流行病。如果新冠病毒能得到更好的控制,大流行也可能向地方性流行转化。

2020年,一些国家的国内生产总值下降超过10%,数百万工人失去了工作。这是自大萧条以来最大的年度跌幅。2020年底至2021年初,新冠病毒疫情仍在继续,并且在一些国家变得愈发严重。各国政府似乎对该做些什么一直感到困惑:他们应该努力维持和推动总需求的增长,还是应该帮助"一线工作者"和那些更容易遭受疫情影响的人?这些人中有许多失去了收入,其家庭也面临着挨饿的风险。尤其在美国等一些国家,在规范个人行为和公共开支的选择上已经引起了很多争论和分歧。

有效应对重大、全球性的大流行病以及诸如全球变暖等问题需要不同国家政府间的合作。许多自然灾害可能只需本国引起重视,除非它们袭击了非常贫穷的国家。例如2010年在海地发生的地震导致数十万人死亡,受到了全球关注。一些极度贫困的国家可能在没有外部帮助的情况下无法处理这些重大的国内灾害,世界其他国家则有义务帮助这些国家并在其中发挥作用。而在另一些情况下可能需要加强全球协作。在大流行病持续期间,提供疫苗是援助贫困国家的方式之一。

长期以来,在应对大流行病和其他灾害方面,各国政府可能起到的理想作用已经发生了重大变化。基于公民的期望,今天的许多政府比过去更有能力,也可能更有意愿在这些重大危机中挺身而出。然而,现有的财政规则可能对资金的使用和监管造成暂时的限制。

本书第二编将提供一些历史记录,其中包括一些重大的地区性流行病、大流行病、自然灾害和其他灾害,以及政府在应对这些灾害时所发挥的作用。如人们意料的那样,在久远的过去,由于能力以及行政和财政资源的限制,政府起到的作用非常有限。

本书第三编将更多地关注当下,并讨论政府对当前新冠疫情的响应以及对日益严重的气候变化问题的应对。这些事件给世界带来了更为复杂的问题和未来不确定的后果。希望本书不仅能引起经济学家们的关注,也能够走近广大感兴趣的读者,并能激发人们对本书相关问题的思考。本书提供了大量的信息,很多内容可能许多读者并不了解,但会觉得是有价值的。读者也许会发现关于全球变暖的讨论特别令人不安和担忧,也可能有读者不同意本书中的主要结论。

接下来的第二章将以一种易于理解的方式讨论一些理论问题,这些问题可能会涉及政府利益、影响政府对危机的预测,以及决定政府防范危机以及当危机成为现实时的政府干预能力。该章节将特别关注具有一定统计精度的可预测危机与不可预测危机之间存在的区别,还将着重强调在实行市场经济的民主国家内不确定性所扮演的角色。人们可能并没有充分理解风险和不确定性之间的区别,也没有意识到这种区别时常会指导或限制个人和政府的行动。但有时两者之间根本性的差别会促使一些非理性的行为发生。行为经济学应该给予这个领域更多的关注。

　　本书的一个重要结论是,也许在现代经济中,在应对风险事件(那些可通过统计分析测量风险的事件)的保护措施上投资过度,而在防范不确定事件(那些不可测量风险的事件)方面却投入不足。有人认为各国应做出更大的努力,为大流行病和一些重大自然灾害等不确定事件的发生做好准备。这些事件可能会在未来爆发,但发生的具体时间和范围尚不明确。政府不应满足于现状,为这些不确定事件做一些准备可以在事件发生时减少影响。有些事件虽然在统计学上不可预测,但比其他事件更有可能发生。前者需要也应该得到更多的关注。气候变化就是其中之一。

第二章　风险与不确定事件

通常情况下,大流行病和重大自然灾害等未来的重大危
机在几乎是平稳运行的经济结构下被认为是罕见的异常现
象。它们被视作预计不会发生的随机事件。正因为如此,经
济学家很难对这些事件进行处理和分析(Moss, 2002:40 -
41)。由于未来事件发生的概率很难通过可靠的统计分析来
预测,因此通常也不会改变政府、私人企业或大多数人的工作
方式。他们只是继续假定此类事件不会发生。

这在民主制度成熟和实行市场经济的国家尤是如此。而
在不具备这些特征的国家里,情况可能有所不同。这些国家
采用更多的中央计划经济,因此受短期因素或限制的影响较
小。在遥远的过去,建造长城或在欧洲一些城镇周围修建大
规模城墙的政府显然不是出于短期考虑,而是为了应对长期
和不确定的威胁。但它们并不是民主国家。

在过去的几个世纪里,数学家和科学家,以及精通数学的
赌徒都曾试图从一些重复多次的游戏或活动中推算出均值,
这些活动包括长距离航海。意大利数学家吉罗拉莫・卡尔达
诺(Girolamo Cardano)、荷兰物理学家克里斯蒂安・惠更斯

（Christian Huygens）、法国数学家布莱士·帕斯卡（Blaise Pascal）和瑞士数学家丹尼尔·伯努利（Daniel Bernoulli）将他们的数学技能运用到纸牌游戏中来测定预期收益和合理的游戏成本。他们逐步引入了一些新的概念，例如"风险厌恶（risk aversion）"，即一个人拥有的财富越多，财富的边际效用就越可能下降，基于这样的事实，在某个给定收益和等量损失之间，大多数人可能更看重后者。又比如多元化分散投资以减少风险的重要性，以及可能影响保险市场的逆向选择和道德风险等，这些概念都是当时提出来的。

保险业根据预期损失确定并收取保险费，上述概念有许多被证实在该行业的发展中非常重要。同时，这些概念对证券交易的发展也非常重要。保险公司和证券交易所早在 18 世纪就已经存在。这些市场运行的基础是认为许多经济活动的预期和公允价值可基于已有信息确定。这是基于风险的概念，通过对足够样本量的观测来进行统计测定。当然，观测量越多，样本量越大，预期价值就越可靠。

诸如公众健康危机和重大灾难等未来不确定事件发生的可能性通常不会进入民主政府的常规决策流程，也不会纳入市场经济下包括保险公司在内的私营企业的现行计划和市场行为中。它们被视为罕见或特殊的事件，而不是可以预测结果的重复性事件。

约翰·梅纳德·凯恩斯（John Maynard Keynes, 1921b）是

最早对这种差异和困境进行分析的学者之一，并在他的《概率论》（*A Treatise on Probability*）一书中进行了相关论述。他数年为此书笔耕不辍，其著作于 1921 年出版。那一年特别动荡，俄国正在经历列宁领导下的革命，德国一直在经历恶性通货膨胀并面临着如何向第一次世界大战战胜国偿还巨额战争债务的问题，而意大利已经开始向法西斯靠拢。对未来发展的不确定性是影响诸多国家经济发展的主要政治因素。

在那本书中，凯恩斯指出，基于所观察到的过往事件发展起来的统计关系通常对投资或其他一些决策并无用处。他列举了一些例子，这些例子显示有些基于已有知识的预测后来被证明是错误的。他提到了不确定性，但那些不确定性与不同观测者对变量（例如利率、产出或价格）的未来预测有关，而不是真正的不确定事件。如果他生活在我们这个时代，他可能会提到美国 2016 年总统选举，当时基于民意调查的预测结果并没有成为事实；或者会谈及 2007 年次贷危机前的房地产市场投资；又或者会提及华尔街专家对充分就业常常做出的乐观预测。这些都可以被认为是凯恩斯所提出的不确定性。

2007 年之前对房地产市场的投资主要是基于在过去几年中所观测到的住房价格的变化。价格的持续上涨使许多人预期房屋价格只会不断走高。因此，以低净值资产担保和相对便宜的信贷购买房屋显然是一项双赢的投资。一些既没有积蓄也没有工作的人就这样跳进了房地产市场。这个市场渐渐变得愈发非理性，吸引了越来越多的投资者。那些提供抵押贷款的人本应更详细地了解贷款人的背景，但当他们可以将一揽子抵押贷款打包并证券化后出售给养老基金时，却变得疏忽大意，而那些距离遥远且信息不对称的基金经理则以为他们正在投资一项安全的资产。通过这种方式，原始贷款人可以将任何存在的风险转嫁给他人。艰深晦涩的金融合同与目光短浅的基金机构的通力配合成就了通往危机的平坦大道（Lewis，2010）。

尽管很多预测基于大量的统计信息，且在过去几年间许多投资者还得以借助更为强大的计算机算力来进行测算，但事实证明其中多数预测是完全错误的。尤其在金融市场扩张成为世界性市场之后的几年里，金融市场变得更加理性化和信息化，股市分析专家和量化分析专家纷纷进入金融市场，对冲基金和其他金融机构也配备了相关专业人员。

在凯恩斯1921年的书中，可以看出他已经意识到了可测度的风险与不可测度的不确定性之间存在区别，尽管他分析和使用的案例只显露了少许迹象。15年后，他在《就业、利息和货币通论》（*The General Theory of Employment, Interest, and Money*）一书中将该观点表达得更为明确。他指出：“在我们对事情的预期中，常常认为如果对非常不确定的事件给予高度重视，那将是愚蠢的。”就此，他在脚注中解释道：“我所说的'非常不确定'与'非常不可能'不是一回事。"他还提到，"我们通常的做法是以当前的情况推断未来。只有当我们有非常确定的理由认为未来会发生变化时，我们才会做出调整"。"实干家""通常最关注的是信心"，"而经济学家还没有对此仔细分析过"（Keynes，1936：148）。

弗兰克·奈特（Frank Knight）也在1921年出版了一本有关该主题的重要书籍，但凯恩斯当时并不知道，也未在书中引用相关观点。1970年乔治·阿克尔洛夫（George Akerlof）发表的一篇论文对不确定性在市场中的潜在作用进行了分析。该研究指出，在某些市场交易中存在信息不确定性，比如二手车市场。同时，研究认为该不确定性的存在损害了该市场及类似的市场。阿克尔洛夫所做的贡献在于提出了在市场交易中信息不足和信息不对称的现实，但并不是对这些"意外事件"所扮演的角色的研究。而后者正是本书要阐述的主题。值得关注的是，在1977年，也就是阿克尔洛夫的文章发表的几年后，一本书名中包含"不确定性"的著作问世。这本著作被认为重要到足以改编成电视剧，它的作者是凯恩斯的坚定追随者约翰·肯尼斯·加尔布雷思（John Kenneth Galbraith）。书中强调了个人决策受到"既得利益"的引导，而不受"不确定性"的影响。但加尔布雷思的这部作品也没有引用弗兰克·奈特1921年出版的那本书。

2007—2008年的次贷金融危机和随后的"大衰退"，以及

2020—2021 年的新冠病毒疫情似是凭空出现,并对经济活动和就业产生了重大影响。这些事件的发生在近期引发了一些相关研究(Pindyck & Wang,2009;Martin & Pindyck,2019;Kay & King,2020)。这些最近的研究从经济的角度讨论了"意外事件"。然而,不确定性至今仍然是一个有些模糊和基于直觉的概念,并在决定或影响个人和政府经济决策方面扮演着次要的角色。不过,罗曼·弗雷德曼(Roman Frydman)和戈德堡(Goldberg)在 2007 年所出版的一本书可能值得注意,该书讨论了缺乏完备的知识对测算未来汇率和其他变量的影响。

早期的一些文章也曾关注相关内容,例如由投资者带来的非理性繁荣和市场的不当行为。这些现象的出现可能背离了传统经济学家,特别是芝加哥学派的经济学家所假定的平稳、常规的市场运行方式(Shiller,2000;Mandelbrot & Hudson,2004;Greenspan,2007)。曼德布罗特(Mandelbrot)曾尖锐批评"有效市场假设",对于商品价格和利率等很多变量都以正态概率分布为特征的常见假设也提出了异议。他认为这些假设没有重视和关注长尾事件(tail events)的发生(特别见第一章的讨论)。

16 在 2009 年出版的一本书中,理查德·波斯纳(Richard A. Posner)曾提到"难以确定新金融工具的风险",正是这一点导致了 2008 年的金融危机。在书中第 60 页,他谈到奈特对于风险和不确定性的区分。波斯纳暗示两者的区别一直隐含在"专业金融人士"提供的声明中,有时也会出现在"金融市场行家"所设计的各种复杂金融工具的推广宣传里。聪明的专业人士将这些新的金融工具推销给金融市场上天真无邪的买家,并声称工具的复杂性(有时是甚至连金融专家也难以理解的复杂程度)会令风险降低。格林斯潘(Greenspan)告诉人们风险被分散了,因此更容易承受,从某种意义上说"风险更小"。然而,金融危机的爆发说明情况显然并非如此。

现代人对这些自称更了解情况、聪明而高薪的"专业人士"的能力抱有坚定的信心,这也极大激励了那些不太成熟的投资者将资金投于本质上仍然是不确定的、有时是高度可疑的投资标的。复杂性往往成为光鲜诱人的包装,经常被用来掩盖风险可测度的投资与不确定性投资之间的区别(Posner,2009:109—110)。和在金融危机发生前的几年里那些养老基金经理以及其他人一样,一些容易轻信的投资者在本应了解更多信息的情况下忽视了风险与不确定性这一重要的区别(Lewis,2010)。这场危机导致一些大型银行破产,并需要通过政府为其他银行提供大量援助以阻止整个金融体系的崩溃。而在当时,一些有问题的做法也变得很平常,包括内部人士对伦敦同业拆借利率(LIBOR)的操纵。

也许技术领域和其他领域的决策也会对不确定性产生类似的反应。波音公司曾是最值得信赖的飞机制造商之一,但因为在某个技术领先的新机型的安全性能上"撒谎",该公司被罚款超过 20 亿美元,而该机型在几个月内两次发生坠毁事故。显然,波音公司的一些工程师已经意识到该机型的某些功能可能无法正常运作并会导致事故。但或许很难相信这些训练有素、收入丰厚且想必是有责任心的人会就此隐瞒这些问题。更为合理的解释也许是,在他们看来,发生机械故障而导致重大事故的可能并不是一种风险,而只是一种遥不可及的可能性。尤其是当他们意识到透露这种担忧会对波音公司带来财务影响时,他们认为这种非常不确定和不可量化的可能性可以忽略不计。

同样,当负责检查昂贵的基础设施,诸如核电站、电网、大坝、缆车和桥梁的人们发现一些不合常规的现象时,往往也面临艰难的抉择:或者关闭设施并面对由此造成的高昂的直接成本;或者在自己的头脑中把危险最小化,并假设和期望至少在下一次检查之前不会有糟糕的情况发生。通常他们会选择后者,这样在事情发生之前不会产生任何成本。

这种常见的非理性有时的确会导致灾难,就像 2018 年 8 月热那亚(意大利)莫兰迪大桥的倒塌,以及 2021 年 5 月斯特雷萨(也是意大利)缆车轿厢的坠落事件。上述两个事件,事前在检查过程中都发现了一些不正常的情况,但这些不正常被最小化甚至忽略了。这种系统性的非理性现象的存在可能比我们意识到的更为普遍,而且由于其代价高昂的后果,理应获得更多的关注。

有趣的是,在 2021 年 2 月 23 日关于 2021 年 1 月 6 日美国国会大厦骚乱事件的参议院听证会上,美国参议院前军士长表示,国会警察对袭击国会事件缺乏准备的原因是警察是对"可能"事件做准备,而不会为了应对"遥远到不可能的"事件做防范。问题是"可能"和"不可能"事件之间的差异可能会变得非常小,而对这种差异的认知往往受到"非理性"的影响。

理论上来看,人类可能存在一种倾向(也许是非理性的),即当某些可能性会带来不愉快或代价高昂的后果,并且这种可能情况发生在未来、发生概率非常不确定以至于无法量化时,人们通常会忽视它们。这种非理性可以用来解释波音公司工程师或基础设施的检查员们那些看似不可思议的行为。非理性行为会导致我们忽视不确定和不愉快的未来事件,这种影响值得引起行为经济学家和研究人类行为的心理学家们的关注。

在卡尼曼(Kahneman)的书中没有提到凯恩斯或者奈特的著作,也没有提到风险和不确定性之间的区别,然而他意识到"非常罕见的事件……有时会被完全忽略"(2011:315),除非"一个不太可能发生的事件成为关注的焦点"(2011:316)。这可能意味着,如果政府想引入更严格的法规以更好地保护个人免受地震的影响,或投入经费以更好地保护城市免受五级飓风的影响,则他们应该在这些重大事件发生后不久,当公众仍然记忆犹新时采取相关措施。

未来的危机和许多其他未来的事件往往无法以任何程度的精确度来有效预测它们发生的时间与严重程度,以及持续的时间。如果能做出这些准确预测,政府和私营企业就能够考虑采取特定的行动,在它们发生之前和发生时更好地应对和处理。至于他们是否真的会采取这些行动则是另一个问题。他们能做的是预留一些当前的资源,以便在这些危机到来时做好准备。例如,在未来的某个时间点,特别是在某些特定地区(如加利福尼亚、佛罗里达、路易斯安那)会发生重大灾害(地震、飓风、火山爆发等)的预期可能是合理的。但未来是漫长的,个人的预期寿命也是有限的,政府和企业可以用来实现短期、明确的目标的资源也受到限制。总有一些紧迫的需求需要动用稀缺的可用资源,因此短期的需求往往优先于不确定的和未来的需求。

一般来说,对于发生时间越近和可预测性越强的事件,应对和准备就会越充分。时间一直是经济学中的一个重要因素,但它所起到的作用往往超出原本应有的程度(经济学中有关时间所起作用的理论分析可见 Rohatinski,2017)。流行病、重大飓风、地震、火灾、海啸、龙卷风和其他可能的自然灾害以及核灾难,其发生的时间和严重程度都无法预测。而正因为无法做出预测,人们难以为这些事件做有效的准备,也不可能

创建保险市场以应对它们可能引发的未知成本，而且至今也
未曾有人尝试过。

　　然而，不确定性也是一个程度问题。一些事件在时间和
规模上是不确定的，例如加州的地震、路易斯安那州或佛罗里
达州的大飓风。但与诸如流星撞上旧金山这些事件相比，它
们则更有可能发生。因此，在政治决策和准备中应对某些不
确定事件给予一定关注，目的应该是提高抗灾能力和提升灾　　　19
害响应能力，例如建造更结实的建筑结构或者为应对大流行
病建立更强大的卫生系统。也许在明显的风险事件和真正的
不确定事件之间应该另有一个分类。

　　一个世纪前，在凯恩斯关于概率论一书（基于该作者的博
士论文）出版的同年，即1921年，经济学家弗兰克·奈特的著
作也首次问世。奈特于1928年加入芝加哥大学，并成为知名
的芝加哥经济学派的重要成员。奈特在书中探讨了一个理论
问题，即当时很多经济学家都认为存在一个完全竞争市场，而
当理论预示完全竞争会使利润归零时，这个市场如何为在其
中经营的企业创造利润？在奈特的分析中，他比凯恩斯更明
确地描述了风险和不确定性之间的根本区别。这一深刻的见
解在之后的一些分析中占有重要的位置，但它没有对政策或
各方行为产生多大影响。

　　奈特将风险事件定义为那些可以基于现实生活中的观
察，通过统计方法确定其发生概率的事件。我们掌握的信息

越多,这些信息越可靠,对这些未来事件所做的预测就越准确。基于现有的观察以及从观察中做出的预测,保险公司就能够而且已经建立了保险市场,使个人和企业可以通过向保险公司支付保险费来保护自己免受未来风险事件的影响。这笔保险费成为经济主体正常经营成本的一部分,因此它可以在不干扰市场的情况下被纳入销售价格。同时风险被转移到保险公司,而保险公司可以在许多风险活动之间分散投资,将成本保持在预测范围内。在这种情况下市场均衡不受影响。

约翰·梅纳德·凯恩斯在其 1921 年的著作中提到,正如保险公司没有在可测度风险之外为其他意外情况额外增加保费一样,人们大多认为能对未来事件进行有效应对,但他对这些观点表示出了怀疑。凯恩斯提出,那些额外的费用很难确定,因此会影响理论上的市场均衡。奈特对风险和不确定性更精确的区分比凯恩斯的经济思想更有影响力,因为他比凯恩斯更明确地提出了(可保的)风险和(不可保的)不确定性之间的区别。同时,如果有些事件是不可预测的,这可能引发一个问题,即政府是否应该在对这些事件的防范应对方面发挥作用。

随着时间的推移,风险和不确定性之间的区别变得不像奈特所提出的那样鲜明,这在某种程度上反映了凯恩斯对准确衡量风险的怀疑。同时,不确定性也可能已经以不同形式成了事件的一部分,并影响了直觉判断和决策。这一变化对政策可能发挥的作用产生了一定影响。例如,在一本畅销书中,具有数学背景的专业金融从业者纳西姆·塔勒布(Nassim Taleb,2004)较为深入地探讨了风险、运气、不确定性和非理性的作用,这些作用在奈特和凯恩斯的分析中没有得到深刻剖析。

　　在以上这本书以及在 2007 年和 2012 年出版的另外两本书中,塔勒布重新审视了凯恩斯(1921b)的分析,并认为基于统计学概率分布的风险确定是根据过去的事件和过去的知识来测算的,可能会带来虚假的安全感,因为它往往忽略了统计分布中长尾事件的发生。更重要的是,它忽略了那些人们未知的、发生在过去的异常信息。塔勒布生动地描述道,基于以往的知识,人们认为天鹅都是白的,但当黑天鹅在澳大利亚的某个地方被发现时,这一概率就会变成错误的。又例如核电生产是安全的假设也会在某一重大核事故后发生改变,比如发生在乌克兰切尔诺贝利(Plokhy,2018)或日本福岛等地的核灾难事件。正如我们将在稍后讨论的那样,气候变化也可能在某些地区引发黑天鹅事件。

　　发现"黑天鹅"的存在,即那些超出人们已有的常规认知、未被预期发生的事件,会引发新的和意想不到的情况。它们可以改变人们过去对风险的看法。在某种意义上,塔勒布认为风险和不确定性之间的区别可能有些武断,因为对事件发生概率的测算总是基于特定时间内的已有知识。然而他忽略了一种可能性，即有些重要的知识可能到目前为止仍然是未知的。当"黑天鹅"出现时，或者当大多被忽视的长尾事件在保险案件中成为事实时，保险公司有时会陷入严重的财务困境。正如2008年美国国际集团（AIG）所遭遇的那样，意外事件的发生导致了巨大的损失，使该公司面临破产。尽管塔勒布很少认可奈特的研究，但他的研究与奈特1921年著作之间的关系是显而易见的。

在奈特的分析中，不确定性与风险有很大的不同，而且它不是也不可能基于某一特定时间内已有的知识。它的发生概率无法准确地确定和量化，这是因为所需的信息根本不存在。因此，在保险市场中，私人机构无法有效地通过支付保险费来保护自己免受此类事件的影响。这是一个典型的市场缺失（missing markets）的情况。

重大灾难可能是长尾事件，也可能是真正的不确定事件。在《通论》中，凯恩斯（1936：148）就写道："在我们对事情的预期中，常常认为如果对非常不确定的事件给予高度重视，那将是愚蠢的。"在同一页的脚注中，凯恩斯明确指出他所说的"非常不确定"并不是指"非常不可能"。因此他所指的不是概率分布中可识别的长尾事件，而是奈特所定义的不确定事件。不管怎样，在凯恩斯1921年的书中，风险和不确定性之间的区别没有如奈特阐述的那么鲜明。

不确定事件根本无法通过统计方法预测，人们只能推测它们可能会在未来的某个不确定的时间发生，但这无济于事。因此，在市场经济下运行的保险市场无法通过向客户收取合理的保险费来帮助其有效地应对不确定事件。真正的不确定事件不可能成为完美市场的一部分，而当不确定事件变得不再罕见时，一个完美市场亦不可能存在。在理论角度上，这类事件是存在的，而它的存在往往会造成典型的"市场缺失"，即市场是需要的，但无法被创建，因为根本无法获得所需的信息。肯尼思·阿罗（Kenneth Arrow）在20世纪50年代的一些研究中对这种"市场失灵"给予了重视。当时市场失灵也引起了一些主要经济学家的关注，包括萨缪尔森、阿罗、钱柏林（Chamberlin）、琼·罗宾逊（Joan Robinson）、巴托（Bator）等人。

值得一提的是，最近瑞士再保险公司（Swiss Re）已经尝试为这些未保风险或事件开拓市场。他们认为在全球范围内，有太多的人没有投保（或投保不足），而在一个运行稳健的市场经济下，人们都应该加入保险。该公司基于"首个全球风险模型开发了特定市场，目标是帮助客户评估（可能造成经济损失的）火山爆发风险，并以此开发合适的保险产品"。

根据瑞士再保险公司的报告，目前有10亿人生活在距离活火山150公里的范围内，包括东京、那不勒斯、卡塔尼亚、马尼拉、马那瓜、基多和雅加达等城市。火山爆发造成的损失大部分未参加保险，但其对包括旅游业在内的一些行业来说影响可能特别严重。据瑞士再保险公司称,"他们[已经]帮助了[公司的]一位日本客户购买了一种准保险产品,该产品可补偿火山活动给酒店业带来的损失,[包括]游客减少[的风险]"(摘自 2017 年 3 月 23 日苏黎世瑞士再保险公司新闻稿)。虽然火山爆发事件造成损失的概率测算以过去和现在火山活动的大量信息为基础,但保险费的确定并不基于那些可通过统计学测定的风险,而是主要基于由信息辅助的直觉判断以及有关在未来发生高度不确定事件(如火山爆发)的各种信息。因此,在一个运行良好的市场下,保险费不反映也无法反映其最合适的价格。这并不能使市场更加完美。

瑞士再保险公司试图为不确定性而非风险定价,并且意识到在特定的未来时间段和特定区域内,发生某些不确定事件的可能性更大。这就引出了一个问题,即政府是否也应该改变,并为减轻(更有可能发生但仍然)不确定的未来事件带来的影响而制定计划? 在这种情况下,政府应发挥更大的作用,并取代理想的市场作用(Bevere & Gloor,2020;Bevere & Sharan,2018)。

市场失灵使市场不再完美,从而引发了对完全竞争是否存在甚至对完全竞争理论的质疑,而坚持自由放任主义的经济学家曾一直认为完全竞争是存在的,该观点也继续受到芝加哥学派和奥地利经济学派经济学家的支持(van Overtveldt,2007)。第二次世界大战后,市场失灵成了庞大的政府开支和高税收的理由。同时,基于庇古(Pigou)的研究,政府也开始发挥更大的监管作用(Tanzi,2020a)。市场失灵可能需要或确实需要政府对经济进行更多的干预,这导致了在二战后的几十年里公共部门活动的扩大。与此同时,这些变化受到了一些有影响力的保守主义经济学家的批评,包括米尔顿·弗里德曼(Milton Frydman)、哈耶克(Hayek)、路德维希·冯·米塞斯(Ludwig von Mises)和詹姆斯·布坎南(James Buchanan)。

由于缺乏必要的知识并基于其他一些问题,人们对于政府在重大不确定事件中所能扮演的角色常持有疑问,特别是担忧政府在扮演其角色时无法做到有效且公平(Tanzi,2020c)。本书将更为深入地探讨这个问题,同时也认识到这是一项艰巨的任务,因为提供问题的答案比提出问题更为不易。

由于在工业革命后"税收生态"(Tanzi,2018b)发生的变化,和过去的政府相比,现代政府更易获得更多的公共收入。他们还可以雇用受过更好教育和培训的人员。因此,原则上他们能够制定,而且已经制定了一些公共项目以应对大多数公民所面临的特定风险。这些风险包括衰老、伤残、疾病和失业。同时,这些风险也能得到更准确的测算,测量误差较小。然而,政府对于未来不确定的灾难性事件仍然没有准备,即使这些事件在不远的将来可能发生的概率已经不断提高,例如地区性流行病、大流行病或气候变化已在今天出现。

各国政府必须做好更充分的准备,在通常没有明确原则指导的情况下,以尽可能最好的方式对灾难性事件做出应对。如果严格执行现有的一些指导原则(例如财务规则),在重大危机期间这些规则可能成为政府进行必要干预的障碍。试想一下美国平衡预算对地方政府财政赤字的制约,或者《稳定与增长公约》规则对欧洲货币联盟成员国的影响,这些都是如此。此外,除了事件发生的不确定性,这些事件发生时的特点也可能与预期有很大的不同,因此需要政府差异化的干预措施。在之后的各章中,本书都会把这个作为主要问题进行不同程度的分析。

弗兰克·奈特的结论是,在一个完全竞争的市场中,当只存在他所界定的可保风险时,利润就不可能产生;而不确定性及其同伴——运气,可以创造出对某些企业来说更为有利的条件,从而使这些企业获得利润。这些利润只会在真正静态的完美市场中消失,即市场中不存在短期不确定性,只存在可以真正完全测量的可保风险。

24   由于各种原因,这些情况在现实世界中不太可能存在。如果它们存在,它们将创造一个静态的完全竞争的世界,但这个世界可能不会发展或者将发展得很缓慢。无序、运气、垄断竞争和其他此类随机因素的存在给市场带来了不完美,但同时也为一些企业创造了机会,而这些机会却没有被其他企业抓住。这些差异可以解释即使是在运作良好的完全竞争市场中，也会有一些企业获得利润，而另一些企业则发生亏损。正如几年前一位诺贝尔医学奖获得者所提出的那样，在许多领域，是不完美创造了机会和进步的条件，而非完美（Levi Montalcini，1987）。完美只能存在于静态之中。

在 1923 年发表的一篇文章中，奈特对资本主义制度的某些伦理标准进行了批判。奈特在一个有着坚定宗教信仰的家庭中长大，在他看来，资本主义制度倾向于将大多数价值简化成货币进行度量。最近，一些哲学家和教皇方济各（Pope Francis）也强烈提出过这一观点（Sandel，2012；Pope Francis，2015）。然而，尽管奈特认为资本主义制度存在伦理上的缺陷，他仍然坚信该制度非常重视个人自由，因此优于其他可能的替代方案，其中包括在 20 世纪 20 年代初俄国革命之后备受经济学家和公众关注的社会主义。

社会主义在列宁领导下的苏联得到了实践检验。当时，在许多欧洲国家甚至美国，也出现了规模庞大的社会主义政党，社会主义吸引了大量民众的追随。越来越多的有识之士，包括美国和英国大学里的一些学者开始认为某些版本的社会主义既是可能的，也可能是潜在需要的，并可成为 20 世纪 20 年代"不公平"或"不道德"的资本主义体系的替代，正是这个体系导致了 20 世纪 30 年代的经济大萧条。

可能具有一定历史意义的是，奈特对资本主义伦理的批判以及他对社会主义的看法在差不多同一时期,在一定程度上得到了来自不同社会背景的约翰·梅纳德·凯恩斯的呼应。凯恩斯也对"自由主义所形成的形而上学或一般原则"提出了批评,并对"咆哮的 20 年代"所盛行的基本不受管制的资本主义表达了强烈的批判(Keynes,1926)。然而,在他与妻子(于俄罗斯出生的芭蕾舞演员)的俄罗斯蜜月之旅中,他并没有对那里的景象留下什么深刻印象(Keynes,1930)。同时,他呼吁关注苏联社会主义的"宗教"趋势以及一些追随者的狂热主义——他认为这种狂热主义"违背了人性"。他预言社会主义"肯定会以失败告终"。

尽管他们对资本主义伦理和社会主义特性持有类似的观点,二人对风险和不确定性的看法也有着一定的相关性,但奈特还是强烈反对芝加哥大学在 1940 年授予凯恩斯荣誉学位的决定。他认为凯恩斯不值得拥有这个学位(Bernstein,1996:222)。奈特反对的原因之一可能是凯恩斯在《通论》(Keynes,1936)中很少援引他的文章,且评论多带有批评的性质,甚至该评论只是出现在某个脚注中。这令他感到恼火。

让我们回到与市场机制有关的理论基础上。可以作为补充的是,只要不同的企业面临不同类型的不确定性,市场经济就能够且必定会为不同的市场主体创造不同的收益。这些不确定性可能是由未知的未来事件造成的,也可能与运气有关,例如无意中的重要创新与组织技术的突破、不同垄断力量的出现，以及一些个体非理性的市场行为等。道格拉斯·诺斯（Douglass North, 1990:77）呼吁人们关注奈特对组织作用的重视以及一些企业家为减少不确定性所做的成功尝试。他提到奈特在这方面的研究与罗纳德·科斯（Ronald Coase, 1960）关于企业存在原因的研究有关。

本章所讨论的问题使得在实行市场经济的民主国家内，政府和私营企业很难对未来不确定的发展或事件进行预测并做好准备，例如无法预测事件发生的时间和强度。当然，即便该类事件的发生概率难以基于统计学测量，但因为存在发生的可能性，政府也应建立有效管理，并留取一些"财政空间"以备需要时进行干预。

政府还应始终确保他们正采取的行动或许可的安排不会随着时间的推移在未来带来问题；或者至少他们不应该如所发生过的那样，成为事件的制造者。应对未来大流行病的公共开支是合理正当的，例如用于与未来大流行病有关的研究，以及用以支持美国国家卫生研究院的某些工作。

市场经济下的民主政府和私营企业在处理不确定事件时所面临的困难可以被同时视作这类社会中的市场失灵和政治失败。这些困难可能会导致在未来风险事件上的过度支出，而减少对"不确定"事件的支出和准备。原则上，集权政府和其国有企业可能较少受到影响，因为他们的行动较少受到竞争或选举投票的限制。

　　关于新冠病毒疫情的应对，经济合作与发展组织（OECD）给一些国家打了不及格的分数，因为它们没有能够预见大流行病的爆发并为此做好准备。然而，鉴于过去的经验，大流行病的到来不应该像现在看起来那样完全出乎人们的意料。

第三章 灾害分类

重大灾害难以预测和提前应对。它们有着不同的形式、形态，会产生不同的成本，其中包括人员伤亡和财产损失。这两种成本都可能是即时的，并且很容易估算或确定事件何时发生。然而，这些成本也可能分布在很长一段时间内，且更难以估计。

有些灾害来得很突然，往往没有任何预期或警告，例如地震、龙卷风和海啸。它们可能只持续几秒钟，造成的损失也许很小。但它们也可能持续几分钟或更长的时间，并导致重大的财产损失，夺走许多人的生命。一些地震之后可能发生余震或海啸，这些会带来额外的损失。飓风或许会带来洪水，令损失扩大。对于受影响国家和地区而言，可能需要很长的时间才能从这种财产损失中恢复过来，而且可能需要大量的支出。要挽救人命损失则更加困难，或者说通常是不可能的。

一些地震可能只影响特定地区或特定国家，如1906年的旧金山地震、1923年的东京地震、1908年的墨西拿地震及2010年的海地地震。其他地震可能影响更广泛的地区，对好几个国家造成冲击。据报道，发生在1348年的地震使那不勒斯和威尼斯遭到破坏,且震感远至希腊和德国;又比如2004年12月26日发生在苏门答腊附近印度洋的那场地震在许多国家乃至两大洲都能感觉到。还有些地震发生于海底,并可能产生海啸,对生命和财产造成极大的破坏,如2004年在苏门答腊附近发生的地震,以及2011年发生在日本的地震。

一些灾害可能需要一段时间之后才会产生全面影响,而且基于目前的知识体系,无论关于它们发生的时间还是可能造成破坏的地点,都更容易预测。这可能有助于拯救生命,但无益于挽救财产。这些灾害包括龙卷风、飓风和台风、海啸以及火山爆发。其中一些自然灾害的持续时间比地震长,不止几分钟。也有一些可能延续几天,对特定地区和人身安全的破坏性很大。大型飓风和台风通常就是这种情况,但除了某些例外,这些灾害一般只对特定地区和单个国家造成破坏。而火山爆发有时候会影响天气变化和飞机飞行,因此其影响可能超越国界。

有一些破坏性的灾害持续时间比较长,有时会影响大片区域,甚至是整个大陆或是整个世界。在这些带有破坏性的现象中必定包括大流行病和饥荒,此外可能还有核灾难以及非常罕见的重大流星撞击和异常剧烈的火山爆发。这些灾害的影响可能持续数年,并可能波及广泛地区和众多人口。其中一些(如地区性流行病、大流行病和饥荒)大多直接影响人类的生命安全,而不只是他们的财产。

部分灾害造成的冲击可能会持续很长时间这一事实,将不可避免地影响生产和人们的收入,从而降低某些群体的生活水平和预期寿命。正因为如此,政府在应对灾害或者缓解灾害影响方面应发挥一定的作用。目前的新冠病毒疫情就是这种情况,它对一些特定群体和国家的影响特别大,需要政府以不同的方式进行明显的干预,因此政府在这方面受到的压力也越来越大。

有一些未来现象的不确定性要小得多,可以预见在某些时间段内一定会发生。现在的全球变暖就是一个例子。全球变暖与人为气候变化有关,或许在一些(或者许多)人看来,其发生的时间和最终会产生的巨大影响仍带有不确定性,但质疑该现象存在的人已越来越少。负责任的政府都不应因为和这一现象有关的任何不确定性而忽视问题的存在。

全球变暖不太可能像核战争、巨大流星撞击地球或剧烈火山爆发那样立刻造成破坏。它的影响可能会分阶段发展,而且每个阶段都可能比上一阶段更具破坏性。

与全球变暖同属一类的问题主要是由以下因素造成的:(1)抗生素的过度使用使得传染病对现有药物的抗药性增强;(2)塑料和杀虫剂的使用正在污染海洋、河流和土地;(3)河流和海洋的普遍污染;(4)一些重要地区的森林遭到砍伐,如亚马逊和其他雨林;(5)其他可能尚未完全进入公众视野的问题,如在阿拉斯加和北极等原始地区钻探石油和矿物,

29

此外还包括人工智能在内的一些新技术所带来的冲击。

如果人为造成的全球变暖现象是真实存在的，而且许多顶尖科学家的观点是正确的话，那么全球变暖在某种程度上会在未来的某个时间波及整个地球。同时，地球上的一些地区将比其他地区更快地受到影响，且遭受的冲击也会更严重（Wallace-Wells，2019）。在不发生任何变化的情况下，全球变暖所引发的极端现象可能会在一百年之后的遥远未来出现。那时它可能导致最严重的负外部效应（negative externalities），对于数十亿人类和其他物种来说，地球将基本上"不适合居住"。

然而，首先，这种现象所带来的全面影响在时间上是滞后的；其次，它将以不同的方式影响不同的国家；最后，它受到地球上几乎每一个国家的行为的影响。一些国家（如美国、中国以及不断发展的印度）部分由于它们的规模，对全球变暖的影响比其他国家要更大一些。应对这一现象将需要大多数国家的合作，没有一个国家能单独解决这个问题。如果某一个国家试尝试这样做，那么在世界上其他国家什么都不做的情况下，其可能会因为善良而在某种程度上处于不利的位置，至少在短期内严格从经济角度来看是这样。

有一些因素使得全球变暖成为一类特殊的灾害，需要采取不同的政策来应对。例如，一些重要国家和大公司的领导人以及"智库"仍然否认全球变暖现象的存在，应对全球变暖给当前人口带来短期经济成本增加的同时导致收益滞后,以及应对全球变暖的成本无法在国家之间、国家内部的人口或产业之间按比例公平分配等。

一些国家的政府如印度政府,一直提出这样的论点:全球变暖这一现象主要是由当下的发达国家在过去造成的,所以他们应该在处理该问题方面承担大部分的责任。在印度和其他较贫困国家的领导人看来,处理贫困问题被认为是比保护环境更为紧迫的目标。

30

全球变暖将在多个层面带来不同的影响,至少在短期内将在不同的地方、给不同的社会群体和不同的国家造成不一样的风险和代价。这一现象以及它所造成的潜在危险也因此与其他灾害分属不同的类别。有关这方面的内容将在后面的章节进行讨论。这一代人不得不为全球变暖付出生活水平下降等巨大代价,应对全球变暖的成本也因此将延伸到几代人。未来成本和收益的折现率越高,当前政府和人们处理问题的愿望就越低。与人口预期寿命短的国家相比,预期寿命长的国家会更想解决这个问题。

由于上述特点,要解决政府可以做些什么来应对,以及在过去发生的灾难中他们本应采取哪些举措等问题并不容易。首先,必须对当今发达国家的政府和以前的政府加以区分,前者拥有更多的知识、配备了更有能力的行政部门、享受着更多可用的财政资源,并且得益于现有国际机构所发挥的作用,国家间合作的可能性也更大。

然而,以前的政府既没有今天发达国家的知识、人员和财政资源,也没有全球合作的机会。同时,这种差异也会影响不同国家应对破坏性灾难的能力。日本等一些国家针对大地震或大流行病的应急能力很可能与一个贫困国家,如海地的情况存在显著差别。

在当今世界,许多国家的政府或私营企业对于一些突然发生且没有任何预警的现象,仍然没有太多防范措施。这些就是第二章中所讨论的经典的不确定事件。尽管这些灾害的发生存在不确定性,发生概率无法通过统计方法来测量,也尚不能确定其发生的时间,但已知的是该事件会在未来的某个时间发生。因此,它们应该顺理成章地成为政府保持其财务账户受控的原因;同时,私营企业也应该留取部分利润作为预防性的储备,以备不时之需。对于那些更有可能发生此类事件的国家来说,这应该是一个必备且基本的经验。

然而,大多数国家或一些经济学家似乎并不重视上述经验。他们一直在推动的观点是公共债务在当今世界已不像过去想象的那样成为一个问题。因此,有些人认为财政账户无须受控。其他人也同意米尔顿·弗里德曼(1970)多年前提出的主张,他认为企业应将其大部分利润分配给股东,而不应保留部分利润来应对可能出现的困难时期,即所谓的"阴雨天"。该观点自提出就受到了许多亲市场经济学家的支持

（Debenedetti，2021）。下一章将对这些问题进行更全面的讨论。

各国应该设立一些机构专门负责对未来可能发生的灾难性事件（飓风、地震、海啸、大流行病及其他）进行定期评估。这些事件可能会在不远的未来降临某个国家，带来私人保险公司无法保障的风险。此类"风险评估"对于应对准备来说是有益的投入。同时，尽管存在显而易见的困难，还可以尝试参照地震和飓风的分级方法，根据灾难性事件的发生可能和严重性对它们进行一些分类。这可能会迫使各国更为关注某些"天灾"。

最后，当前的全球疫情和正在发生的气候变化表明了世界体制结构的重大失误，即缺乏一个全球政府或有效的全球机构。该机构可以在世界面对全球性灾难且需要全球协同响应时，强有力地协调全球的应对。与此同时，一些公共"产品"和公共"弊端"已经变得越来越全球化，无法再通过无序的各国各自为战来应对并解决（关于这个观点的早期讨论见Tanzi，2008）。

第四章　民主、资本主义与随机事件

　　在过去,大流行病和其他灾难往往被认为是"天灾",甚至是因为凡人的不良行为而导致的"上帝的报复"。人们曾呼吁忏悔,甚至鞭笞赎罪,而不是要求政府进行干预。这些事件是无法预测的,一定程度上,也是因为如此,即便政府有丰富的财政手段,也很难为它们的来袭做一些预期准备,更何况当时的情况往往并非如此。

　　战争属于不同的类别。战争不能被认为是天灾,在某种程度上它们是可以被预期的,政府可以通过资源分配做好备战准备或将资源用于作战。战争需要至少在一段时间内提高税收水平或通过借贷以支持军事开支的增加,拿破仑战争期间的英国就是这样。英国在历史上首次引入了所得税,并出售债券来偿还债务。美国在 1861—1865 年南北战争及两次世界大战期间也是如此。

　　在最近的几十年里,诸如 20 世纪 30 年代的大萧条和2008—2009 年的大衰退等商业波动吸引了经济学家和政策制定者的注意,同时人们开始期待通过政府干预以应对经济衰退(Tanzi,2013)。尽管凯恩斯本人将经济波动归结为"动物本能"的作用,即具有随机性,但经济波动比瘟疫或自然灾害更有规律,特别是其发生的时间。随着时间的推移,人们期望政府实施一些举措来对抗经济衰退,甚至能在衰退到来之前根据预期变化采取一些前瞻性的政策。在这种情况下,政府在经济衰退期间引入了后来被称为凯恩斯主义的反周期政策,同时利用"内在稳定措施(built-in stabilizers)"以应对衰退预期,之后还采用了越来越多以维持需求为目标的货币政策。

"凯恩斯革命"不仅呼吁各国政府在经济衰退期通过财政赤字来扩大支出以刺激总需求的增长,而且主张采取其他一些政策以便在经济衰退到来时自动降低衰退的严重程度,例如在使用内在稳定措施的同时永久增加公共支出等。这可能是首次呼吁政府做好长期应对具有经济影响的危机的准备,而与其他危机相比,某些此类危机的出现更具有规律性(Solimano,2020)。在过去,政府在危机期间有时会推出公共就业项目,为没有任何资源的工人和家庭提供就业及其他一些援助,但尚没有理论可支持这类项目的合理性。

而对于其他类型的灾难,之前没有人提出类似的呼吁。许多灾难在发生时间和严重程度上都具有随机性,这使得防范工作变得困难重重。在实行市场经济的民主国家中,经济体和政府的运行方式使他们没有动力在危机未发生的正常时期采取某些预防措施,即使这些措施可能让他们在灾难发生时更容易地应对影响。这些预备工作可能需要花费更多的资

33

金,例如用于增加医院和床位、建设更好的防洪设施,以及建造更坚固的建筑以抵御重大地震和飓风等。这些额外支出将不可避免地需要更高的税收或更大规模的借贷,而这种情况可能会遭到纳税人的抵制,并可能给引入该政策的政府带来政治代价。同时,政府在决定如何使用这些资金上也会遇到困难。

对于担心下一届选举的民主政府而言,这样做不会给他们带来太多的政治优势,反而可能使他们付出政治代价。扩大支出带来的益处往往延后出现,有时会出现得非常晚,那时候另一届政府可能已执政,而且这些益处甚至可能永远都不会出现。然而,高税收或更严格的监管所引发的代价则将立即显现。

在民主国家,频繁的政治选举使大多数民主政府只关注短期利益。选举对政府产生着持续的政治压力,要求政府维持低税率,并将财政收入用于满足当前而不是未来的需求,同时试图防止或阻止民主政府拨款用于防范未来、随机和不确定的事件。一届政府如果为了保护公民免受这些不确定的、未来事件的影响而投入大量的资源,就会被批评是在浪费纳税人的钱,并增加在下一次选举中失败的风险。不确定性通常会对未来的保障产生不利影响(Tanzi,2020b)。

有时,法规监管可能比公共支出更受青睐,政府可以推动采用更加完善的安全规范以应对一些灾难性事件。例如,在日本、加利福尼亚等地震多发国家和地区,政府强化了建筑标准。在迈阿密等遭受重大飓风影响的地区,他们实施了相关法规,要求建筑物与海岸线保持更安全的距离。然而,这些法规同时也增加了住房成本,因此政府不时也会因为法规监管的加强而受到批评。今天,加州无处不在的无家可归者的出现有些时候也会被批评人士归咎于过于严格的法规,尽管这种批评也许失之偏颇。

在私营部门方面,由于竞争的存在,企业也通常缺乏动力为更好地处理发生在未来且不确定的危机而采取行动,即使是应对可能会对他们产生直接影响的经济衰退。在竞争性市场中运行的私营企业受到强烈的激励以努力控制成本。他们通过严格控制工人的实际工资、最大限度削减劳动力、保持低库存,以及依靠"准时生产(just-in-time)"物流系统等手段来实现这一目标。

私营企业的高层管理者(首席执行官们)往往将短期利润最大化,他们将利润分配给股东,或用它们购买自己公司的股票。这样做提升了股票的价值,让股东感到高兴,并有助于证明首席执行官的高额薪酬是合理的。多年来,企业高管们的薪酬待遇逐渐与股票价值挂钩,且关联越来越密切。此外,这么做也减少了股东按其资本收益所缴纳的税款,因为大多数税收制度的特点是不对未实现的资本收益征税。

值得一提的是,集权政府能更强有力地实施监管。其国有企业也可能有更多经济上的自由为未来不确定的事件,例如大流行病的来袭做好准备。这是因为他们较少受到竞争或选举的影响。在新冠病毒疫情期间,中国的情况似乎就是如此。与美国相比,中国政府能更加便利地实施防控。

35　　税收制度也鼓励市场经济下的公司在贷款利率较低时,更多地利用债务为其投资提供资金,甚至是购买自己公司的股票,就像最近在美国发生的情况。在计算应税利润时,公司所支付的债务利息将被扣除,且未实现的资本收益也不需要纳税,这使得债务的运用非常具有吸引力。就像最近几年一样,中央银行的政策令借贷成本一直保持低位,此时企业的借贷得到进一步的刺激。这种情况导致了私人债务比例的上升(Tanzi,2016a),同时也造成了税收的减少。

这些行为为企业获取更高利润创造了条件,但也使得企业在危机发生时更易受到影响。如果一个企业"规模过大而不能倒闭",它可以寄希望于政府或中央银行来拯救它,正如在2008—2009年大衰退期间发生的情况。而工人往往是承受经济危机主要代价的群体。他们失去了工作和收入,通常甚至会失去自己的健康保险。

作为自由市场的倡导者,米尔顿·弗里德曼于1970年在《纽约时报杂志》(New York Times Magazine)上发表了一篇著名且有影响力的文章,他认为"企业的社会责任是增加利润"。他提出企业没有"社会"责任,企业的唯一责任是为股东创造利润。显而易见,这个立场引发了一个问题:那谁负有社会责任? 合理的假设应该是如果企业不负有社会责任,则政府必须完全承担这些责任。

在弗里德曼的文章发表后的几十年里,市场原教旨主义者豁免了企业的社会责任,但同时也使美国和其他一些国家的政府难以填补私营企业行为所造成的社会差距,这一直是一个问题。这些政府甚至取消了部分早年履行那些社会责任的项目。

高收入者享受着税率的大幅降低,而许多人失去了作为固定收入的养老金,工会被解散,很多社会法规被取消。与此同时,企业管理者的收入水平猛增,与企业工人的收入形成了鲜明对比(Tanzi,2018a)。市场原教旨主义者相信涓滴效应(trickledown)的存在,即在一个生产力高度发达的资本主义体制下,所产生的福祉将被广泛传播开来,因此他们认为税率的下调总能引起更多的涓滴效应的生成。但这种假设被证明是一种错觉。在美国和其他一些盎格鲁-撒克逊国家,许多人认为涓滴效应并没有发生,大量数据也证实了这一点。此外,一些有益的社会责任也没有得到应有的关注(Tanzi,2020c)。

上述讨论将关注的重点从政府和企业在防范未来随机事件(包括大流行病)时应该发挥作用,转移到当危机成为现实时他们应该承担的角色。此时的政府面临着民众的呼声和其他压力,已不再能够忽视其社会责任。这个问题将在后面的章节中进行讨论,并将特别提及当前的全球新冠病毒疫情。本书认为缺乏应对不确定事件的战略是民主政府管理下市场经济的一个严重缺陷。而这类缺陷或者失灵主要在危机时期才会显现出来。

在接下来的两章中,我们将回顾当今一些国家在近期和遥远的过去所经历的一些灾难性事件,同时还将提到政府在这些灾难中所扮演的角色。

第二编

大流行病与其他灾害

第五章 大流行病、瘟疫与地区性流行病

5.1 引言

人类从过去到现在都从未生活在香格里拉般的世外桃源，而是居住在危机四伏的地球上。而且，随着时间的推移，地球在某种程度上可能变得更加危险。有历史记载以来，这里曾发生过多次严重的地区性流行病、大流行病、饥荒和其他自然灾害，导致数百万人死亡，并摧毁了大量财富。死于此类灾害的人数比死于战争的更多。在美国南北战争期间，死于疾病的战斗人员数量也与直接死于战斗的一样多。此外，长期以来，这里发生了许多自然灾难，夺去了数百万人的生命。

虽然很难断言从长期来看上述灾害的发生频率是否发生了变化，但我们所掌握的历史资料显示，除了在特殊环境下和特定国家，本章主要讨论的地区性流行病、大流行病以及饥荒在近几个世纪里变得不那么频繁，或者说不那么致命了，所造成的死亡人数也有所减少。然而地区性流行病、大流行病和饥荒至今仍然存在，它们使人们的生活不那么稳定和确定，有

时还会缩短很多地区的人口预期寿命。不过,在过去的两个世纪里,特别是在 20 世纪,由于生活水平的提升和传染病影响的减弱,人口平均预期寿命普遍增长。

20 世纪人口预期寿命的变化主要出现在较为先进的国家。毫无疑问,这些改变是由于以下因素:(1)工业革命带来了生活水平的提升,且近年来一些曾经非常贫穷的国家得到了快速发展;(2)医学的进步催生了预防传染病的疫苗和更为有效的药物,如青霉素和其他抗生素;(3)人们有了更好的卫生习惯;(4)各国政府积极落实一些有效的法规及行动(例如对感染者进行检疫隔离);(5)提供了更为清洁的水资源;(6)更有效地处理垃圾;(7)完善了下水道系统。

上述因素有助于降低地区性和全球性流行病爆发的频率和强度,同时减轻饥荒的严重程度。然而,这些灾难并没有因为这些因素而消亡,而是继续影响着人类。2020 年,新冠病毒不请自来,像是凭空出现;在撰写本书时,我们仍不清楚这种病毒何时会离开。此外,根据世界卫生组织的报告,2019年麻疹病例也在全球范围内激增,创 23 年以来最高记录。2019 年因麻疹死亡病例达到 20.7 万例,而缺乏疫苗接种是主要原因。目前仍然有许多人死于疟疾和其他传染病。而且,还有很多人仍然没有机会接种新冠病毒疫苗,因此未来还会有很多人死于该疾病。

5.2　重大流行病

随着贸易和经济活动的日益全球化,以及自20世纪80年代以来全球旅行的大幅增长,一些人类活动抵达了曾经与世隔绝的地区,包括偏远的丛林地带。这使得一些可能一直存在于偏远地区的病毒和细菌能轻易地伴随着快速移动的人、动物和货物,从它们的发源地或它们的动物宿主那里迅速传播到其他地方。航空旅行和轮船等快速交通方式也使得一些传染病的传播速度比过去迅速得多。加勒特(Garrett,1994)以及戴蒙德(Diamond,1999)曾对这场新冠病毒疫情做过预测,并对可能导致大流行病的因素进行了研究。因此,新冠病毒疫情的暴发不应该像看起来那样令人惊讶。

造成病毒大流行的另一个因素是森林砍伐和动物栖息地的减少。许多动物的栖息地越来越接近人类,从而使人畜共患疾病的传播变得更为容易。例如,在美国华盛顿哥伦比亚特区已经发现了郊狼和鹿,最近在华盛顿州还发现了一个亚洲大黄蜂的巢穴,它们足以让一个人致命。此外,美国国家地理学会于2021年1月5日发布了一项通告,告知人们为了提供新颖的美味菜肴,一些厨师已经转向选用包括啮齿动物在内的入侵物种。该通告还提到美国约有四千种入侵物种。它们当中的一些会传播以前未知的疾病。 41

由于人与人之间的接触增多,地区性流行病可能发展成全球性流行病,而且现在的传播速度可以很迅速。自20世纪80年代以来,流行病变得更加频发,并且已经导致了好几次险情。如前所述,许多传染病起源于贫穷、偏远等特定地区,并来源于某些动物(蝙蝠、猴子及其他)。如果条件合适,它们会传播到人口密集的地区,有时甚至是世界大部分地区。这种情况发生在新冠病毒的传播上,之前艾滋病病毒的传播也是如此。

这是一个令人担忧的变化,需要医学专家和各国政府重视。它应该受到更多的全球关注,特别是来自世界卫生组织的关切,以及引起其他医疗机构,如美国国家卫生研究所等的注意。这一发展可能与持续的气候变化有关,就像在过去所发生过的那样(Oldstone,1998)。

在本章中,我们将简要回顾过去两三千年的历史,涵盖一些有可靠历史记录的重大地区性和全球性流行病。除此之外,可能还有一些重大疾病的流行因为缺乏历史资料或者因为资料非常有限而没有出现在本书中。本章将聚焦过去重大地区性和全球性流行病,在接下来的两章中则将主要关注其他灾害,如饥荒、地震、火山爆发、洪水、飓风、海啸,以及核灾难。

正如戴蒙德(1999:202—203)在其畅销书中所言:

以地区性流行病形式出现的传染病……有几个特点。第一,它们能迅速且有效地从一位感染者传播至附近的健康人群……并在短时间内感染整个人口。第二,它们是急性疾病,在短时间内,感染者要么死亡,要么康复。第三,那些幸运的人……在康复后产生了抗体,使[他们]能够在很长的一段时间内具有免疫力,可预防疾病的复发……第四,这些疾病往往仅限于人类……儿童常见疾病……麻疹、风疹、腮腺炎、百日咳和天花[都符合这四项标准]。

然而,目前的新冠病毒疫情似乎正在对上述标准提出挑战,至今已经造成 50 多万美国人和全球 200 多万人死亡,而且没有结束的迹象(前提是假设大流行会最终结束)。当前证据表明新冠病毒在此时,即在 2021 年早期已发生了几次变异。鉴于此,目前尚不清楚这场大流行是否会有一个清晰的终点。

42

5.2.1 雅典大瘟疫

伟大的希腊历史学家修昔底德(Thucydides)见证了雅典大瘟疫,并为我们提供了关于它的第一手可靠资料。根据现有的历史记载,雅典大瘟疫是发生最早的大流行病或瘟疫之一。瘟疫肆虐了伯罗奔尼撒半岛,尤其是雅典,在公元前 430

年左右夺去了数万人的生命,并结束了辉煌的伯里克利时代(Sierra Martín,2021)。

长时间的伯罗奔尼撒战争涉及与雅典或斯巴达有关的希腊城市,与许多战争一样,伴随着大范围的破坏、饥荒和其他苦难,增加了在人口密集和贫穷地区传播感染病的可能。修昔底德描述了瘟疫对人们的影响。据他所述,瘟疫来自埃及和埃塞俄比亚,继而传播到小亚细亚和希腊,并让医生们感到大惑不解,因为一些症状是他们以前从未见过的。瘟疫在几天内就夺去了感染者的生命,而且非常具有传染性。正因为如此,感染者即便从他们最亲近的人那里也得不到任何帮助。这场瘟疫在几年内导致了大量死亡,但目前没有确切的死亡人数。

关于是哪一类的疾病引发了雅典大瘟疫,存在一些争议。人们曾认为它是鼠疫,类似于 1346 年袭击欧洲的流行性淋巴腺鼠疫,即黑死病。然而,修昔底德对这种疾病的详细描述并没有提到如 1346 年鼠疫那样的淋巴腺肿的症状。根据最近的研究推测,它可能是埃博拉病毒的某种变种。

5.2.2 安东尼瘟疫

另一场有可靠记载的疾病大流行发生在公元 166 年,袭击了罗马及其领土。那场漫长的瘟疫一直持续到公元 190 年,被称为安东尼瘟疫,或盖伦瘟疫。这场瘟疫由一名从小亚细亚古老城市塞琉西亚返回的罗马士兵带到了罗马。它可能是天花，但并不确定。据估计，这场瘟疫导致了 500 万至 1000 万人死亡，约占罗马帝国人口的 10%。

在随后的几个世纪里，罗马帝国的广袤领土内还发生了其他几次地区性流行病，直到公元 542 年爆发了查士丁尼跳蚤瘟疫，这是另一场真正的重大流行病。

5.2.3　查士丁尼跳蚤瘟疫

发生在公元 541—542 年的查士丁尼瘟疫后被称为"查士丁尼跳蚤"，因为人们认为引起这场瘟疫的病毒是由跳蚤携带而来的，且瘟疫出现在君士坦丁堡（现伊斯坦布尔），即当时罗马帝国的皇帝查士丁尼的居住地。据报道，这场瘟疫来自埃及。它影响了欧洲和西亚的大部分地区。这场瘟疫延续了半个多世纪，并以某些形式持续存在长达千年之久。

疾病最初在辽阔的罗马帝国内广泛传播，感染了欧洲的大部分地区。历史学家普洛科皮乌斯（Procopius）在当时东罗马帝国的首都君士坦丁堡目睹了这场瘟疫。根据他的描述，在高峰期，仅在君士坦丁堡，这场大规模瘟疫每天就造成多达 5000 人死亡。这场瘟疫可能是鼠疫，并被认为是强大的罗马帝国衰落的原因之一（Rosen, 2007；Diamond, 1999：206）。据估计，这场瘟疫造成了 3000 万到 5000 万人死亡，约占总人口的一半。这场瘟疫与气候变化的关系将在稍后讨论。

5.2.4　黑死病(或鼠疫)

有历史记载的最严重的一场大流行病是黑死病,或称鼠疫。它主要发生在 1346—1353 年,袭击了欧洲、亚洲和北非的大部分地区,此后仍以温和且断断续续的形式延续了很长时间。据报道,黑死病来自亚洲,可能是蒙古。黑死病导致了大约 7500 万至 2 亿人死亡,死亡人数可能高达当时总人口的 40%。

这场瘟疫跟随着缓慢移动的商队(每天约行进几英里),沿着著名的丝绸之路和其他陆路贸易路线一路传播,并由帆船(主要是热那亚和威尼斯商船)从地中海东部蔓延到了意大利港口。瘟疫最初出现在克里米亚半岛的一个小镇卡法,这个小镇的居民大多是来自热那亚和威尼斯的意大利人。随后在 1346 年的秋天,瘟疫扩散到了意大利。来自热那亚的律师加布里埃尔·德·穆西斯(Gabriel de Mussis)对在卡法发生的事留下了详细的记载。

44　当时,来自热那亚的意大利人与鞑靼人及萨拉森人发生了战斗,前者占据了卡法城,而后者将该城围困了一段时间。一些攻城者患有该疾病。在某一时刻,攻城者利用强大的投石机,将一些病死者的尸体扔过城墙,从而感染了城内的热那亚和威尼斯居民。随后,热那亚人的船只将疾病带到了意大利,可能最初是通过西西里岛的墨西拿港。该疾病从墨西拿缓慢地传入意大利半岛,并在接下来的五年里,以每天几英里的速度继续向北蔓延,首先穿过意大利,然后进入包括不列颠群岛在内的欧洲其他大部分地区。

"鼠疫有两种形式……一种是以极端肺炎症状为特征的肺部疾病",并在人与人之间直接传播;另一种是"以肿胀为特征的淋巴结炎形式,称为淋巴结炎,会变成黑色,因此被称为黑死病"(Lane,197:19)。肺炎可以在人与人之间直接传播,但淋巴结炎是通过携带病毒的跳蚤的叮咬将疾病从黑鼠传播给人类。这些黑鼠常常在商船上安家或一路伴随着在丝绸之路上行进的商队。商队和船只有限的行驶速度决定了疾病传播的速度。疾病蔓延到整个欧洲需要长达五年的时间。

据报道,该疾病在热那亚造成4万人死亡,在威尼斯和佛罗伦萨造成10万人死亡,还在锡耶纳和那不勒斯分别导致了7万人和6万人的死亡。此外,在其他许多意大利城市里的大部分居民(有时超过一半)也因感染此病而死去。在那些年里,除了在亚洲有数百万人因该病失去生命外,大约有三分之一至一半的意大利人口以及三分之一的欧洲人口因此死亡。在欧洲,为数众多的居住在修道院里的人都因这场瘟疫失去了生命,正如在新冠病毒疫情期间许多养老院里的人所遭遇的一样。

在接下来的五年里,黑死病从意大利逐渐蔓延到欧洲大部分地区,这让许多基督徒相信世界末日已经来临,而且瘟疫

是由上帝派来的,以惩罚人类的罪孽(详见 Tuchman,1978:第
5 章;Kelly,2005)。许多宗教游行被组织起来,一些信徒上街
游行,通过鞭笞自己祈求上帝的宽恕。此外,当时对瘟疫横行
45 的另一个解释是犹太人在水井里下毒。这些"假新闻"导致在
一些欧洲城市发生大屠杀。在汉堡,许多犹太人因此被杀害。

伟大的意大利诗人薄伽丘(Boccaccio,2003)经历了这场
瘟疫,后来以那些年为背景写下了文学著作《十日谈》(The
Decameron)。他当时和其他几人在佛罗伦萨郊外的一所别墅
里避难,以躲避传染。他们通过讲述所知道的故事来消磨时
光。他记述了瘟疫给托斯卡纳带来的冲击,该地区是受影响
最严重的地区之一。他还提到了整个家族因此消亡的情况,
那些曾经属于家族的宏伟豪宅空空如也,许多财产无人继承,
因为一些家族里无人幸存。

关于这场瘟疫,以及它给欧洲人民带来的影响和痛苦,有
各种历史记载(尤其参见 Kelly,2005)。这些记载突显了当时
政府对瘟疫无能为力的现实,同时描述了瘟疫对社会关系的
影响,甚至是对亲密家庭成员之间关系的影响。由于害怕被
感染,没有人敢埋葬病死者,他们的尸体时常被丢弃在路上,
有时还会成为附近森林里野狼的食物。正如一位比萨的目击
者阿格诺罗(Agnolo)所描述的,"由于害怕被感染,父亲抛弃
了孩子,妻子离开了丈夫,兄弟间互相背弃。恐惧压倒了血缘
关系"。在之后的瘟疫中,一些政府会强迫死刑犯去埋葬死

者。从某种意义上说,这些罪犯成了当时的"一线工人(essential workers)"。

当船只载着有疾病迹象的人们抵达意大利港口时,常常被拒之门外。"1348 年 3 月 20 日,威尼斯共和国首次实施了对入境船只进行检疫的公共政策","尽管没有人真正了解鼠疫是什么,它来自哪里,以及它是如何传播的"。"当时的政府可以不实施任何举措,因为他们无法看到或阻止[那些被认为带来瘟疫的恶劣空气]。""……相反,他们颁布了一系列法律和程序,在自己和其贸易伙伴、殖民地以及任何正在逼近的无形的传染云团之间拉上了一层厚重的帷幕。"(Small,2021:101;Porter,1999)

通过此次干预,一个政府首次提出政府应在处理公共卫生问题上承担一定责任。当时,患者被要求在威尼斯周围的一个岛屿上度过 40 天(意大利语为"quaranta")。"隔离(quarantine)"这个词就来自威尼斯的这项规定。(还需要提及的是,早在 1284 年,威尼斯就首次引入了童工法[Small,2021:12]。)正如斯莫尔(Small)的书名所示,威尼斯成为"创造世界"以及关于政府角色的革新者。

5.2.5 可能导致查士丁尼瘟疫和黑死病的经济与气候条件

某些条件可能促使了查士丁尼瘟疫的爆发以及黑死病的

传播，并可能诱发了对后几个世纪产生巨大影响的小冰河时期的出现。

公元后的最初几个世纪，天气状况一直良好。罗马人修建了道路，并构建了道路网络，这使得军队的移动更为便利。凭借于此，罗马得以不断扩张他们的帝国。强大的军队可以轻松跨越阿尔卑斯山，到达这个庞大帝国的各个省份。粮食产量也一直保持在理想的水平。然而在查士丁尼瘟疫前后，天气状况开始发生了变化。最近有些观点提出，当时天气条件的变化与公元536年伊洛潘戈火山（位于今天的萨尔瓦多）的爆发有关联。那场巨大的火山爆发估计造成了数十万人死亡，并将大量的火山灰喷发到了高空大气中。火山灰遮蔽了阳光，造成了火山冬季。它也改变了接下来多年的气候状况，使天气变得更加寒冷，并导致了粮食减产，这种情况在欧洲北部和德国尤其严重。粮食匮乏迫使许多日耳曼人向南迁移，越过阿尔卑斯山，最终导致了早已陷入其他困境、力量已逐渐被削弱的罗马帝国的衰落。随后的几个世纪，直到千禧年结束，迎来的是更为黑暗和贫困的中世纪以及人口下降。

公元1000年左右，意大利的人口下降至约500万，但在这之后的两个世纪里，天气状况大为改善，人口增加了1倍以上。意大利的一些城市已经跻身当时世界最大城市之列。人口增长的其中一个原因是在新千年的前两个世纪里，气候异常温暖和适宜。这种温暖的天气使得农业新技术的发展成为

可能,人们从而能够生产出更多的食物来维持不断增长的人　47
口需求(Cipolla,1994)。

在第2个千年的3世纪中期,天气状况再次急剧恶化,饥
荒影响了伦敦等地区。13世纪下半叶和14世纪出现了异常
寒冷和多雨的天气,导致了粮食产量的急剧下降。此外,土地
所有者提高了租金、降低了工人工资,引发了收入分配的恶
化。1257年以后的天气恶化大幅减少了许多贫困工人的食
物供应,并呈现出马尔萨斯(Malthus)人口理论的现实版本,
即食物供应成为人口增长的主要制约因素(Malthus,1890)。

食物短缺影响了许多人的健康,甚至在爆发黑死病之前,
死亡人数就一直在增加。此外,在那些年里发生的几场战争
造成了更多的破坏和苦难。最近的研究将1257年之后天气
状况的恶化与当年距离遥远的印度尼西亚火山活动联系起
来,尤其是在龙目岛的萨马拉斯火山发生的爆炸。在那场火
山爆发中,大量浮石喷射至大气中,并留下了一个巨大的火山
口。1257年的火山爆发(或更确切地说是爆炸)在地质学上
是一次真正的大规模火山事件,同时也许是历史上最大的一
次。另外,西西里岛的埃特纳火山在那些年也变得异常活跃。
火山爆发使得大量火山灰弥漫在高层大气中,连续多年阻碍
了太阳的增温效应,从而使天气变得更为寒冷。

此外,在16世纪还出现了剧烈的火山活动,特别是在瓦
努阿图和冰岛。这些火山活动影响了接下来几个世纪的全球

气候,并在欧洲各地导致了可怕的洪灾。在17和18世纪,欧洲曾经历小冰河时期,引发了流行病和饥荒。1815年4月印度尼西亚坦博拉火山的爆发造就了另一个阳光稀少的年份,且在随后的很多年里气候依旧异常寒冷。

然而祸不单行,1340年意大利发生了一场严重的银行危机,当时入侵法国的爱德华二世未能偿还与意大利银行家签订的债务。最后,在1343年还发生了一场大地震,在意大利、德国和希腊都有震感,造成了巨大的破坏和重大伤亡。那场地震或引发了海啸,重创了那不勒斯。在那些年里,所有的不利因素结合在一起,为一场重大瘟疫的发生创造了理想的条件。它们使许多人相信世界末日即将到来。

世界上有大约1500座活火山和许多随时可能爆发的休眠火山。这些火山对人类生存和现代生活仍然构成了重大威胁。但是对于这些危险尚无任何保险措施。它们仍然被认为是终极"天灾"。

人们始终无法确定一场大流行病何时会结束。有些疫情永远不会结束,但当疫情造成的死亡人数下降到可以被认为是正常水平时,它们便好像销声匿迹了。但疾病极少会完全消失。新冠病毒引发的大流行病可能永远不会彻底终结。希望这场大流行能通过定期接种疫苗得到控制,但不可避免地,它将令世界上一些地区额外提高警惕。

5.2.6　梅毒

在黑死病之后的大约一个世纪,另一场传染病又侵袭了意大利,并在欧洲四处蔓延。这是一种性传播疾病,即梅毒,在当时被称为"法国病"或"那不勒斯病"。在意大利,它最初是由占领意大利部分地区的法国军队传播开的。一些人认为病毒是在哥伦布航海之旅发现新大陆后从那里被带到西班牙,继而从西班牙传播到那不勒斯(Guicciardini,1964:278—279)。

梅毒的传播导致了欧洲各地公共浴室的关闭,而在那个没有室内管道的时代,公共浴室为许多人提供了自我清洁的唯一方式。很多人没有其他方法让自己保持清洁,因此个人卫生无法得到保障。这种情况也引发了其他疾病的传播(Petrucelli,1987:388)。在20世纪30年代发现青霉素之前,梅毒是无法治愈的。对于这种疾病已造成的死亡人数还缺乏具体的数据。

500年之后,艾滋病出现。艾滋病是另一种性传播疾病,在全世界范围内已感染并造成了数百万人的死亡。人们对它的起源仍存在争议,但很有可能是起源于非洲灵长类动物。目前还不知道它是如何传播给人类的。短短几年里,它对一些非洲国家的人口产生了重大影响,夺去了许多年轻人的生命。据估计,在开发出可以令感染者与病毒共存的药物之前,全球可能已有多达 4400 万人死于该疾病（Chotiner，2021）。在某些人看来，这场重大的大流行病同时带有特有的道德隐喻，因为它对同性恋者群体的影响更为常见。

5.2.7 黑死病（或鼠疫）的长期影响

大流行病总是给受影响地区带去显著且持久的变化。1346—1353 年发生在欧洲的黑死病在随后的几十年里可能造成了一些重要的外部效应，有正面的也有负面的。这场可怕的大流行所带来的一个重要经济影响是，当马尔萨斯人口制约效应（人口数量受到所生产和消费的食物的制约）也许已经出现时，疾病带走了许多生命，由此大幅减少了需供养的人口数量，限制了人口增长。在这种情况下，瘟疫显然带来了正面的外部效应。在接下来的一个世纪里，它改变了可耕地与人口之间的比例，减少了贫困，也提高了实际工资。但与此同时，瘟疫也产生了一些负面影响。

格林布拉特（Greenblatt，2011：113）曾描述道："1348 年黑死病之后，［意大利的］劳动力短缺，极大地扩展了奴隶市场。……贩卖［奴隶］被允许，只要他们是异教徒而非基督徒。"当时的奴隶主要来自东欧和小亚细亚，而不是非洲。"奴隶（slave）"一词可能起源于意大利语中的"slavo"，意思是有斯拉夫（东欧）背景的人。

由于劳动力减少，人均粮食供应和实际工资的增加，缓解了此前存在的马尔萨斯制约效应,并显著改善了财富和收入的分配(Alfani,2021)。一些历史学家认为,人口数量的急剧减少,增加了人均可获得的食物量,也提高了人们的生活水平,这使得更多的人在未来几年有可能投身于艺术活动或者非一线的工作中,从而使人类通向了文明的兴起之路,进而在瘟疫结束后的几十年里推动了文艺复兴。一个崭新和更为现代的世界从此开启(Cantor,2001;Greenblatt,2011;Fletcher,2020)。

另一个可能值得一提的正外部效应是,由于这场瘟疫,锡耶纳和圣吉米纳诺等重要的中世纪城市中留下了大量的空置建筑,这些城市的建筑结构在漫长的岁月里未曾改变,因此今天我们仍可以欣赏到属于它们的中世纪的独特之美。其中一些城市现在已被列入联合国教科文组织编制的世界文化遗产名录中。

从黑死病(或鼠疫)中可以得出的一个结论是,重大的大流行病几乎总是改变个人关系和经济布局,有时是朝着积极的方向发展,有时是消极的。目前,在2021年上半年,我们尚不清楚眼前的新冠病毒疫情将如何改变之前的社会安排和经济布局。但可以肯定的是,它必将带来改变。许多工作和经济活动可能会消失或变得不常见,而与此同时,也将会出现另一些新的经济形态。

至少在几年内人们可能会减少旅行,包括某些航空公司和许多餐馆在内的很多企业或活动也将不复存在。富裕阶层在疫情中的境况肯定会比其他人好。与此同时,政府将背负巨额债务。我们不知道这种病毒会在我们中间停留多久。停留的时间越长,疫情过后的世界就会越不同。大流行病对于全球化的冲击至少在一段时间内可能是巨大的。人们旅行时也许需要携带疫苗护照。如果新冠病毒疫情类似我们所经历过的流感,那么它会逐渐缓和,并会以某种形式留在我们中间。

最后可能需要提到的是,近年来专家们对黑死病的确切医学特征存在一些分歧。一些所谓的"否认者"认为黑死病不是一种瘟疫,而是其他类别的疾病(详见 Kelly,2005:结束语)。但无论其准确的医学起源是什么,1346—1352 年的黑死病很可能是已知历史上最具破坏性的。

历史上还发生过其他的瘟疫,与黑死病相比,它们的影响范围更有限。但有时,它们也会对人类的生活产生很大的破坏性。我们在下一章节中只记录了其中的一些瘟疫,但实际发生过的瘟疫远多于本书所描述的。

5.3　其他重大地区性流行病

在 15 至 18 世纪,意大利、德国、法国、英国、荷兰、俄罗斯和其他一些国家继续受到偶发地区性流行病的影响。这些流行病有时被称为瘟疫，或在之后发展成为瘟疫。它们可能是由不同类型的病毒感染引发的。其中一些疾病在 16 世纪不断通过意大利传播。当时的意大利仍然是欧洲最富有、最先进和最全球化的国家，也是与亚洲和非洲联系最直接的国家，流行病经常从那里通过威尼斯传播开来。1575—1576 年，意大利发生了一场重大的地区性流行病，令威尼斯失去了大约 7 万名公民。

1629—1631 年，意大利发生了另一场被称为"大瘟疫"的重大地区性流行病（Crauwshaw，2012）。意大利北部受到的影响最为严重，根据报道，它造成了超过 100 万人的死亡。据悉，1630 年仅在米兰就有 18.6 万公民被疾病夺去了生命。如薄伽丘基于 1346—1352 年的黑死病创作了《十日谈》那样，1629—1631 年的那场瘟疫也激发了另一位意大利著名作家亚历山德罗·曼佐尼（Alessandro Manzoni）的思考，并于几年后写就了一部被认为是有史以来最伟大的意大利语小说——《约婚夫妇》（*I Promessi Sposi*）。在该小说出版之前，大多数意大利人延续使用各种方言而缺少全国统一的官方语言，一直缺乏意大利语的资料，这本小说也因此成为意大利语的权威性参考资料。

伴随着 1629—1631 年的地区性流行病，也出现了很多今天我们所谓的"假新闻"和"阴谋论"。其中一些观点指责某些人（通常是陌生人）或特定团体故意散播病毒。此外，人们再次祈求圣人的干预来阻止流行病的发生。人们组织了大规模的宗教集会和游行,但这些活动可能反而加剧了疾病的传播。2020年新冠病毒疫情期间,在美国发生的政治集会和一些宗教集会也造成了同样的影响。然而在2020年,参与者们已不能再像在1629年那样把无知当作借口。

在疫情期间,城市当局建立了"隔离医院",收容受感染的人。同时,壕沟被用来处理大量的尸体。而且,正如2020年在一些医院所发生的那样,"隔离医院"很快就无法接纳那么多的病人,反而成了疾病传播的渠道之一。此外,和1346—1352年大瘟疫期间一样,当时处理尸体和照顾受感染者的人手非常有限。许多儿童成了孤儿,没有人喂养,最后因饥饿而死去。而另一方面,政府已经开始尝试发挥一些作用。

在17世纪和18世纪的小冰河时期,还发生了其他几次重大的地区性流行病或瘟疫。它们不断地在一些国家和城市肆虐,夺走了成千上万人的生命(Snowden, 2019)。例如在1656年,热那亚因瘟疫失去了6.5万人口。1665年,伦敦——这个自1346—1352年大瘟疫以来经常受瘟疫袭扰的城市——减少了约6.9万人。俄罗斯、匈牙利和土耳其也失去了数千居民。1670年维也纳减少了7万多人。瘟疫很可能已经在欧洲扎根,并在条件适合的情况下时不时在不同的地方重新出现。

17世纪和18世纪的各种战争和异常寒冷的天气趋势减

少了人们可获取的食物量，使得曾发生于13世纪和14世纪的马尔萨斯境况再次出现。弗莱彻（Fletcher，2020:89）将那个时期描述为"小冰河期，当时欧洲的气温似乎普遍较低。在西班牙和意大利之间的海上航行中，恶劣的天气可能会延长航程，导致食物供应耗尽"。

来自新兴的生物统计学领域的一些近期研究证明，人类的平均身高与他们的饮食和生活水平的长期趋势有关。根据已有数据，在17和18世纪，欧洲国家的个人平均身高显著下降。按照今天的标准，拿破仑时期为拿破仑而战的士兵身材异常矮小。而工业革命之后，人们的生活水平得到了提升，可获得的食物量也因为土地的高产而得到增加，以男性为例（因为有关这一群体我们有更为准确的数据），他们的平均身高和预期寿命开始增长。其中，土地高产的部分原因是"圈地运动"带来了新的农业技术（Deaton，2013），也可能是由于更好的天气条件。

1832年，巴黎发生了一场严重的霍乱大流行。在短短几个月内，该市65万人口中有2万人死亡。通常情况下，城市中卫生条件较差、生活水平较低的地区受到的影响最大。这场大流行病引发了反政府活动。国际货币基金组织最近的一些研究也显示，流行病和社会动荡之间存在一定联系（Barrett et al.，2021）。

5.4　新大陆的瘟疫和地区性流行病

　　除了上述主要发生在欧洲的地区性流行病和瘟疫外,还必须提到的是那些在哥伦布航行之后的几年里,由欧洲入侵者传播到北美洲和南美洲的疾病。现有资料表明哥伦布到达或"发现"新大陆时,那里的人口可能与欧洲一样多,估计有 1亿人。当时,新大陆至少有两个强大的帝国。第一个是秘鲁的印加帝国,它沿着南美洲太平洋沿岸的大部分地区延伸;第二个是阿兹特克帝国,疆域涵盖了墨西哥和中美洲的大部分地区。

　　在北美各地以及在南美的部分地区也曾居住着众多重要的原住民族群和部落,例如南美的普韦布洛人(Pueblo),他们给我们留下了梅萨维德遗址和其他奇迹。此外,普韦布洛人占据科罗拉多高原约有 2000 年。虽然这些帝国和部落没有马匹或车辆,但他们的文明绝不落后。在多个方面,甚至在一些特定领域非常先进。这可以从他们在墨西哥和尤卡坦半岛建造的金字塔和秘鲁的堡垒中看出,也能从他们的农业生产技术、食物储存技术(如土豆的储存)以及他们所留下的令人惊叹的陶瓷和黄金制品中得到佐证。

　　一直以来,人们很难合理地解释在 16 世纪初,小小的西班牙冒险家团队是如何在皮萨罗的带领下成功攻陷南美洲庞大的印加帝国的,也难以理解他们如何在埃尔南·科尔特斯(Hérnan Córtes)的领导下战胜中美洲同样强大的阿兹特克帝国。但他们都击败了强大的对手,并征服了当时的帝国(Prescott,1980;Diaz del Castillo,1956;Stirling,2005)。

枪支和马匹是战斗中重要的要素,西班牙人有,而他们的对手没有。这两样东西都是原住民士兵所陌生的。因此,对于印加和阿兹特克士兵而言,满脸胡须的人身着闪亮盔甲,骑在马背上、举枪发出雷鸣般的声响,这样的景象一定是震撼且可怕的。然而,西班牙冒险家拥有的真正的隐形武器是那些新大陆居民从未接触过的病毒和细菌,而关于这点甚至连他们自己都毫不知情。当地人对这些病原体没有免疫力,很快就开始感染麻疹、疟疾、百日咳、流感,尤其是天花,甚至还有梅毒,并大量死去。

正如一位作者在一本畅销书中所描述的,"拉丁美洲的大部分原住人口已被武器或疾病,或被两者共同打败……1520年,即科尔特斯乘坐大帆船抵达墨西哥中部的第二年,当地的印第安人有1100万;到了1650年,这一数字骤降至100万"(Gwynne,2010:54)。类似的情况后来也发生在北美洲。现在只有1000万原住民生活在美洲,而在哥伦布登陆新大陆时有1亿人。枪支和疾病是导致人口大规模减少的主要原因,而疾病的影响远远超过枪支。

感染疾病的后果是在较短的时间里,原住民因可怕的瘟疫而死去。现有资料显示,90% 至 95% 的原住民可能就是因为这些新的疾病,而在相对较短的时间内丧生。1519 和 1520两年间,在墨西哥可能有 500 万到 800 万人死于一场天花疫情。天花自埃及法老时代起在旧大陆就已为人所知。这是一种传染性极强的疾病,一直到 20 世纪它还不断夺走许多未免疫人群的生命,直至被打败。1796 年,英国人爱德华·詹纳(Edward Jenner)研究出了首支天花疫苗,但在当时全球仍有许多人没有接种疫苗,并死于该疾病。天花导致多达 60% 的感染者死亡,尤其是儿童。

据报道,在 1545 年至 1548 年间,科科利兹特利流行病(cocoliztli epidemic)在新大陆导致了 500 万至 1500 万人死亡。大多数西方人一直持有的印象是哥伦布和那些跟随者发现了一个基本空旷的大陆,一个随时可以被占领、开化、殖民化并皈依基督教的大陆。但其实并不然。在哥伦布第一次航行后的第二年,教皇宣布新大陆的人民必须皈依基督教,否则他们就会成为奴隶。按照释义,非基督教徒不被视为人类。这种思维方式的痕迹现在依然可寻。在美国这个"自由之地""人人生而平等"的地方,奴隶制是被允许的,而在英国也是如此。在本书作者出生的意大利小镇的方言中,用来表示一个人的名词仍然是"基督徒(Christian)"。门口的基督徒指的是在门口的人。因此,如果你不是基督徒,你就不算是一个人。历史在语言中留下了许多印迹。

作为美洲的一部分,北美洲在随后几年里被不断探索和占据,最初主要是北欧人。西班牙人首先到达的是加利福尼亚、得克萨斯和其他一些南部地区,随后由法国人占领了那里。在北美洲,没有像在秘鲁和中美洲那样强大帝国的存在。但即便如此,在北美洲东海岸也有许多原住民部落和族群,有些是不靠农业为生的游牧民族,有些则定居在某些地区。后来他们也因西方的枪炮和外来疾病而成群倒下。"1816年和 55 1849年的霍乱疫情……肆虐了西部部落,并摧毁了一半的科曼奇人。"(Gwynn, 2010:6)

相比之下,在1803年反对法国殖民者的海地革命期间,杜桑·卢维杜尔(Toussaint Louverture)和他的革命追随者之所以能够击败拿破仑军队,部分原因是他们受益于黄热病的流行。卢维杜尔的起义军对该病毒有免疫力,而法国军队却没有(Snowden, 2019)。多年来,黄热病的流行也夺去了许多人的生命。

自欧洲人发现美洲大陆以来的一个世纪里,在北美洲消失的原住民人口比例可能与美洲其他地区一样大。在印第安人战争中幸存下来的印第安人最终被迫生活在印第安人"保留地"。

5.5　19世纪和20世纪的变化

19世纪开始,西欧和南欧国家的一些人得以处于一种不同以往、总体上更为健康的环境中,他们有机会享受发展所带来的福利,包括通过接种疫苗来预防一些曾经导致大多数人死亡的传染病。人口预期寿命开始迅速增长,许多国家摆脱了重大瘟疫和饥荒,当然也有例外(Deaton,2013:6—7;Snowden,2019)。

这些变化包括针对某些传染病的疫苗接种措施、牛奶巴氏消毒工艺、新药物的开发、清洁饮用水的供应以及室内管道的增加,它们都有助于应对一些主要的致命性病毒。现在较为普遍且通常和老年人有关的一些慢性疾病,在当时还未成为问题。但霍乱、斑疹伤寒、天花、脊髓灰质炎、带状疱疹、黄热病和其他一些地区性流行病仍偶尔会爆发,并演变成为更大规模的全球性流行病。于是就有了发生在 1918 年至 1920年间被称为西班牙流感的大流感,那场流感在全球范围内造成了数百万人死亡。在那之后一直到今天,还爆发过多次大流行病。

在 19 世纪后期,一些较先进的国家政府逐渐获得更多的行政权,并且当一些重大灾难降临时,他们拥有更多的财政资源采取应对措施。而另一方面,19 世纪下半叶盛行的自由放任主义意识形态有时会阻止政府采取更有力的行动(Tanzi,2018a)。这种情况在 19 世纪 40 年代的爱尔兰饥荒以及印度的一些饥荒中尤为显著。关于爱尔兰饥荒这个悲惨且引人关注的事件,本书将在之后的章节中进行描述。此外,瘟疫和饥荒不断侵袭东欧和土耳其的一些国家，并继续导致许多伤亡。除了这些地区，1720 年至 1721 年一场严重的瘟疫也造访了西欧，袭击了马赛和普罗旺斯等其他几个法国城市，使这些城市失去了大部分的人口。

在 19 世纪和 20 世纪初，由于工业革命的积极影响，重大地区性流行病的发生率有所下降。在一些国家，工业革命提高了许多家庭的平均生活水平，使人们享有了更好的卫生条件。这些正面效应的产生也部分得益于更完善的政府法规、医学上的重大进步以及更适宜的气候条件，同时也受益于由"圈地运动"和先进的农业技术发展所带来的土地的高效利用。

在一些国家，某些地区性流行病是由新型传染病引起的，例如天花和霍乱，它们会不断造访特定地区或城市。1918—1922 年的俄罗斯正值布尔什维克革命，在这个艰难的时期，一场斑疹伤寒的流行造成了该国 200 多万人死亡。在这场流行病肆虐的同时，"大流感"也正在发生。同样，那不勒斯也经历过霍乱横行的年代（Snowden，2002）。

1918—1920 年的"大流感"开始于第一次世界大战即将结束时，是一场重大的、不同寻常的大流行病（Davis，2018）。这场大流行病持续了大约两年，也被称为"西班牙流感"，尽管它并非起源于西班牙，但可能因为之后有报道说西班牙国王被感染了，因此而得名。无论参照何种标准，这场流感都是一次重大的大流行病。它导致全球至少 4000 万人死亡,在美国有近 70 万人因此而失去生命。起初,它在战争中作战的士兵间传播。很快,它便蔓延到了整个世界,包括北极地区和其他遥远的地方(Kolata,2005)。虽然人们对它的起源和医学特性仍不太确定,但目前的看法是它起源于禽类。这一观点也得到了美国著名医学和免疫学家安东尼·福奇(Anthony Fauci)的支持。随着时间的推移,疾病从动物界进入人类世界的情况会发生得越来越频繁,艾滋病、埃博拉和新冠病毒应该就是这样。同时,相反的情况也可能发生。

西班牙流感在早期被认为只是一种传统感冒和流感。在美国,在流感刚开始的几个月里,人们担心对流感的关注会分散对第一次世界大战末期战事的注意力。1918 年末,一场大型战争庆祝活动在费城照常进行,导致该市许多人感染和死亡。那场大流行持续了几年,美国总统威尔逊可能就是在战争结束时的巴黎和会期间被感染的。

在巴黎和会上,第一次世界大战的战胜国达成了制裁德国的决定,德国应承担战争所造成的人员损失和其他代价。该会议决议可能间接导致了接下来几年里灾难性的后果。参加会议的凯恩斯曾预言强加给德国的苛刻条件会对英国产生影响(Keynes,1921a)。这些后果包括对部分会议结果感到不满的意大利由此走上了法西斯之路,以及希特勒后来在德国上台。

　　发表在《哈佛公报》(*Harvard Gazette*)上的一篇文章(Powell,2020)基于最新研究提出,西班牙流感部分是气候变化的结果。在第一次世界大战之前和战争期间的几年里,欧洲的天气再次明显变冷。这种变化增加了战争期间的伤亡,使士兵更容易受到感染。(关于西班牙流感的各种描述详见Kolata,2005以及Barry,2004。)

　　上述情况表明20世纪80年代以来的气候变化(包括地球平均温度的大幅上升,以及某些地区的极端高温)有可能在未来几年里给人类健康以及其他方面带来令人困扰同时也是意料之外的情况(包括人们已经注意到的某些热带疾病的传播,以及以前未知疾病的出现)。其中一些热带疾病和携带这些疾病的昆虫一直以令人担忧的速度向北半球快速移动。

　　第二次世界大战后出现了例如亚洲流感和香港流感等比较温和的流感大流行,近几年还出现了一些其他变体。最近发生的新冠病毒疫情可能是这一趋势的进一步发展。大流行病几乎永远不会完全消失,但它们会部分消退,呈现出更温和的形式。

　　在20世纪80年代及之后的几年里,被认为是从非洲传入的艾滋病毒大流行在全球范围内导致了数百万人的死亡。这是疾病从动物转移到人类的一个例子,新冠病毒疫情也可能是同样的情况。刚果、亚马逊、婆罗洲以及巴布亚新几内亚等地的雨林曾经是与世隔绝的地方。随着那些地区新兴旅游

58

业的蓬勃发展,人类与稀有动物物种之间的接触不断增加,一些动物甚至偶尔会被当作食物。此外,在刚果等一些地区,存在着非法且难以监管的珍稀动物交易市场,动物从那里被运往发达世界的不同角落。其中的一些动物可能携带着未知的病毒和细菌,而人类对这些病毒和细菌几乎没有免疫力。艾滋病毒和埃博拉病毒都是通过动物传播给人类的。关于医学界能否迅速地建立防护措施对抗疾病这一点,目前仍然没有答案。人类和微生物之间的战争很可能会在未来继续下去,但没有永久的赢家。

多年前,法国和英国出现了其他一些奇怪的疾病,有些与食用牛肉有关。这些疾病被称为"朊病毒病","疯牛病"就是其中一个例子。它可能源于新几内亚食人族的吃人习俗(Rhodes,1997)。所有食用牛肉的人和使用骨粉饲料等产品的人都面临潜在的感染风险。"疯牛病"令人们感到恐惧,也让医学专家忧心忡忡。人类与环境的相互影响往往是无意的,且同时令人费解。

需要补充的是,现代农业和其他经济活动的入侵已经迫使一些动物物种从以前与世隔绝的地方迁移和分散到人口较多的地区,这些活动包括在刚果、亚马逊等原始雨林中采矿。这种情况导致许多罕见的病毒和细菌从上述地区传播到更广泛、人口更稠密的地域。所有这些变化都可能使人们回到一个地区性和全球性流行病更为频繁而且更加致命的时代,并迫使医学界极其迅速地生产疫苗和其他治疗药物以应对疫情。而如某些新冠病毒疫苗一样,疫苗的快速生产和使用可能还会在有效性和安全性方面造成其他的不确定性。此时,各国政府应为相关医学研究提供良好的资金支持,也应协助全球范围内疫苗的分配(Honigsbaum,2020;Kenny,2021)。

第六章　饥荒

6.1　引言

饥荒在历史上经常发生，一直到最近几十年依然会持续出现一些大饥荒。关于饥荒，维基百科提供了一个详细的定义：

> 饥荒是由若干因素所造成的普遍的食物匮乏，包括战争、通货膨胀、作物歉收、人口失衡或政府政策。[饥荒]通常伴随着或会导致营养不良、饥饿、流行病和死亡率的增加。

根据联合国的标准，当"一个地区至少有 20% 的家庭面临极度粮食短缺……儿童严重营养不良的比例超过 30%……而且每天每 1 万人中有超过两人死于饥饿"时，该地区便正式进入饥荒状态。当然，在遥远的过去，没有联合国来追踪饥荒的情况。

在过去的几个世纪里发生了太多次的饥荒，以至于无法对它们逐一进行充分的记录。有些饥荒影响的群体较小，有些则给更多人带来了影响。饥荒往往与食品价格和购买者收入水平有关(Hackett Fischer,1996)。许多饥荒的出现是由于气候的短期或长期变化,但其他因素也发挥了重要作用。本章重点介绍一些发生在近期的大饥荒,并讨论引起这些饥荒的一些因素。大饥荒可能造成的伤亡是非常大的。饥荒显然是人类可能遭遇的重大灾难之一。

相较于其他灾难,饥荒更能通过政府的积极介入而免于发生。这种灾害形式往往伴随着最明显的政府失效,无论在预防饥荒方面还是在对饥荒的应对处理上。许多大饥荒与政府行为有关。

许多饥荒发生在遥远的过去,当时政府的行政和财政资源及其行动能力都非常有限。此外,也有些饥荒发生在最近。一些饥荒受到政府政策的影响,如20世纪20年代俄罗斯饥荒。还有些因为政府的行为而恶化,如印度和爱尔兰的饥荒。一些饥荒与军事行动有关,例如第二次世界大战期间纳粹对列宁格勒(现在的圣彼得堡)的围攻。另有些则与天气条件或植物病害有关,如19世纪40年代的爱尔兰饥荒。通常情况下,造成饥荒的因素不止一个,而天气条件往往在其中起到了一定的作用。

在久远的过去,当这些灾难发生时,几乎没有人期望政府能够帮助受灾人口。但今天的情况就不同了。现在,当其他一切手段都失效时,人们期待政府进行干预,尤其是在和平时期以及当饥荒的发生并非由政府造成时。只有一些顽固的自由主义者可能会反对政府实施任何限制或行动，就像一些人在最近的新冠病毒疫情期间反对戴口罩和保持社交距离那样。哈克特·费舍尔（Hackett Fischer）在其著作中（1996：451）提到了许多关于应对饥荒的研究。另外，维基百科对某些饥荒以及相关研究也提供了较为详尽的资料。

　　在许多家庭依靠自给自足农业、食物交易非常有限的年代，他们的生活水平在很大程度上取决于可耕种土地的面积与产量，以及短期天气状况。当人口增长时，家庭可获得的土地面积和食物产量就会减少，这时食物供给就会出现困难。在特定年份或时期，当天气条件发生变化，且食物产量远不足以养活过量人口时，饥荒变得不可避免，许多人会死于饥饿。

　　有时，土地所有权被少数人控制。从事农耕劳作的人可能是奴隶、农奴或是租户，也可能是报酬很低的日工。当所生产的主要农作物价格下跌或因恶劣天气而产量下降时，对许多农耕的人们来说，后果可能变得很严重，甚至非常悲惨。在现代农业体系下，农作物的交易更加灵活，但对那些依赖农业生产的人来说，这些威胁仍然存在。此外，贸易取决于交通。如果一个地区的剩余粮食不能及时运送到发生饥荒的地方，问题则依然无法得到解决。在过去，交通系统通常非常不完善，因此某些地区可能会出现粮食过剩，而与此同时在其他地区，食物供给则可能非常短缺。

　　有时还会出现非常高的通货膨胀，就像第一次世界大战后的德国那样。高通胀可能会大幅减少一些家庭的收入，降低他们购买食物的能力，特别是当食品价格的上涨超过人们收入的时候。这种情况发生在 20 世纪 20 年代的德国。此外，在战争期间等其他时候，许多通常在土地上耕作的人会被派去战场，此时食物就会变得稀缺。这时，政府可能会引入食物配给制。20 世纪 30 年代的大萧条导致失业率高企，许多工人失去了收入，农产品价格低廉。但即便食物非常廉价，许多家庭仍可能没有足够的收入来购买所需。

　　除了战争造成的困境，还有一些情况是人为的。在下面描述的饥荒例子中，我们将探讨引发饥荒的主要因素以及政府的处理方式，并指出政府应该如何更好地应对。

6.2　美国饥荒

　　也许很奇怪，在美国这个拥有大片良田、人口不多的国家，在某些时期，其部分人口竟然也会经历严重缺粮，甚至饥荒的情况。我们发现了四个这样的时期。在某种程度上，当时的条件达到或接近饥荒。

6.2.1　美国早期移民间的饥荒

　　有相当多的历史证据表明，在新移民能够建立农业基础，

长久地为自己提供可持续的生活水准保障之前,一些早期来
到美洲的移民(主要是在17世纪来自不列颠群岛的移民)有
62 时面临着接近饥荒的严峻形势。一开始,他们不得不依靠渔
猎获取食物,但他们中的许多人还没有很好地掌握这些技术。

在北大西洋沿岸地区,早期移民有时会遭遇极度的食物
匮乏,在某些极端情况下,可能会导致吃人事件的发生。人们
不知道这些移民中有多少人经历过这种饥荒,又有多少人死
于饥荒。当时在这些地区没有既定政府,因此也没有政府角
色可言。

6.2.2　美洲原住民部落间的饥荒

19世纪下半叶,一些新移民(其中许多人来自欧洲)开始
向西迁移并逐渐占据了科曼奇人、普韦布洛人、霍皮人和切罗
基人等原住民曾经生活的领地。这些部落中有些是(但不全
是)游牧民族,主要靠猎杀野牛生存。当年数以百万的野牛在
美国西南部大平原的广阔草原上漫步,为原住民部落提供了
大量的食物,以及用于蔽体和搭建帐篷的皮毛。只要野牛的
数量充足,游牧的印第安人部落就能够持续他们传统的生存
方式。

在19世纪后半期,特别是在南北战争结束后,美国联邦
政府与一些印第安人部落发生了战争。前者认为自己对这些
土地拥有控制权,而后者一直生活在这片土地上,感到被剥夺

了权利。同时,美国与墨西哥之间也爆发了战争。原本数量众多的野牛因遭到猎杀迅速减少。猎人们使用了威力强大的步枪,可以在短时间内杀死大批野牛,他们的主要目的是获取具有很高商业价值的野牛皮。

几年内大部分野牛被猎杀,使印第安人部落失去了传统的食物来源。一些印第安人被拘禁或强迫进入"保留地",那里基本上是没有围墙的监狱。部分印第安人经历了食物短缺甚至饥荒。此外,原住民还因为接触到入侵者携带的病毒而患上了疾病,而他们对这些病毒毫无免疫力。

在欧洲人定居新大陆的进程中,美国印第安人的历史是其中一段悲惨却仍然鲜为人知的篇章。鉴于当时不同寻常的情况,思考政府能做些什么以保护印第安人免受饥荒之苦是没有意义的。这更像是一个教训,揭示了当社会缺乏有效运作的政府,且社会的概念又尚未建立时可能会发生的情况。那些被迫进入"保留地"的印第安人经常被所签订的协议以及那些侵占他们土地的人所做出的承诺欺骗(Ehle, 1988)。需要补充的是,南美洲的巴塔哥尼亚部落也遭遇了类似的命运。

6.2.3 美国南北战争中的饥荒

1861—1865 年爆发的美国南北战争无疑是美国历史上最令人悲哀的悲惨事件。美国南方各州(南部联盟)和北方各州(北部联邦)之间的战争导致 60 多万美国人死亡,对经济造成了巨大的破坏,并在美国北方和南方之间造成了永久的敌意。这场战争的某些影响一直延续至今。

在战争期间,由于食物短缺,相当大比例的人口死于疾病或物资匮乏。谢里登(Sheridan)将军和其他一些人实施的"焦土"军事行动以及军队的大规模调动,很快导致了食物供应的减少。许多平民都处于食物匮乏的境况,战俘尤其如此。数千战俘被关在战俘营中,所得到的口粮远远不足以维持他们的健康甚至是生命。他们中的许多人死于食物短缺以及与劣质食物有关的疾病。从广义上讲,这些战俘和许多平民都经历了类似饥荒的严峻时期。

需要再次说明的是,鉴于当时的情况,讨论政府或交战双方政府可以做些什么来预防饥荒也是没有意义的。战争是导致饥荒的直接原因。

6.2.4 "黑色风暴"以及 20 世纪 30 年代的大萧条

美国的下一场饥荒与一些人所认为的美国历史上最大的人为环境灾难有关。这场饥荒的发生揭示了环境因素对一个地区的影响。它将是对持续的"气候变化"以及其他环境问题所可能引发的长期影响的警告。20 世纪 30 年代袭击美国大平原地区的"黑色风暴"正是各种错误决定和一些意想不到的自然变化综合导致的结果。

第一个错误的决定是，在印第安人被屠杀或被迫进入保留地之后，政府利用1862年美国国会颁布的《宅地法》，将印第安人部落过去一直赖以生存的土地无偿提供给那些欧洲定居者。许多欧洲定居者举家从东部西迁到大平原，并占据了那里大片的新农场。他们获得了土地并在上面建造房屋。这些土地曾经是旱地，长期由草地所覆盖。早年，这些草地喂养了数以百万在这些地区自由漫步的野牛，这些野牛也为原住民部落提供了大部分生存所需的食物和庇护。同时，永久性植被覆盖有助于保持一定的土壤湿度，并为野牛提供了食物。

第二个糟糕的决定是让新农民在那些干旱的草原上种植小麦。从长远来看，这些土地并不利于小麦生产，因为小麦的生长需要不同的土壤和更充沛的雨水。然而在当时，尤其是在20世纪20年代，昂贵的小麦价格使种植小麦的新农民看上去成了赢家，也同时扩大了小麦的种植面积。

人们过上了几年的好日子，那时小麦的产量、价格和利润都很高，土地似乎也高产，但在这之后情况开始发生变化。首先，土地产量开始下降。其次，在1929年10月美国股灾之后，小麦的价格暴跌。最后，天气条件发生了变化，接下来的十年里多风少雨。一系列因素的叠加往往会导致意想不到的极端情况。很快，土地开始表现出典型的沙漠化特征。强风从脆性土壤中掀起大量松散的尘土，逐渐导致凶险和破坏性极强的沙尘暴频繁出现。沙尘暴四处移动，并扬起了成吨的沙尘，偶尔大风还把白天变成了黑夜。

人们开始患上肺炎，这是由弥漫的灰尘造成的。所有一切都变成了黄褐色，食物和收入变得更加匮乏。许多农民失去了他们为数不多的牛，然后他们卖掉拖拉机来维持生计。同时，许多人的农场也被提供抵押贷款的银行收回。20 世纪 30 年代对他们中的大多数人来说是一个非常糟糕的时期，而他们的孩子受到的影响最大。许多学校关闭，而且由于食物短缺，孩子们的平均体重下降了 10%。

在这场部分是因为政府不经意的行为而造成的悲剧中，政府最终通过罗斯福总统推行的新政发挥了重要的积极作用。很多农民在新政推出的一些就业项目中找到了临时工作。许多人移居到加利福尼亚以及其他不那么干旱的地方，在那里开始了新生活。最后，第二次世界大战来临，大萧条结束，天气条件变得较为温和。天气没有那么干燥，大风也减少了，同时新技术被引入农业生产，这些新方法可以将该广阔地区有限的雨水资源利用起来。

不久，人们发现在北美大平原部分地区储存了大量的地下水，即存在一个巨大的地下蓄水层，这使得该地区的农民可以用更稳定可靠的地下水源替代雨水，从而恢复了一些对水资源需求较高的作物种植和牛群的饲养。然而，蓄水层并非用之不竭。随着时间的推移，它们会被耗尽。这可能导致在该地区发生其他的危机。这种未来危机发生的时间存在不确

定性,而正如我们在前一章中所看到的,理性的个人、企业和
政府官员们很少关注不确定事件和未来的危险,他们通常只
注意到当前迫切且相对更确定的事件。不管怎样,发生在美
国的这场危机深刻地揭示了人类对环境的影响。这显然是第
一次由政府造成的环境危机。

6.3　1845—1849 年的爱尔兰大饥荒

在过去的几个世纪中,记录最详尽、最引人注目的饥荒之
一是 19 世纪 40 年代发生的爱尔兰饥荒。造成这场饥荒的原
因是多方面的且很复杂,它所产生的影响非常广泛,波及许多
国家。关于这场饥荒有许多历史记载。在 19 世纪 40 年代的
爱尔兰大饥荒之前,这个国家曾在 1730—1740 年发生过另一
场大饥荒,夺去了大约 30 万人的生命,接着在 1782—1784 年
又爆发了一次"生存危机"(Kelly,1992)。

我们将提到导致爱尔兰大饥荒的一些因素,这些因素使
得这场饥荒对爱尔兰人民来说影响深远且破坏性巨大。数百
万人死于这场饥荒,并受到了各种不同的影响。在大饥荒发
生时,爱尔兰是大不列颠王国的一部分。它在很大程度上是
英国殖民地。那里非常贫穷,人口过多,大多数是天主教徒,
受到当时具有控制权的少数新教徒的歧视。同时,天主教家
庭通常有很多孩子。

66

爱尔兰缺乏有价值的自然资源以吸引当时正在英国其他地区发生的工业革命。此外，当地的气候不利于许多农作物的生产，也因此难以满足数量庞大且不断增长的人口的需求。爱尔兰的土地并不特别肥沃，最好的土地大部分被英国地主用来养牛，目的是为英国提供需求量很大的牛肉。贫穷的爱尔兰人被赶到贫瘠的土地上，而这些土地很难为爱尔兰典型的大家庭提供足够的收入。

由于历史原因，当时爱尔兰的许多土地都由英裔爱尔兰人所有，但他们一般住在伦敦，很少光顾自己的地产。这种土地占有制形式常见于拉丁美洲的大庄园（latifundios）制。在这些大庄园里，所有权高度集中在个人手中，然而这些个人并不居住在庄园里，他们最感兴趣的是从地产中赚取租金；他们不靠土地生活，对管理土地本身也没有多大兴趣。地主将土地租给中间人，中间人向地主每年支付固定的租金，并且可以自由地以任何方式使用租用的土地。

通常情况下，中间人将租来的土地分割成小块，然后转租给那些实际耕种土地的人，因为他们发现这样利润更高。那些贫穷的农民用这些小块土地种植作物（一般是马铃薯）来养活他们众多的家人，并且在耕种时他们采用的是老旧的技术和低效的方法。有时，贫穷的农民会把面积已经很小的土地再细分成更小的份额，分给大家庭里各个不同的成员。爱尔兰本地居民的日常食物大多依赖于马铃薯，但生产出的马铃薯约有三分之一被用于养牛。

　　作为一种作物,马铃薯能够使贫穷的农民在如此小块的贫瘠土地上养活他们的大家庭。但它不是欧洲的本土作物。在遥远的过去,马铃薯在欧洲并不存在,而是起源于南美洲安第斯山脉的秘鲁,当时印加人在那里种植马铃薯,同时也依赖它们生存。在哥伦布"发现"新大陆的若干年后,马铃薯被引进到欧洲和爱尔兰。马铃薯(*Solanum tuberosum*)易生长在欧洲一些地区,那些地方"气候湿润凉爽,有着长长的白昼和温暖的夜晚,以及深厚松软的土壤"(Hobhouse,2005:251)。马铃薯是印加人送给世界的两大礼物之一,是跟随哥伦布旅行给予欧洲的馈赠,另一份礼物是玉米。到1625年,"马铃薯已成为许多爱尔兰家庭的主食",而在其他欧洲国家,它仍然是"园艺作物或牛的食物"(出处同前)。由于缺乏小麦或玉米来制作面包,爱尔兰大家庭很少有其他选择,马铃薯已成为他们最常见的主食。

　　由于许多爱尔兰家庭过度依赖单一作物——马铃薯,他们面临着的是该作物歉收的风险。歉收可能是不利的天气条件或其他因素造成的。当然,这是一种不确定的风险,同时因为存在不确定性,它可能永远也不会发生。对单一作物的依赖类似于在金融决策中"把太多的鸡蛋放在一个篮子里"。正如一位英国历史学家提到:"爱尔兰的问题……是因为当时生活水平[非常低]。爱尔兰的大多数人生活在饥饿的边缘,他们的食物来源仅依赖一种主要农作物,即马铃薯。而马铃薯作物的产量是不稳定的;如果出现大规模歉收,大部分人口就会挨饿。"伍德沃德(Woodward,1962:352)补充道:"大约三分之一的[爱尔兰]人口几乎完全依赖马铃薯生活。"这就很容易预测如果马铃薯歉收会带来什么影响。但因为该事件的发生时间非常不确定,所以即使人们能够做出预测,这种预测在歉收实际发生之前也不太可能改变任何现状。

爱尔兰饥荒是由一个不可预知的事件引起的,当时一场瘟疫影响了马铃薯的生长。1845年的秋天马铃薯出现了严重的歉收,到了1846年情况加速恶化,数百万爱尔兰家庭面临极度饥荒。他们无法再依赖传统的主食;另一方面,即使谷物或牛肉等其他更昂贵的食物仍可获取,他们也没有足够的钱购买。很快,情况变得非常紧急,严重到令英国政府也难以忽视。如何解决爱尔兰人的饥饿问题成为政府面临的难题。

英国政府面临着各种不同的压力,且相互冲突。一些新教人士认为马铃薯饥荒是上帝派来惩罚天主教爱尔兰人的罪行与过错的,这些罪过包括酗酒和信奉天主教。另一些人持社会达尔文主义观点,认为政府应该让饥荒顺其自然地发展,这样就可以通过马尔萨斯式的方式,一劳永逸地解决爱尔兰的人口过剩问题。还有一些人坚持当时盛行的自由放任主义思想,阻止政府采取干预措施,因为他们担心政府的干预会永久地降低受到援助的爱尔兰人的个人能动性，并会令他们长期依赖政府的慷慨。受到这种自由放任主义意识形态的影响，即使许多爱尔兰人不断死于饥饿，爱尔兰也一直在生产并继续出口玉米。此外，也有一些人认为政府不能无视确实存在的问题，爱尔兰人正因为饥饿而面临死亡，对此政府必须采取行动。

最初英国政府采取了少许行动来帮助饥饿的爱尔兰人，其中包括从美国购买一些谷物和谷物粉。但由于天气不好，这些谷物和谷物粉在1846年初才运到爱尔兰，并以非常低的价格出售给了那些有钱购买的人。此外，此前为了限制谷物进口而导致其价格居高不下的《谷物法》(Corn Laws)被废止。政府还引入了一些公共就业项目，到1846年底这些项目雇用了50万爱尔兰人，但这些公共就业项目通常因为管理不善而遭到很多批评。同时，政府为那些无力购买任何食物的人们设立了"救济食堂"，为他们免费提供食物。

虽然这些政府举措在一定程度上发挥了一些作用，但它们远远不足以有效地应对大规模饥荒。当时占主导的自由放任主义意识形态导致英国政府所采取的措施非常疲软，而低效的管理进一步降低了措施的有效性。不断有评论说，爱尔兰人会习惯于接受政府的帮助，这从长远来看，将损害他们工作的积极性和主动性。也有评论认为应该遵循优胜劣汰法则，任由危机自行解决。最终的结果是，在这场饥荒中约有

100万爱尔兰人死亡,大部分爱尔兰人口向外迁移。在几年内,爱尔兰失去了其总人口的20%以上。

在那些移民中,有些人去了英国,大多去了利物浦。另有一些有能力支付旅费的人去了加拿大或澳大利亚,那些旅费相对于爱尔兰人的收入来说是相当昂贵的。还有许多人去了纽约和波士顿,并且在那里建立了具有影响力的爱尔兰人社区。根据一些历史学家的报道,许多人登船时健康状况不佳,加上航行期间船上的恶劣条件,他们当中有很大一部分人在前往目的地的漫长旅途中死去。随着时间的推移,在美国有了许多爱尔兰后裔。一个世纪后,爱尔兰裔美国人约翰·肯尼迪(John Kennedy)成了美国第一位信奉天主教的总统。60年后,另一位有爱尔兰血统的美国人约瑟夫·拜登(Joe Biden)成为第二位天主教总统。

6.4 俄罗斯、中国及其他地方的饥荒

20世纪,在俄罗斯也发生过大饥荒,粮食大幅减产,数百万人因饥饿而死亡。当时在那里进行了尚不成熟的经济实验,例如征用土地进行耕种,以及聘用缺乏经验的官员管理集体农场。人们根据政府下达的生产指标进行生产,个体激励因此受到影响。在这些情况下,政府决策对饥荒产生的影响不容忽视。在本节中,我们将简要描述其中的一些大饥荒,首

先从发生在 20 世纪 20 年代及以后的俄罗斯饥荒开始。

6.4.1　1921—1922 年,1932—1934 年及 1946 年的苏俄饥荒

1917 年革命后,列宁领导并建立了苏维埃政权,开始用中央指令取代之前实行的有限的市场经济。当时的情况是:"连年的战争、征兵和粮食征用破坏了农业,特别是在土地最肥沃的地区。除此之外,伏尔加地区在 1920 年和 1921 年经历了干旱……结果导致了饥荒……大约有 500 万人因此死去。"(Hosking,1992:120)

由于国家采购的急剧增加和粮食收成的大幅下降,1931年"出现了比 1921—1922 年更为严重的饥荒"(Hosking,1992:167)。1932 年至 1933 年,伏尔加、乌克兰和哈萨克北部地区大约有 600 万人死于饥荒。在同一本书中,霍斯金(Hosking)提道:"当克拉夫琴科(Kravchenko)进入第聂伯罗彼得罗夫斯克州的一个村庄时,他对死一般的寂静感到惊讶。人们告诉他'所有的狗[在之前就]已经被吃掉了','我们已经吃掉了所有能吃的东西,包括猫、狗、田鼠和鸟'。"据估计,在这次饥荒中死亡人数高达 800 万。在乌克兰部分地区,"三分之一的人……死于饥饿。在……沃洛达尔卡,死亡人数更多,每 1000 位居民中有 466 人在 1934 年前死去。其中儿童和老人的死亡率尤其高"(Plokhy,2018:40—41)。

从 1941 年 8 月底到 1944 年 1 月,德军对列宁格勒的围攻是第二次世界大战中最骇人听闻的事件之一。它在苏联造成了另一场极端的饥荒事件。正如霍斯金(1992:280)所描述的:

> 由于与全国其他地区的陆路交通被切断,[列宁格勒]陷入了真正的绝望境地……没有人预料到会被围困,因此也没有提前采取任何措施来储备物资……唯一的补给线需横跨 30 英里的拉多加湖,位于城市的东部……只能靠重型卡车穿越[冬季结冰的拉多加湖]冰面运送一些物资。1941 年 12 月,在列宁格勒有 5.3 万人死亡……[体力劳动者]的面包配给量为每天 400 克,家属的配给量为其一半……在漫长的冬天里,人们坐在黑暗的家中,没有电,也没有暖气,在零下 40 度的温度下靠焚烧书籍和家具取暖,并渐渐饥饿至死。

据估计,由于寒冷和缺乏食物,这场围困导致了超过 100 万人死亡。要充分理解列宁格勒居民在被围困将近三年的时间内所经受的一切,可以将他们的经历与在当前新冠病毒疫情期间被建议"封闭式管理"的家庭相比较。在这场疫情中,有很多人对于被限制在公寓或房屋内抱怨不已,但总体来说,这些房屋里仍然有供暖、照明、电视和互联网,且通常还有充足的食物。

1946 年,为了供应军队和其他特权群体的需要,苏联的粮食状况再次变得岌岌可危。政府从农民手中大量征购粮食,导致普通民众的食物供应非常有限。有报道称村庄里出现了食人行为,而媒体则对饥荒的情况保密(Hosking,1992:299)。据估计,那场饥荒导致了多达 150 万人的死亡。到了 1952 年,苏联每亩地的粮食收成仍然低于 1913 年的水平。

6.4.2　20 世纪中国、印度和其他地方的饥荒

在漫长的历史中,中国也经历了很多饥荒,也因此失去了很多人口。1958—1961 年那场饥荒是 20 世纪最严重的饥荒之一,发生在"大跃进"运动开展之后。

当时农民加入了集体农场,同时还在小型、老式的铸造厂里生产钢铁。有时,为了满足所下达的生产配额,他们会将之前用于粮食生产的工具熔化来炼钢。和发生在苏联的情况一样,由于集体农场经营不善、个人生产积极性受到影响,粮食生产减少。然而虚高的生产指标掩盖了粮食产量下降的实际情况,成了引发饥荒的原因之一。

在此之前,中国还经历过其他可怕的饥荒,那些饥荒通常是由天气变化引起的。1907 年,可能约有 2500 万人死于饥荒。1876—1879 年[①],发生在中国北方的另一场饥荒据悉导

---

① 原书时间误为 1976—1979,据上下文,此处系指清光绪年间的华北饥荒。——译者

致了多达 1300 万人死亡。此外,在 1928—1930 年和 1942—1943 年的两次饥荒中,可能又有 500 万至 600 万人死去。鉴于过去的经历,全球变暖所带来的天气变化与粮食生产之间可能产生的联系应该成为未来几年值得关注的问题。

　　1975 年,一个极端左翼政府获得了柬埔寨执政权,该政府由一位狂热的领导人波尔布特(Pol Pot)领导,他对如何在短时间内彻底改造柬埔寨的社会和经济持有极端的观点。波尔布特政府试图进行一场更为激进的经济实验,被一些历史学家称为陷入疯狂(MacFarquhar & Schoenhals,2006)。在几年内,波尔布特所施行的政策导致整个柬埔寨人口减少了约四分之一。一些人因为他们以前的背景而被谋杀,另一些人则因粮食供应中断而死于饥饿。在今天的柬埔寨,人们会看到一些公开展示的受害者的头骨,它们提醒着游客们那个可怕的时期。此外,越南和朝鲜也同样经历过饥荒。

　　多年来,印度是另一个受到周期性饥荒影响的大国。在这个国家,饥荒导致了数百万人死亡,其中一些发生在英国殖民时期(Amartya Sen,1981、1999)。在印度,饥荒与季风降雨存在密切关系,后者在很大程度上决定了农业产量。季风降雨通常是无法预测的,当季风异常时,饥荒往往随之而来。当大规模饥荒发生时,政府或没有能力或不愿进行干预,而政府行为被认为是造成人口大量死亡的重要因素。持有该观点的人们认为,政府应该进行干预,并且应该发挥作用。

72

很大一部分印度人的生活接近维持生存所需的最低生计水平,这使得缺少雨水可能导致大规模饥荒和数百万人死亡。这在 1769—1773 年的孟加拉饥荒中就发生过,估计造成了约 1000 万印度人死亡;这种情况还发生在 1783—1784 年的查里萨饥荒(Chalisa famine)和 1789—1793 年的骷髅饥荒(Doji Bara famine)期间,两者合计可能导致了 1100 万人死亡。此外,在 1876—1878 年的印度大饥荒和 1899—1900 年的饥荒中,数百万印度人死于饥饿以及与饥饿有关的疾病。据报道,进入 20 世纪后,爆发在 1943 年二战期间的孟加拉大饥荒夺走了 200 多万人的生命。

与许多作者一样,出生于印度的诺贝尔经济学奖得主阿马蒂亚·森(Amartya Sen)将印度一些大饥荒的发生归咎于不规律的降雨和自 1857 年以来的英国殖民政策。那些政策将当地许多农田转变为外国人所有的种植园,而这些种植园主将大部分农业生产用于出口作物。同时,印度人口的快速增长使得许多家庭的生活水平非常接近于最低生计标准。当发生饥荒时,只有政府的援助才能帮助许多家庭生存。然而,那样的政府角色并不在当时盛行的自由放任政策的范畴之内。于是,我们在印度看到了 1846 年爱尔兰事件的重演。

政府本可以向那些饥饿的公民提供援助,但这些援助经常不到位,一部分原因是缺乏财政资源,另一部分原因来源于意识形态,例如自由放任主义思想,担心从长远来看,政府的援助会降低当地人口的工作动力。多年来,这种担忧在许多国家引起了很多人对政策的反感。在当时的情况下,政府可以将现金调拨给那些失去农业收入的人,这样他们就可以购买一些有办法买到的食物;有些食物也本可以从仍然有余的地方运送过来。

因此,如同我们在爱尔兰事件中发现的一样,印度饥荒再次表明一些不可预测事件的叠加可能会导致重大悲剧的发生,例如缺乏降雨以及马铃薯病害,再加上不尽如人意的政策。当其他一切手段都失效时,政府必须尽可能地发挥作用,因为它始终是最终的风险管理者。政府不应该被那些未必可靠的经济理论或短期内有限的税收所束缚。政府的作用必须包括将资源从资源拥有者手中配置到有需要的人中。而这可以基于临时政策的实施,以最大限度地减少对个人激励的长期影响。

饥荒通常在一定程度上与收入分配不公有关。和一些左翼人士所推崇的追求绝对平等的极端理论一样,阻碍收入再分配的经济理论也会造成很大的损害。在印度,降雨量的变化、大量生产转变为以出口为导向,以及缺乏必要的政府干预是导致许多人死于饥荒的主要因素。而在有的国家,导致饥荒的因素包括较为激进的左翼实验。

第二次世界大战后,绿色革命推动了农业发展,引进了更能抵抗天气变化和防治虫害的新品种小麦和稻米,并结合新的农作物生产方法增加了粮食产量和安全性,避免了其他饥荒的发生。农业的发展也促进了人口的增长。同时,绿色革命也可能在未来造成其他问题。在绿色革命领域,美国农学家诺曼·博洛格(Norman Borloug)的贡献获得了一定认可。

6.5 结束语

食物(连同饮用水)是包括人类在内的生物的最基本需求。正是基于这个原因,马尔萨斯认为人口规模将受到可获取食物数量的制约。这种制约关系在很长一段时间内可能确实存在。在马尔萨斯生活的英国,水资源并不匮乏,但食物稀缺,如果可获得的食物数量增多,人口可能就会随之增长。马尔萨斯人口理论可能在历史上大部分时间都是奏效的,直到几个世纪前情况有所变化。从长远来看,在全球范围内,气候变化可能是决定人们可获取食物量的最重要因素。

在最近的几个世纪里,除了在个别时期和地区之外,食物短缺已不再是世界人口增长的制约因素。新的农作物、新的生产技术、新的可耕地以及更多获取水源的途径(包括地下水源和由水坝提供的水源)带来了粮食产量的总体增长,减轻了马尔萨斯人口理论对整个世界的制约。这些改变在农业绿色革命年代尤为突出。这使得人口得以增长,并在 2011 年达到了 70 亿的水平。然而与此同时,世界上一些地区仍然存在粮食紧张的问题,仍将因此导致偶发性的饥荒。

原则上,那些饥荒可以通过从世界其他地区转运食物来缓解,有些地方有余粮,甚至很充足。为了实现食物的转移,政府或国际机构需要在其中扮演一定的角色,而单纯的自由市场机制无法实现这一点。有时,政府确实起到了一定的作用;而在其他时候,它们并没有发挥其功能,或者未能充分发挥其影响。乐观的假设是,食物供应将继续高速增长,从而使得世界人口在未来几年里能够不断增加并达到预期的100亿的水平。同时,希望各国政府和跨国机构能够持续发挥其再分配的功能并不断加强再分配能力。

值得思考的是,对于整个世界来说,马尔萨斯人口理论是否真的像一些乐观主义者所认为的那样,已经永久地失去了意义?在乐观主义者看来,不论人口增长多少,依靠创新将始终能满足所需的食物供给。因此,人们应该相信不管人口如何增长以及环境如何演变,食物供应不会成为问题,即使气候变化可能导致一些国家出现干旱,地球仍将不断生产出足够的食物。

然而,我们应该将马尔萨斯人口理论抛之脑后吗?或者我们是否应该考虑到其他不太乐观的情景,尽管它们也许会发生在遥远的未来,而且显然是不确定的?那么又有什么理由能够引发我们对这种可能性的思考,并认识到这些情景的发生只是不确定的,但并非不可能?联合国一直在告诫我们这种不尽乐观的情况的存在，特别是发生在非洲一些地区以及东南亚地区的可能性。这些可能性不应该被完全忽视的理由有很多。可能出现的不利情景显然与包括气候变化在内的长期性发展密切相关。正如越来越多的专家一直在预测的那样，这是一种黑天鹅事件，有一天它可能会成为现实。

持有上述观点的原因是，近年来的一些发展使得食物供应大幅增长，但同时也可能增加了那种不乐观情景的发生概率。这仿佛是一桩浮士德式的交易，以高昂的未来代价换来了过去几十年中大幅增长的食物供应。但当然，未来依然是不可预测的，悲观的情景可能永远不会出现。然而，以下这些情况值得考虑。

第一，水是农业的基本要素，未来很可能会成为粮食生产中越来越大的制约因素，这是因为一些滋养重要河流的高山冰川正在融化。人们还在包括尼罗河在内的河流上修建新的水坝，这些活动改变了水流，造成某些地区水量减少，甚至在一些国家之间引发了潜在的军事争端，例如埃及和埃塞俄比亚之间的冲突。全球变暖也导致了河流源头的冰川面积不断缩小。随着时间的推移，这将造成一些重要河流中的水流下降，继而影响农业生产用水的供给量。另外，一些地区的正常降雨量正在因为干旱而减少，这也会降低谷物和稻米的产量，而这些粮食对于全球数十亿人口的食物供给至关重要。

第二，一些人工肥料和农药的使用在许多地区造成了土壤污染。据报道,全球高达 40% 的农业用地已经因此在一定程度上受到了破坏。

76   第三,近年来一些地区使用地下水(地下蓄水层)灌溉农田,这使得地下水资源的供应正在迅速减少。一些地区的地下水位一直在下降,包括澳大利亚、意大利南部等地区。同时,过度使用地下水也在某些地区导致了土壤和蓄水层中的盐分堆积。地下水资源显然不是取之不尽用之不竭的,其使用需要得到谨慎的监控。

第四,一些土地被用于生产生物燃料,从而减少了人类所需的谷物和其他作物的产量。

第五,一些地区的迅速沙漠化正在使一些土地不再适合农业生产。

第六,世界人口在一些地区继续快速增长,对食物的需求也随之不断上升,尤其是那些满足高收入个体消费需求的食物,包括牛肉、羊肉和鱼类。这些肉类产品的生产需要更多的土地或者更多的鱼类供应。预计在未来几十年里,全球人口可能会增加 20 亿至 30 亿。届时,人们将需要更多的食物、水资源以及用于住房和道路建设的土地。同时,随着平均收入水平的不断提高,人们对肉类和鱼类的需求还将持续增长。

第七,由于过度捕捞、海洋污染、海水温度升高以及其他因素,海洋中的鱼类数量一直在减少。全球变暖导致的海平面上升也将使得农业用地和其他用途的土地越来越少。

上文提到的所有变化,包括与"气候变化"有关的现象,都指向了一个不确定但令人担忧的未来。对于大多数不确定事件而言,这样的未来可能永远不会到来,因此人类甚至可能出于理性而选择忽略它。然而,即使发生的时间无法预测,但因为存在发生的可能,人们也应该给予这些事件一定的重视。原因很简单,如果那些情况真的发生了,其后果将非常严重。显然,政府乃至国际组织和国际协定都需要更多地关注这种可能性,这毫无疑问是个体在自由市场中无法独自处理的领域。那些希望完全交由不受监管的自由市场来解决问题的人只是在自欺欺人。

第七章 自然灾害

7.1 引言

　　尽管从太空望去,地球母亲美丽且宜人,但不幸的是,对人类而言,她并不总是一个安宁和安全的居住地。有时,地球会变得危险,对人类构成威胁。这种情况通常是由于自然灾害的发生。自然灾害或多或少是由地球的自发行为所产生的。它们可能导致人类生命和财产的即时损失,同时也会引起如气候变化等其他现象。这些自然灾害可能是由地震、火山爆发、海啸、飓风、台风、龙卷风、洪水、森林火灾和其他类似事件引起的,包括地区性和全球性流行病。其中大多数事件可能不是人为因素造成的。

　　重大灾害偶尔可能是人为造成的,包括森林火灾、核事故和工业事故。同时,它们也可能是由自然事件引发的。在本章中,我们将提供一些关于重大灾害的资料,特别是过去一些造成重大人身和财产损失的灾害。对人类来说,灾害发生得非常频繁,因此只能提及其中的少许几个。随着在过去的几个世纪里全球人口的增长以及许多地区人口密度的增加,人类面临着更多的灾害,也付出了更大的代价。灾害发生概率和成本的增加对人类产生了重大影响。我们将在本章中对一些近期的灾害进行分类讨论。

7.2 地震、海啸及火山爆发

7.2.1 地震

地震是地壳板块在地球表面下沿着板块内的地质断层运动的结果(Winchester,2005)。这些运动会释放出巨大的能量,引起地表震动,有时甚至非常剧烈。这种震动可能导致人造结构物的坍塌,尤其是建筑物的倒塌,并可能引发山体滑坡和其他破坏。现在可以凭借地震仪测量地震的强度。常用的测量标准是里氏震级,将地震分为微震、中强震、强震、大地震和特大地震,并为不同震级分配数值。震级范围从 1 到 10,数值越高,地震的破坏性越强。

地震可能只持续几秒钟,称为震颤,也可能持续几分钟。地震的强度越大,持续时间越长,它所造成的破坏就越严重,尤其是在人口密集的地区。里氏震级仅测量地震的强度,强度越大,潜在的破坏性就越大。有些非常强烈的地震超过了里氏 9 级。据估计,在过去 500 年的时间里,可能有 35 次地震超过了里氏 8.5 级,有些甚至超过了 9 级。不过其中一些地震发生在人口稀少的地区。

一些国家因位于板块的断层线上或靠近断层线,或者因为拥有活火山,比其他国家更容易受到地震的影响。现在大约有10亿人生活在距离火山150公里以内的地方,他们面临着火山活动的威胁。全世界大约有1500座活火山。旧金山附近的圣安德烈亚斯断层是一条主要的断层线,给该城市造成了潜在的威胁(Winchester,2005)。黄石国家公园本质上是一座巨大的火山,一旦爆发将会造成巨大的破坏。

在太平洋周围还有其他几条断层线,形成了一个地震频发的"火环带"。有几个国家非常容易受到潜在地震的影响,其中包括智利、日本、中国、印度尼西亚、意大利、土耳其、冰岛、菲律宾、危地马拉和美国。一些国家位于环太平洋火山地震带周围,该地震带处于太平洋板块与各大洲板块的交界处。这些国家或靠近主要的断层线或拥有活火山,也有可能两者都具备。然而,地震几乎可以在任何地方、任何时间发生。此外,火山附近的城市还可能受到火山爆发带来的火山灰威胁,火山灰可能引发重大损失并对气候产生一定影响。地震是无法预测的,而且地震的发生也肯定是无法预防的。

防御地震最佳的方法是不居住在可能受到地震影响的地区。然而尽管有些地区存在地震风险,它们可能因为其他某些特点而仍然具有吸引力。瑞士再保险公司最近开发了一种"全球风险模型",用于支持客户评估火山风险,并针对其提供的风险保障收取一定的风险保费。该模型将尼加拉瓜首都马那瓜列为在 15 个最大城市中最易受火山"风险"影响的城市。当然,目前并不清楚瑞士再保险公司是否严格基于统计学方法来衡量"风险"(Guo et al.,2021)。

20 世纪中叶以来,五次最强烈的地震分别发生在苏联的堪察加半岛(里氏震级9.0,1952 年)、智利的瓦尔迪维亚(里氏震级 9.4—9.6,1960 年)、阿拉斯加威廉王子湾(里氏震级9.2,1964 年)、印度尼西亚苏门答腊岛附近的印度洋(里氏震级 9.1—9.3,2004 年),以及太平洋海域的日本东北地区(9.1级,2011 年)。近年来,许多大地震似乎集中发生,地球也仿佛变得更加活跃。

在过去 50 年中,带来最严重的财产损失或代价最高的地震包括 2011 年东日本大地震,估计给日本造成了 2350 亿美元的损失;1995 年日本阪神大地震,损失达 2000 亿美元;以及 2008 年发生在中国四川的大地震,估计造成了 860 亿美元的损失。此外,造成人员伤亡最严重的地震包括 1976 年在中国唐山发生的地震,据估计造成高达 70 万人死亡;1920 年也是在中国,发生在甘肃海原(今属宁夏)的大地震导致了约 27.3 万人死亡;以及 2004 年的印度洋地震,该地震及其引发的海啸席卷两大洲多个国家,造成约 22.8 万人丧生。1908 年 12 月 28 日在意大利墨西拿,一场持续 30 秒的地震及随后发生的海啸摧毁了该城市的大部分地区,夺去了约 15 万人的生命。而在近几年,2010 年的海地地震可能造成高达 31.6 万人死亡,考虑到这些发生在一个小国家,从人口比例来看,这场地震可能是最为致命的地震。

当国家变得更为富裕时,通常会建造更加昂贵的建筑,而这些建筑物可能遭到自然灾害的破坏。因此,就财产而言,地震所造成的损失会增加。但由于有了更完善的法规和更严格的建筑规范,至少在发达国家,地震导致的人员生命损失通常会减少(尽管并非总是如此)。在某种程度上,强制实施法规所带来的额外成本可以视为保险成本,这些成本的发生是因为对未来地震的预期。但如果不存在这样的预期,就不会有这些增加的成本,同时这些成本并不容易量化。

7.2.2 海啸

当地震发生在大片水域(如海洋和大型海域)时,可能引发海啸,即由地震释放的能量引起的巨大水体运动。地震产生的海浪能高达数米,并且能以喷气式飞机的速度飞快移动。海啸袭击沿海地区时,巨浪有时会高达 40 米。如果沿海地区高度发达且人口密集,海啸可能带走数千人的生命,并对这些沿海地区的建筑物造成巨大破坏。1896 年日本三陆大地震引发了两次海啸,据估计造成了 2.2 万人丧生。

2004 年 12 月 26 日,在苏门答腊岛附近的印度洋发生了海啸,造成多个国家约 20 万人失去生命。2011 年,一场海啸袭击了日本,海浪高达约 30 米。这场海啸发生在一个高度发达的地区,且恰好建有一座大型核电站,结果导致了数千人死亡,对建筑物造成巨大破坏,损失估计达到 2350 亿美元,并引发了严重的核事故。这次事件提出了一个重要且必要的警示,即不应在容易遭受重大自然灾害的地区建造核电厂和其他危险设施,包括炼油厂和危险化学品工厂。

2020 年 6 月贝鲁特爆炸事件发生后,化学品储存被禁止在人口密集地区进行,以防止发生意外事故。然而,重大自然灾害和其他事故可能在任何地方发生。这些事件的发生因地而异,我们无法预知它们的发生概率。这再次显现了弗兰克·奈特所提出的不确定性的存在,并且只有付出高昂的代价才能降低这些不确定性带来的损失。

在由海啸引发日本核事故之前,1979 年 3 月 28 日上午在美国宾夕法尼亚州也发生过三哩岛核泄漏事故。幸运的是,那次事故没有造成重大影响,但 1986 年 4 月 28 日上午发生在切尔诺贝利(当时还属于苏联,现在属于乌克兰)的事故则带来了严重的后果。在这两场核事故中,不确定性起到重要影响,同时事故的发生也对利用核能发展能源提出了警示。这些警示降低了当时人们对核能利用的热情。我们将在第八章中再次回顾这些核事故。

7.2.3　火山爆发

　　火山爆发会造成重大的生命和财产损失。当人们参观那不勒斯附近的庞贝古城时,就能够直观和明显地感受到其巨大影响。火山爆发还能改变一个地区的面貌,正如美国俄勒冈州火山口湖的形成一样。火山口湖形成于数千年前由火山爆发造成的火山口。冬季融雪慢慢填满了火山口,将其渐渐转变成一个美丽的湖泊。同时,大规模的火山爆发还可能引发显著的气候变化,且这种变化可能会持续多年。火山爆发始终对某些地区构成着生存威胁。

　　多年来,包括印度尼西亚、哥伦比亚、日本、菲律宾和马提尼克在内的一些国家和地区都经历过火山爆发的致命影响。在印度尼西亚,1815 年 4 月 10 日和 1883 年 8 月 26 日,坦博拉火山和喀拉喀托火山的爆发分别造成了 7.1 万人和 3.6 万人丧生。前者导致了全球范围内的"无夏之年",这是因为火山爆发产生的大量火山灰遮蔽了阳光长达数月。1902 年 5 月7 日,马提尼克岛上的培雷火山爆发,导致 3 万人死亡。1985年 11 月,在哥伦比亚的阿尔梅罗也有 2.3 万人因火山爆发而丧生。

　　在历史上还发生过其他数次火山爆发,夺去了数以千计的生命,并引发了许多变化。在公元 1 世纪,维苏威火山爆发掩埋了庞贝城和其他几个城镇,1631 年它再次爆发,造成

3000人死亡。此外，那不勒斯的部分地区位于另一座大型火山爆发后形成的火山口上。而卡塔尼亚距离欧洲最大的火山——埃特纳火山非常近，该火山经常爆发。那不勒斯和卡塔尼亚面临着明显的生存威胁。

公元536年，位于今天萨尔瓦多的伊洛潘戈火山爆发，据估计造成了数千人死亡。火山爆发将大量含有二氧化硅的火山灰注入高层大气，被认为对美洲和欧洲的气候变化造成了重大且持久的影响。在中美洲，这些气候变化可能导致了玛雅文明的终结。

气候变化之后的许多年里都寒冷多雨，且食物短缺、瘟疫蔓延。这些变化对已经日益衰落的罗马帝国产生了重大影响，当时罗马帝国的中心已迁至君士坦丁堡（今伊斯坦布尔）。几年后，在541—542年爆发了查士丁尼瘟疫。同时，大量日耳曼人迁徙到更富饶的意大利，尤其是罗马。这些都导致了罗马帝国的终结和中世纪的开始。后者持续了数个世纪，禁欲主义和对修道生活的追求是那一时期的特点。

一些南美洲文明也纷纷崩溃，如中美洲的玛雅文明和秘鲁的纳斯卡文明。在第一个千年即将结束时，气候条件在接下来的几个世纪中显著改善，直到14世纪出现了新的寒冷期。这种气温的下降变化可能也是由印度尼西亚、冰岛和其他地方的火山活动引起的。

在最近的火山爆发中，一些地区的航班由于空气中的火山灰不得不被取消,例如2010年冰岛的火山爆发令许多欧洲航班中断长达数天。

世界上有数千座火山,有的位于陆地上,有的藏于海底。有些火山处于休眠状态,但随时可能苏醒,就像数年前的美国圣海伦斯火山一样。还有些火山处于半活跃期,另一些则持续活跃。它们都有可能对生活在距离150公里范围内的数十亿人造成严重威胁和巨大破坏。在美国,黄石火山一直是一个潜在和重大的威胁。其爆发可能对美国大部分地区和世界其他地区造成难以想象的破坏。将黄石火山所在地区设为国家公园的做法可以视为对火山爆发的一项预防措施,因为这减少了在该地区的人口数量。

在美国,地质调查局(USGS)定期评估美国境内火山对人口和基础设施构成的危险。美国是地球上火山最活跃的国家之一,自1980年以来,共经历了120次火山爆发。2018年12月19日发布的最新调查报告显示,有161座火山对美国人口和基础设施构成一定的威胁。其中,位于阿拉斯加、加利福尼亚、夏威夷、俄勒冈和华盛顿州的18座火山构成最高级别的威胁,另有39座火山构成相对较高的威胁,其余的火山构成较低程度的威胁。这些威胁不同于风险,无法进行概率估算。

2005年美国建立了国家火山预警系统,旨在提供一些更有用或更客观的标准来衡量火山的危险性。该调查的首席专家报告称,"世界上已知的和潜在的活火山,10%以上位于美国境内",而且都"对人口和基础设施构成一定程度的风险"。
同时,他还补充道:"[本调查中]列出的清单并不是一份排
名,并未指出哪座火山会在下一次爆发[以及爆发的时间和爆
发的强度]。"因此,这个早期预警系统不是一种和保险公司
确定保费一样基于统计测量的风险评估方法。由于存在不确
定性,这是不可行的,尽管该调查提供了一个更为有效的风险
感知手段,可用于指导个人决策。风险规避者可利用预警系
统来帮助自己决定居住地,以及在哪里建设和拥有基础设施。

83

　　埃特纳火山是欧洲最大的活火山,位于西西里岛,非常靠
近卡塔尼亚和陶尔米纳等城市。尽管埃特纳火山持续活跃,
并常以其小规模的爆发引发壮观的景象,然而迄今为止,它一
直表现得相对文明,没有造成重大灾害。但当然,不能保证这
种文明的行为会在未来一直持续下去。

7.3　重大气候事件

　　除了地震、海啸和火山爆发,重大灾难可能与大气现象有
关,如气旋(常被称为飓风或台风)、龙卷风和其他类似的大
气现象。近年来,其中一些大气现象似乎变得更加频繁且具
备更大的能量。这也许是因为地球温度逐渐升高,导致了海
洋温度的上升,而海洋变暖为热带风暴提供了更多的能量,使
其中的一些热带风暴转变为强大的气旋。

7.3.1　气旋

气旋是大型风暴,它们所产生的风速可以达到非常高的水平。发生在大西洋和太平洋东部的气旋通常被称为飓风,而在太平洋西部和印度洋生成的则被称为台风。要成为飓风,必须产生每小时超过 74 英里的风速,否则它们仍然是热带风暴。

飓风现在通常使用由土木工程师赫伯特·萨菲尔(Herbert Saffir)和气象学家罗伯特·辛普森(Robert Simpson)于 1974 年开发的风力量表进行分类。该量表参照划分地震强度的里氏震级。里氏震级表将地震分为 1 至 10 级,萨菲尔-辛普森飓风风力等级量表则将飓风从最弱(1 级)到最强(5 级)分为 5 级。

飓风的等级分类最初不仅考虑风速,还考虑了风暴潮和洪水的影响。在一些飓风中,风暴潮和洪水可能造成最大的损害,例如 1900 年摧毁得克萨斯州加尔维斯顿的飓风(被称为艾萨克风暴)或 2005 年袭击新奥尔良的飓风(卡特里娜飓风)都造成了极为严重的财产损失,导致许多人丧生。近几年来,分类中只考虑了风速,因此等级数字不一定能完全反映飓风可能带来的全部损害。这是因为在某些情况下,损失可能不仅仅由风造成,还可能由风暴潮或洪水引起。此外,飓风在某一地区的持续时间也非常重要,例如 5 级飓风多里安在巴哈马群岛肆虐了长达 24 个小时。

根据萨菲尔-辛普森飓风风力等级量表，风速为每小时 178—208 公里的 3 级飓风可以造成毁灭性的破坏，而 4 级（风速为每小时 209—251 公里）或 5 级（风速超过每小时 252 公里）飓风可能带来真正灾难性的后果。一些专家质疑该风力等级所提供的信息量不如划分地震的里氏等级。实际上，与地震情况一样，飓风在给定区域内保持最大强度的持续时间是至关重要的。

自 1851 年以来，就有关于热带气旋的可靠记录，但近期才开始对它们所造成的损失进行估算。例如，1992 年袭击佛罗里达的安德鲁飓风导致了约 450 亿美元的损失。卡特里娜飓风也给新奥尔良造成了很大的损害，并夺去了许多人的生命。多里安飓风是迄今为止唯一登陆过的 5 级飓风，2019 年在巴哈马群岛造成了严重破坏。温暖的海水为飓风提供了充足的能量，使其能够迅速将风速提高至灾难性的程度。在东太平洋和西太平洋，最高风速可达每小时 215 英里，在北大西洋的风速最高也可达到每小时 190 英里。而且，随着海洋温度持续上升，风暴的威力日益增强。

终有一天，这些庞然大物中的一个会直接登陆美国的某个大城市，包括迈阿密，甚至是纽约，并带来或许是灾难性的冲击。无论是其中哪个城市，风力的破坏可能会叠加涌浪，造成大量伤亡，伤亡规模之大也许过去仅在亚洲国家中出现过。

涌浪的发生受到海平面上升的影响,而海平面上升是海洋温度升高和冰川融化所致。由于缺乏可量化的风险评估,同时人们不确定这样的事件何时会发生甚至是否会发生,许多人因此忽视了潜在的危险,并对此漠不关心。这也阻碍了保险市场对此类现象的市场开发。

85

    2020 年 11 月,在尼加拉瓜和洪都拉斯发生了两场非常猛烈的飓风。这两场飓风名为艾塔和洛塔,等级分别为 3 级和 4 级,它们相距只有几英里,在短短几天内相继形成。它们袭击了这些国家极为贫困的地区。位于华盛顿特区的威尔逊中心(Wilson Center)拉丁美洲项目于 2020 年 12 月 2 日发布了一份简报称,飓风对洪都拉斯的房屋、基础设施和农作物造成的损失达到了 100 亿美元,相当于该国 2021 年全国财政预算总额。该简报指出全球变暖对这些国家的冲击日益加剧。在中美洲,超过 300 万人遭受了这些风暴的影响。而几乎在同一时间,另外两股猛烈的飓风袭击了美国路易斯安那州,同样是相隔不到几天先后发生。同时,菲律宾也受到了强台风的袭击。

    由于海洋变暖,2020 年强气旋的出现比以往任何时候都更加频繁。其中一些气旋伴随着巨大的涌浪,有些高达 6 米,并伴有降雨,降雨量可达 76 厘米。从统计数据来看,2020 年发生的气旋数量高得离谱。希望这只是数据上的反常,而不是一个新趋势的出现。但可以肯定的是,这些事件正变得越来越不罕见,且越来越令人担忧。为了帮助预测天气,在欧洲,人们正在不断开发更为强大的人工智能卫星。在未来几年,这些卫星将能更准确地预测天气,从而可能挽救更多的生命。

气旋有时会导致巨大的生命损失。1970 年,发生在现今孟加拉国境内的博拉气旋造成了约 50 多万人丧生。1975 年8 月,超强台风尼娜袭击中国,导致一座大型水坝垮塌,估计造成 22.9 万人死亡。1991 年 4 月 29 日,又一场气旋发生在孟加拉国,近 14 万人失去了生命。2008 年 5 月 2 日,缅甸的纳尔吉斯气旋造成 13.8 万人死亡。此外,1977 年 11 月 14日,印度安得拉邦气旋可能导致了多达 5 万人丧生。这些统计数据使人们对于自然灾害的破坏性有了一定的了解。同时,海平面仍在上升,使得许多国家的低洼地区面临更大的危险。

近年来出现的海洋变暖和海平面上升等情况对未来而言不是一个好兆头。亚洲不太可能包揽这些灾难性事件。尽管概率较低,但这些灾难有一天可能会发生在美洲大陆上。里约热内卢、迈阿密、纽约等城市都可能会受到冲击。虽然欧洲似乎较少受到这些灾难的影响,但也无法完全置身事外。在2020 年,地中海地区也发生了一些重大风暴,造成了巨大的损失。

特定的、面积较小的地区也可能受到龙卷风的袭击,这些自然灾害会给受灾地区带来严重的财产损失和生命损失。龙卷风是不可预测的事件。它们几乎可以袭击任何地方,但在一些特定地区更为常见,如美国的俄克拉荷马州、密苏里州和密西西比州。尽管有些地方配备了避难所提供所需的保护,但居住在这些地区的人们通常没有时间寻求避难。龙卷风的威力令人胆战心惊,且往往预警时间十分有限。这些自然灾害改变了受灾地区的环境和居民的生活。不过,这类灾害的影响范围有限,仅局限于特定的区域。

在孟加拉国、美国、俄罗斯,甚至地中海地区都曾经历过大规模的龙卷风,有时所导致的死亡人数高达上千人。显而易见,大型水坝、核电厂和其他潜在危险活动不应该被置于可能受到龙卷风影响的地区。

7.4 重大洪灾

自《圣经》记载的大洪水以来,洪水给人们带来了无数的灾难,有时会夺走许多生命,并造成巨大的破坏。洪水通常伴随着规模庞大的暴风雨,但也可能是某一地区长时间持续的大雨造成的。有时,洪水还可能是水坝破裂所导致的。在沿海地区,飓风所导致的涌浪会抬高海平面或河流的水位,这也可能是引起洪水的原因。

与其他灾害的情况一样,中国似乎也经历了很多的洪灾。据估计,1931 年 7 月的洪水造成了 50 万至 400 万的人员伤亡。1935 年的另一场长江洪灾导致了 14.5 万人死亡,而 1938

年的黄河水灾也至少造成50万人丧生。此外,1951年在东北三省、1954年在长江地区以及1989年在四川发生的其他洪灾也导致了许多人员伤亡。近年来,洪水仍不断发生,但洪灾所造成的后果不再是灾难性的。

除了中国,其他几个国家也在重大洪灾中蒙受了巨大的生命损失。1949年9月28日至10月14日,危地马拉在一场大洪水中伤亡4万人。1971年,在越南河内和红河三角洲的大洪水中,约有10万人失去了生命。其他国家也有时因洪水而遭受重大伤亡,例如日本、阿富汗和孟加拉国。大多数国家都会受到洪水的影响,但有些国家遭受的是大规模的洪灾,这些洪灾会造成大量人员伤亡和巨大的破坏。

7.5　野火、热浪和山体滑坡

野火和热浪一般不会造成重大的人员伤亡,因为它们通常缓慢发展且发生在人口较少的地区,尤其是野火。生活在这些地区的人们往往有时间躲避到更安全的地方,这和地震、海啸和洪水等情况不同。然而,野火也可能会给受灾地区的房屋和其他建筑物造成重大损失,就像发生在美国西部(特别是加利福尼亚)以及最近发生在澳大利亚的那样,大片区域遭到破坏。

野火有时也会导致大量的人员死亡。例如,1871年10月

8 日,威斯康星州发生的一场大火造成约 2000 人丧生。野火可以由闪电等自然原因引发,但如今可能更为常见的是人类行为无意导致的火灾,比如有人在森林里丢弃一根点燃的香烟或离开时未将篝火熄灭。最近在加利福尼亚发生的大火也与一场意外事故有关,当时电线与非常干燥易燃的灌木丛发生接触,从而引起了火灾。

近年来,世界上某些地区由于高温和干燥,经历了规模巨大的火灾。受影响最严重的包括正逐渐变得更为干旱的澳大利亚的某些地区。此外,同样深受影响的还有美国西部、巴西的亚马逊地区以及俄罗斯的西伯利亚。澳大利亚的大火摧毁了广袤的土地,也对该国的动物种群产生了重大影响,导致许多稀有动物死亡。巴西的森林火灾通常是人为引起的,那些人可能是为了将原始森林非法转变为农业用地,或者是为了开采森林中的自然资源。这些行为同时也使原住民失去了传统的生活方式,并使世界失去了森林对全球气温能起到的降温作用。

亚马逊热带雨林以及刚果和婆罗洲的其他主要森林正在遭到不断的砍伐。这些森林能够吸收空气中的二氧化碳,因此被誉为地球之肺。由于森林在维持地球生态平衡方面发挥的重要作用,这些砍伐行为已经成为国际社会关注的焦点。然而,和其他不断出现的问题一样,在这个问题上全球利益和国家利益可能并不总是一致的,但至少从世界整体来看,放任问题继续发展也不是一个明智的选择。同时，特定国家的经济利益与全球经济利益可能也并不指向同一个方向。例如，阿拉斯加和北极地区也一直受到各国的关注，而原因是那里拥有潜在丰富的矿产资源。

在这些地区的保护问题上，必须发挥国际合作的作用，但这种合作常常会与那些强大的国家或地区利益发生冲突。与此同时，国家利益也经常与资源所在地区的利益、特定产业以及特定群体的利益产生矛盾。与创造短期利润和增加就业机会相比，保护环境往往处于次要地位。有时，治理体系的薄弱和腐败行为更是为破坏性事件的发生提供了温床。

在过去，热浪袭击并没有受到很多关注。然而近年来，随着条件的变化，在特定地区出现了大规模的热浪侵袭。有些热浪造成的死亡人数之多令人震惊。不同寻常的是，热浪甚至发生在俄罗斯等国家，这是人们不曾预料的。自新千年以来，全球平均气温创下了历史最高纪录，特定地区更是遭受了巨大冲击。以 2010 年为例，一场热浪导致 5.6 万名俄罗斯人丧生。另一场发生在 2003 年的热浪则在欧洲各地造成 7 万人死亡。2006 年，欧洲多次遭受热浪的袭击，被夺去了数以千计的生命。此外，2015 年在印度和日本，也有数千人因极端高温而丧生。

当南极地区的气温到达 21 摄氏度，西伯利亚也同时遭遇 32 摄氏度高温时，发生破坏性的热浪袭击不再应该令人惊讶。如同黑天鹅一样,人们曾一度认为它们不存在,然而如今它们已经成为可能发生的事件之一。近几十年来,南极洲和西伯利亚的平均温度都上升了约5摄氏度。

最后,为了完整描述整个情况,还需要提及与山体滑坡相关的灾难性事件。在某些情况下,山体滑坡可能导致惊人的人员伤亡,1999年在委内瑞拉就发生了这样的事件。据报道,那次事件造成了大约2万人死亡。有些山体滑坡可能由地震引发,比如2016年8月24日在意大利中部发生的灾难。当时小镇阿马特里切被夷为平地,导致299人遇难。还有些山体滑坡是由持续降雨造成的。另有一些以雪崩的形式出现,它们会发生在人们意想不到的地区,在那里人们生活了很长时间,完全没有意识到潜在的危险。在中国、秘鲁、委内瑞拉、塔吉克斯坦甚至意大利等国家也曾发生过山体滑坡,有时造成数千人伤亡。

需要再次提出的是,人们在选择于何处开展活动和发展建设时,并未预见这些灾难的来临,包括至今仍未做好充分准备。政府乃至个人都没有在灾难降临之前采取必要的预防措施或行动。然而,更为严格的法规或更完善的基础设施或许能减轻灾难所带来的影响。在美国,联邦政府设立了联邦紧急事务管理署(FEMA),旨在提供灾后援助。从这些灾难性事件中,我们再次发现了不确定性定律的影响,它常与一些个人的非理性行为相结合,以生命和财产为代价。

第八章 核灾难

8.1 廉价核能的诱惑

在过去,大部分重大灾难都有战争和饥荒以外的自然原
因。然而,近几个世纪以来,尤其是在 20 世纪,一些过去从未
发生过的新型灾难如不速之客一般出现。其中一些重大的灾
难是由新近应用的核能所引发的,这是一种过去未知的能源。
另一些灾害的发生则归因于危险工业活动的不断增加,如在
城市附近或城市内兴建化工厂、炼油厂和化学品储存设施。
还有一些灾难是由危险物质在拥挤城市中运输或在人口密集
地区储存而引发的。

早在 1903 年,物理学家欧内斯特·卢瑟福(Ernest
Rutherford)就曾推测有一天或许可以通过持续的核裂变来产
生电能。核裂变产生的热量可以将水加热并生成蒸汽,进而
驱动蒸汽机产生机械能,最终将机械能转化为电能。虽然核
能的首次重大应用是带有破坏性的,即 1945 年使用原子弹对
日本广岛和长崎进行轰炸,但在这些事件之后,人们很快就提
出了和平利用核能发展能源的可能性,并得到了广泛支持。

随着时间的推移,核能发电厂开始进入人们的视野。尽管这些发电厂建设成本昂贵,但一旦建成,其运营成本通常很低——如果忽略处理放射性核废料的成本(这些核废料在相当长的一段时间内仍具有放射性),而且世界范围内铀的储量非常丰富。

从发现核反应初始,专家们就考虑了各种和平利用核能的可能性。一些科学家希望核能不仅仅是战争中巨大破坏力的来源,还能应用于医学设备的研发和生产等其他领域,除此之外,核能有望最终为一个需求巨大且不断增长的世界提供无限、廉价和清洁的能源:

> 1945 年 10 月 3 日,[也就是广岛和长崎原子弹爆炸发生后的两个月],杜鲁门总统在国会演说中提出"引导和鼓励把核能……用于和平的和合乎人道主义精神的目的"。(Segrè & Hoerlin,2016:230—251)

杜邦公司和孟山都公司等私营企业的专家预见了核能在民用方面的潜力。他们或参与过芝加哥大学的第一个核连锁反应堆项目,或参加了洛斯阿拉莫斯实验室的曼哈顿计划(Segrè & Hoerlin,2016:256)。1945 年广岛和长崎的原子弹爆炸(Wallace,2020)之后,为了隐瞒或粉饰原子弹爆炸可能造成的人员伤亡和长期辐射危险,真相被广泛掩盖。据报道,洛斯阿拉莫斯实验室曼哈顿计划的负责人莱斯利·格罗夫斯中将（Lieutenant General Leslie Groves）曾表示，因核辐射而死是"一种非常愉快的死亡方式"（Blume，2020:4）。

核能可以取代煤炭、石油和天然气，这些传统能源生产成本很高，而且是有限能源。同时，传统能源的使用也逐渐给全球带来严重的环境问题，包括地球的不断升温。一些科学家、行业倡导者以及来自华盛顿特区卡托研究所等智库的专家一直在支持核能的民用。他们认为核能是一种潜在的、有吸引力、廉价且可持续使用的解决方案，可用于应对由于使用高污染燃料所引发的环境问题。在这些人士看来，通过在全球范围内建造足够多的核能发电厂，有可能以较低的成本解决全球变暖问题。廉价核能将替代或减少石油和煤炭的使用。

目前，全球有近500座核能发电厂，其中一些位于发达国家，而越来越多的发电厂正兴建于技术尚不太成熟的发展中国家。另一种替代解决方案是所谓的绿色能源，它可能源于太阳和风，还可能来自海浪和地球深处的地热。绿色能源方案近期备受关注，绿色能源的应用也在迅速扩大。多年来，其使用成本一直在快速下降，从经济角度来看，绿色能源极具吸引力。

1948年9月3日，在美国田纳西州的橡树岭，成功进行了首次实验性质的小规模核反应发电。第二次较大规模的尝试

92

于 1951 年 12 月 20 日,在位于美国爱达荷州阿尔科附近的一
个实验站进行。1954 年,苏联的奥布宁斯克核电站第一次将
核能用于电网发电。1956 年 10 月 17 日,在英国卡尔德霍尔
建成了第一座全面运作的核电厂。然而,在 1957 年 10 月,英
国经历了一次严重的核灾难,这也是早期发生的重大核灾难
之一。当时温斯克尔核电站发生了火灾,使该地区受到大量
放射性污染。

在那些年里,美国科学家在核能领域的努力引起了人们
对核能发电的广泛关注。"例如,在洛斯阿拉莫斯实验室,
[理查德·费曼(Richard Feynman)]发明了一种用于发电的
快速反应堆。"他同时认为"[借助核能]进行星际旅行如今
[已]成为可能"(Gleick,1992:218)。1957 年,苏联的奥焦尔
斯克发生了一起相对严重的核事故,造成了数人死亡,但当时
并没有对此进行报道,这一事故直到很久以后才被披露。

在 20 世纪 60 年代,多个国家开始建设核电厂,最初是在
技术先进的国家,如苏联、美国、英国、法国、日本、意大利和瑞
士。到 1964 年,苏联已经建成两座这样的核电厂。随着时间
的推移,技术相对不那么先进的国家也开始进入兴建核电厂
的行列,他们通常在建设过程中得到了外国的技术支持和
指导。

从一开始,这些核电厂就发生了一些被认为是"轻微"的
事故。尽管这些事故影响程度不大,但它们仍具有重要性,需

要向位于维也纳的国际原子能机构报告,该机构的成立旨在监督核能的和平利用。在这些事故中,有些会导致核电厂工人的伤亡,还有一些造成了轻微的环境问题。然而,那些支持核能利用的人士提出,在许多经济活动中都会发生事故,而不仅仅是在核电厂。他们认为事故尤其会发生在发电厂或生产煤炭、石油和天然气的工厂中,发生轻微事故是许多现代工业活动正常和不可避免的结果,它们应被视为实现体面的现代化生活难以避免的成本。因此,那些关于核电厂事故的报告并没有减缓核电厂的建设或减少现有核电站的数量。现代经济对能源的需求巨大且不断增长,而这些核电厂可以以更低廉的成本提供能源。因此,新的核电厂仍在不断建设中。

多年来,含铀残留物的处理引起了一定程度的关注。和人类一样,核电厂也会产生残留物,而且这些残留物在很长一段时间内仍具有放射性。它们不能被随意丢弃或存放,必须在偏远的地方进行合理处理,有时是在深山之中,以确保它们不会对人类或环境造成危害。随着放射性残留物数量的逐年增加,找到安全储存的场所也变得更加困难。此外,人们也无法确定各国是否都在遵循同样严格的存储标准。当时有一种看法认为,安全问题和潜在的环境恶化问题在那时的苏联可能没有得到足够的重视。

国际原子能机构将核事故定义为"对人员、环境或设施造成严重后果的事件"。这些重大事故往往是由人为失误引起的,也可能是复杂的核电厂零部件发生故障而导致的。在一些情况下,外部事件会直接或间接影响核电厂,这些外部事件包括地震、海啸和龙卷风等。此外,核事故还可能源于恐怖活动或破坏分子利用黑客技术对核电厂的攻击,正如近几年在伊朗某核电厂发生的事件。而不同事件的意外结合有时会导致"完美风暴"——造成一场席卷全人类的危机。

以上任何一种原因都可能导致轻微或重大事故。尽管重大事故较少发生,但每次发生都备受关注。然而,鲜为人知的是,多年来核电厂实际已经发生了数百起"轻微"事故。尽管这些事故被认为是"轻微"的,但它们的重要性不容忽视,因此需要向国际原子能机构进行报告。其中许多事故导致了人员伤亡,同时也有很多事故造成了一定程度的环境污染。一些轻微事故有可能演变成重大事故,而另一些则可能并不像报告中所描述的那样微不足道。

接下来我们将重点讨论三起重大事故。这些事故因其规模,在国际社会中产生了强烈的"公告效应(announcement effect)"。多年来,这些事故令人们最初对和平利用核能的热情逐渐减退,也使一些国家抵制住了廉价核能的诱惑。值得注意的是,这三起事故发生在三个被认为在核能利用方面非常先进的国家,依次是美国、苏联和日本。每起事故原因各异,且每一次都向世界传达了不同的警示。

8.2 三哩岛核事故

1979 年 3 月 28 日清晨 6 点,位于宾夕法尼亚州三哩岛的一个核反应堆几乎发生"临界堆芯熔毁(critical meltdown)"事件,事故发生地距离华盛顿特区仅 90 英里。"意外出现的给水中断、阀门故障和控制室的误判迅速将事态升级为最接近核灾难的事件。"(详见 Gray & Rosen,2003:前言)如果是在特定气候条件下,这次事故很可能带来灾难性的后果,对华盛顿造成致命的辐射污染。事故导致约 14.9 万人自愿从该地区撤离。这起事故的严重程度按照 1 至 7 级的等级评定被定为 5 级。后来在乌克兰和日本发生的事故都被评定为 7 级。

当时,本书作者与美国核管理委员会(Nuclear Regulatory Commission)中的一位委员熟识,该委员会负责监管美国的核电厂。这位委员是一位杰出的科学家,具备非常强大的相关学术背景。在事件发生后的几周里,当危险已经过去后,他在一次闲谈中评论道,在这次事件中最让他感到恐惧的是,他意识到世界上没有一个专家能够全面了解整个核电厂的情况。在事故发生时,委员会咨询过的所有专家都仅了解核电厂中的部分运作。核电厂的复杂性极高,以至于没有人能完全了解众多组件之间所有可能的相互作用,并以此预测潜在的问题。这种复杂性正是弗兰克·奈特所提出的不确定性的极端

95

版本，使得任何一个人都无法全盘掌握整个系统并有能力处理所有后果。这样的复杂性也在 1986 年的切尔诺贝利事故中造成了巨大的影响。

三哩岛核事故并非工厂监管者失误或不称职的结果。该事故指向了一个更加难以解决且更为根本的问题。事故的发生源于过度的复杂性，这种复杂性在技术领域以及税收体系和政府项目等社会体制中，都可能导致难以控制的局面，而同时，人们对其未来的发展也难以充分预测。考古学家、历史学家和经济学家都曾从不同角度强调了复杂性带来的问题（Tainter，1988；Arthur，2015；Tanzi，2020b）。在复杂的社会中，事情可能以不同的方式失控。同样，复杂的技术系统也可能失去控制，例如核电厂或太空飞行器。值得补充的是，在核潜艇、卫星甚至先进的飞机上都发生过重大事故，例如 2018 年发生了两起波音 737 事故，事故均与复杂性有关。在上述所有事件中都涉及使用复杂且难以理解的机器。

三哩岛事件传递出的强烈警示是，无论设计核电厂的人能力有多强，也无论运营核电厂的人接受过何种培训，灾难性事件都有可能在未来的某个时刻发生，特别是在越来越多的核电厂拔地而起的情况下。此时，如果还叠加了其他因素的影响，则可能导致灾难，这些因素包括设计缺陷、能力不足、人为破坏和自然事件等。

值得注意的是，三哩岛事故发生几个月后，在 1979 年夏

天,两位杰出的苏联科学家尼古拉·多列扎尔(Nikolai
Dollezhal)和尤·伊·科里亚金(Ju. I. Koriakin)在《共产党
人》(Kommunist)期刊上发表了一篇题为《核能:成就与问题》
("Nuclear Energy:Achievements and Problems")的文章(转引
自 Plokhy,2018:49)。在这篇文章中他们指出,在美国,由于
安全性的考虑,建造核反应堆的成本已增加了数倍,但遗憾的
是,这却没有发生在苏联。他们对苏联境内核电厂的安全以
及核燃料和核废料的运输表示担忧。核电厂数量的增加势必
会带来更大的风险。文章建议这些核电厂应该建在偏远的西
伯利亚地区,且靠近铀矿。然而,苏联当局认为在需要电力的
地区附近建造核电厂会更加有益,例如切尔诺贝利核电厂就
靠近大城市基辅(Kyiv)。

　　毫不奇怪,这篇文章受到了苏联主要核能专家和核能倡
导者阿纳托利·亚历山德罗夫(Anatolii Alexandrov)的严厉批
评,他强调苏联的核电厂非常安全——事实上,安全到可以在
克里姆林宫附近的红场上建造一座核电厂(转引自 Plokhy,
2018:16—17)。亚历山德罗夫一直积极推动在整个苏联建造
更多的核电厂。

　　在接下来的内容中,我们将描述另两起严重的核灾难,它
们引发的后果比三哩岛核事故更为悲惨。在至少其中一起灾
难中,除了复杂性之外,其他因素也造成了严重影响,这就是
1986 年在乌克兰切尔诺贝利发生的核灾难,当时乌克兰还是

苏联的一部分。尚不清楚这次事故是否源于参与某项重要测试的人员的技术操作，然而核反应堆设计上的严重缺陷则更可能导致了事故的发生。

在日本福岛灾难中，剧烈的地震引发了海啸，随后发展成为一场未曾预料的核灾难。海啸是一种自然事件，和地震一样都是不可控的。这些意外因素必然也会在未来为世界各地其他核电厂带来灾难。核事故将导致许多人员死亡和巨大的经济损失。有些情况在过去可能更为糟糕，但在未来，事态也可能变得更加严重。

所报道的这些事件向全世界以及核能行业发出了强烈的警示，希望所有正在使用核能的国家，以及计划在未来使用核能的国家都能重视使用核能可能带来的生命和财产损失。很显然，世界上的核电厂越多，它们其中一些就越有可能在某个时刻出现意外并引发严重的问题。我们将在乌克兰切尔诺贝利事件和日本福岛事件中挖掘问题的根源。

8.3　切尔诺贝利核灾难

97　　　切尔诺贝利灾难发生在 1986 年 4 月 26 日凌晨，它释放的辐射量相当于 500 颗广岛原子弹。无论参照何种标准衡量，这都可以被视为一场巨大的灾难。造成这场灾难的部分原因在于核电厂的设计缺陷，而另一部分原因可归结于来自苏联政府的压力,特别是受到时任苏联共产党中央总书记戈尔巴乔夫 1986 年 3 月 6 日在苏联共产党代表大会上发表的长篇演说的影响。那次大会在切尔诺贝利事故发生的几周前举行。(详见 Plokhy,2018。其对这一悲剧性历史事件进行了缜密、权威且详尽的叙述。)

　　戈尔巴乔夫在大会上罕见地承认了在上一个五年计划期间苏联经济表现不佳,引起了人们的关注。通常,这些会议会着重强调过去所取得的积极成就而掩盖失败。戈尔巴乔夫强调,为了扭转过去的不佳表现,有必要在接下来的五年计划中推动前沿技术的进步。他认为苏联在这方面具备相对优势,而这种技术的推动将刺激苏联经济增长。

　　他特别提到了引入新技术,尤其是从使用化石燃料(如煤炭、石油和天然气)转向利用由核能产生的廉价能源。前者生产成本高昂,而且可以通过出口以获取所需的外汇。与此同时,苏联在核能利用领域处于领先地位。戈尔巴乔夫进一步补充道,“在这个五年计划中,我们将投入使用发电能力比上一个五年计划增加了 2.5 倍的核电站”。这些大型核电厂将“大规模”替代目前已过时的设备(Plokhy,2018:14)。戈尔巴乔夫“设定的目标是在下一个五年计划期间将核电站的建设量增加一倍以上”(出处同前,第 39 页)。

　　戈尔巴乔夫的讲话结束后,苏联科学院院长阿纳托利·亚历山德罗夫发表了演讲。亚历山德罗夫备受推崇、极富影

响力,同时也是核能研究所的负责人。他被选为紧随戈尔巴
乔夫之后的第二位发言人,这突显了核能在苏联下一个五年
计划中的重要性。亚历山德罗夫在建设第一批核电厂的过程
98 中起到了重要作用,现在这些设施即将被更强大的核电厂所
取代。他对这些核电厂的安全性充满信心,甚至表示会毫不
犹豫地将其中一座建在莫斯科红场中央。切尔诺贝利核电站
就是这样一座被认为非常安全的核电站,它将在苏联新的能
源战略规划中扮演重要角色。切尔诺贝利核电站是当时世界
第三大核电站,被誉为苏联核工业的瑰宝。

有 5000 名党员聆听了戈尔巴乔夫和亚历山德罗夫的讲
话,切尔诺贝利核电站负责人布里奇哈诺夫(Briukhanov)也
在其中。他是一位忠诚、认真的官员,同时也是一名合格且尽
责的工程师,尽管他的专业并非原子能。作为一名忠诚的官
员,他无疑会将戈尔巴乔夫的讲话视为对他和核电站同事下
达的明确指令,他们必须履行自己曾庄严承诺的使命,在技术
进步推动经济增长的进程中发挥自己的作用。

切尔诺贝利核电站位于乌克兰一个约有 5 万人口的城
镇。该城镇名为普里皮亚季,与流经该镇的河流同名,距离大
城市基辅约 130 公里。这座重要的核电站为小镇带来了声
望,普里皮亚季在众多方面受到优待,是一个宜居之地。这个
城镇的存在很大程度上归功于核电站。该地的居民能够获取
众多商品和服务,其中很多对大多数苏联公民而言无法获得

或难以获得。为了维持这种特权地位,核电站必须不断供应电力。特别是在前几年建设第五个机组时出现了进度延误的情况下,保障核电站的运作成为重中之重。当时由于延误,施工主管克济姆(Kyzyma)受到了来自高层的一些不完全公正的批评。

1986 年 1 月,为了供应更多电力,核电站的压力大增。当时的苏联总理雷日科夫(Ryzhkov)警告称,核能的发展不能被拖延。那是一个"每个人都想发展核能"的时代,现有核电站的管理人员们面临着增加产能的巨大压力。

为满足计划中的能源增长,最终人们不可避免地开始走捷径。例如,为了加快引入更强大的新电厂,这些核电厂的设计与建设需要同时进行。这一变化将建造新电厂所需的时间从 7 年缩短至 5 年。然而这势必会增加工厂设计中出现错误的可能性。此外,新建核电厂的成本也是主要的考虑因素。受到经济上的激励,低成本的工厂设计取代了可能更为昂贵但更加安全的设计。

尽管核电站的管理人员对所提出的变革速度感到担忧,但他们很少公开表达意见。他们认为这种变更是不谨慎的,甚至是不可能的,然而,命令来自上层,管理人员别无选择,他们只能不惜一切代价尽最大努力来适应这些命令。戈尔巴乔夫提出在面临严峻国际环境的情况下,苏联可以依靠技术进步加速经济发展,并倡导通过核能的利用来实现目标。这一愿景在党代会上得到了 5000 名共产党员的支持,这一指令也成了当时不容置疑的准则。

切尔诺贝利核电站的建设始于 1970 年夏季,选址在乌克兰一片并不十分肥沃的土地上,位于无人居住的森林地带。普里皮亚季河穿过这片地区。这条河的河水将用于冷却核反应堆,这座因核电站而诞生的大型城镇也以这条河命名。为了在核电站所在位置打造一个足够坚固的地基以承受核电站的巨大重量,施工者们需要移除大量土方。由于从供应商处获得所需的零部件并不顺利,核电站的建设过程比预期的要长,而且从一开始就遇到了许多困难。直到 1977 年 12 月,第一个反应堆才开始运行。当时的核电站的总负责人(与施工主管不是同一人)将 1977 年定义为"普里皮亚季能源巨头诞生之年"。

1977 年 12 月至 1983 年 12 月期间,核电站新增了三个机组,同样也出现了工期延误和其他相当多的问题。在当时的苏联,施工不力和延迟完工是常态,而且工程质量也常常不尽如人意。然而戈尔巴乔夫在 1986 年提出的五年计划必须以最佳方式完成。这将诱导人们为了实现五年计划中的能源生产承诺而掩盖问题。而其中一个后果是,质量和安全势必会受到影响。

在切尔诺贝利核电站现有四个机组的基础上新建第五个机组时,出现了特殊的挑战,因为"时间表从三年缩短到了两年"(Plokhy, 2018:43)。同时,由于常常缺乏合格的施工人员以及所需的设备和物资,施工进程不断延误。在切尔诺贝利,施工人员基本到位后,物资经常出现不足。该机组的设计资料延迟到了1985年7月才完成,这又迫使部分所需材料和设备订单被推迟。尽管有些设备按期到达,但一些关键设备还没有到位。而且,收到的硬件许多都存在缺陷。例如,储存废核燃料的贮存池部分金属构件有重大缺陷;混凝土板尺寸错误,需要进行调整等。然而,因为工期延误而受到训斥的却是核电站的施工人员。如果不能在短期内赶上被延误的进度,他们有时还会受到解雇的威胁。但延误有时候是无法避免的。即使是在社会主义经济体系下,尽管有五年计划作为指导,奇迹也没有发生。

　　1986年3月21日,一篇未经授权的报纸文章刊登在《能源论坛》(*Tribuna Energetika*)上。该文章由一位女记者撰写,报道了核电站所面临的上述挑战。同时,苏联国家安全委员会(KGB)也上报了核电站在设计和施工方面的问题,该机构负责监督该项在当时仍被认为是秘密技术的安全性及其运营。然而,批评主要集中在施工人员的施工质量以及管理人员的施工管理上。但不管怎样,直到1986年3月,该核电站还没有发生过任何与施工问题直接相关的重大事故。

　　1986年3月,在切尔诺贝利举行了一次全国性大会,参加会议的是核电厂零部件的供应商。会议进展顺利,与会者在会上对安全问题进行了淡化处理。切尔诺贝利核电站负责人布里奇哈诺夫没有参加此次会议，因为他当时正在莫斯科参加共产党代表大会，正是在那次大会上，戈尔巴乔夫发表了他的讲话。一段时间以来，布里奇哈诺夫一直对核电站的一些机组存在放射性物质泄漏问题感到担忧，这些泄漏源于排水管道和通风口。蒸汽抽取装置似乎也已经达到了运行极限，"唯一有效解决这个问题的方法是停止反应堆进行维修，但这将威胁到年度发电计划的完成"（Plokhy，2018：54）。

布里奇哈诺夫面临着两难境地。在当时的情况下，一方面，(1)如果他停止核电站的运行，他可能会受到来自党内高层的斥责和批评，甚至可能被降级或开除，从而失去现在显赫的职位。另一方面，(2)核电站有可能发生事故，但不确定，核电站到目前为止还没有发生过任何严重的事故，那么在未来也有可能不会发生。因此，为什么不寄希望于最好的结果，忽视泄漏让工厂继续运行，从而让当局满意呢？这是一个典型的两难境地，但并不罕见。产生这种困境是因为可供选择的方案都具有不确定性，不同的选择可能引发不同的结果，但代价未知。

有时，对一种情况进行成本效益的评估会导致人们选择看似短期和更容易操作的方案。这种反应似乎是正常且合乎人性的，甚至可以被称为理性的。对于布里奇哈诺夫来说，更简单的选择是让核电站继续运转，继续生产急需的电力。与此同时,他可能会考虑在国外寻找一份压力较小的工作,将泄漏问题交给其他人处理。

无独有偶,发表在基辅《乌克兰文学》(*Literaturna Ukraina*)杂志上的一篇文章对核电站 5 号机组施工过程中所遇到的问题提出了担忧,这也引起了之前那位记者的注意。这篇文章报道了切尔诺贝利核电站施工人员所面临的主要问题。文章指出,一些急需的施工材料从未到位,而一些已经到位的材料也存在缺陷。文章的核心论点是核电站遇到的问题并不是施工管理人员的无能或者懈怠。然而这篇文章的观点被忽略了,没有得到任何正式的回应。文章作者只是被简单地视为和其他某些人一样的捣乱分子。

1986 年 4 月 25 日星期五,情况开始发生变化。天气好转,温度上升到了 70 华氏度(21 摄氏度),普里皮亚季的居民都期待着一个愉快的周末,包括核电站的负责人。在这个周末有些人会去野餐,一些人则安排了钓鱼,还有一些人准备在自家小院种上土豆。切尔诺贝利核电站的放射性泄漏仍然继续着,但似乎还在可控范围内。核电站按计划运转,提供着所需的能源。"平均每年发生五起轻微的技术事故和设备故障","[切尔诺贝利]核电站被认为是行业内最好的核电站之一"(Plokhy,2018:63)。在过去的一年里,该核电站超额完成了当年能源生产指标的 10%,并因此受到了赞扬。

按照原定计划,在接下来的几个月,核电站将进行维修工

102

作。维修可能需要数月才能完成,因此预计 1986 年核电站的产能将不可避免地下降。而此时正值国家迫切需要能源的时期,这令地方政府感到不满。新任命的苏联能源部长马约列茨(Maiorets)决心大幅缩短核电站维修所需的时间。切尔诺贝利核电站的 4 号机组原计划于 4 月关停。根据部长的指示,机组关停时间将尽量缩短。

在停机维修期间,核电站的各个关键系统都将进行检查。在反应堆关闭前还将进行一项与核电站蒸汽涡轮机组有关的重要测试。该测试的目的是更好地保障反应堆的安全。按照现有的设计,在紧急情况下关闭电源后,会由应急柴油发电机继续提供所需的电力,以保证继续泵送冷却反应堆所需的水。然而,问题在于从断电到柴油发电机开始运转之间存在着 45 秒的间隔。这一间隔可能带来严重的危险。

乌克兰顿涅茨克市一家研究机构的工程师就这个复杂问题提出了一个理论解决方案。该解决方案依赖于蒸汽涡轮发电机组在断电后的一段时间内依旧能够正常工作并持续产生蒸汽。"涡轮机持续旋转产生的能量可以填补这 45 秒的电力间隔"(Plokhy,2018:64)。"关停 4 号机组可以作为一个测试,验证所提出的理论解决方案是否正确可行。为了进行这个测试,必须禁用自动停机机制以模拟电力故障和核电站的停电状态。但在测试过程中,存在反应堆失控的风险。"(出处同前)然而,专家们认为这种风险较小。

这是一个典型的例子,其中仍停留在理论上、未经验证的解决方案被应用于人们尚未完全理解的系统中或情境下。这并不是因为能力不足,而是因为人类面临着众多复杂的问题。这些复杂性造成了不确定性,而不确定性又带来了无法衡量的风险。人们还倾向于信任那些被认为是知识丰富的人。在切尔诺贝利负责测试的人员都是高素质的工程师。但他们遇到的问题是,反应堆与人类一样,有时并不会按照预期行事。这种情况类似于一辆汽车突然不停地加速,而此时无论司机如何操作都无法控制。

几年前,列宁格勒附近的一个反应堆曾发生过类似的情况,当时进行的测试和即将在切尔诺贝利核电站进行的很相似。那次事件之后反应堆进行了一些局部改动,包括切尔诺贝利的 4 号机组,但人们并没有完全理解所出现的问题。这让人们不禁想起了波音公司工程师们在测试波音 737MAX 机型时的经历。

测试原计划于 4 月 24 日晚上 10 点进行。控制棒将被插入反应堆的堆芯,以降低核反应的强度。但同时,测试人员保留了一些控制棒,供以后需要时使用。25 日下午 2 点左右,反应堆的应急供水系统被禁用,此时进行测试的专家并没有意识到控制棒数量的重要性。另一个相关因素是乌克兰另一家为基辅供电的发电厂发生了故障。当时,切尔诺贝利核电站被要求将关停反应堆的时间推迟到深夜,以避免影响基辅的电力供应。

随后,在关闭反应堆的复杂测试中出现了一系列的问题:(1)指令冲突;(2)部分人员对操作指南不甚明确;(3)在需要时无法联系到关键人员;(4)参与测试的 20 位人员之间的混乱。这些因素导致了决策的延迟和其他方面的错误决定。这不单纯是能力的问题,因为参与测试的人员很多都是高素质且有能力的个体。准确地说,这是典型的通常由全新问题和复杂问题所导致的情况。这种情况的发生有时是因为参与者对应该采取的行动持有不同的看法。据报道,在测试过程中需要监测 4000 项指标,测试所需时间远远超出了之前预计的两个小时。复杂、混乱和错误的决策共同导致了一场完美风暴,造成了巨大的悲剧。

插入控制棒以关闭反应堆的过程仍在继续,但如果反应堆被完全关闭了,将不得不放弃计划了很久的涡轮机测试。此时,测试人员对于反应堆功率水平降低至多少进行测试才是安全的产生了一些分歧。很快,几个关键指标开始朝着错误的方向变化。浦洛基(Plokhy, 2018)在他的书中题为"爆炸"的一章中描述了随后发生的情况,场景令人震撼。持续了36 秒的测试结束后,反应堆的功率水平失去控制,功率持续上升。这时,操纵员按下关闭反应堆的紧急按钮,然而反应堆的功率仍然不断上升。似乎没有什么方法可以减缓反应堆的反应速度。蒸汽急剧增加,但无处释放。

一开始,核电站传出了一阵奇怪的轰鸣声,随后发生了巨大的爆炸,将4号机组的厂房屋顶掀向空中。屋顶虽然落在了反应堆上方,但未能将其密封起来,放射性物质因此大规模泄漏。"[核电站内的]整套安全系统[被设计它的专家]认为是安全可靠的。[他们]所学的任何教科书从未提到反应堆可能会发生爆炸。"起初,"他们以为发生了地震。过了一会儿,他们才意识到这是一场人为导致的地震"(Plokhy,2018:85)。大量放射性物质被排放到空气中,并大范围蔓延,甚至波及北欧一些国家。这可能会成为世界历史上和平时期最大的人为灾难。

这场灾难带来的影响是巨大的,然而最初没有人知道情况有多严重。在爆炸发生后的几分钟或几小时内,经历者遭遇了比但丁所描绘的地狱更可怕的情景。混乱、极度恐惧、烧伤带来的疼痛,以及由放射性污染引起的恶心和呕吐,这些共同构成了一幕幕地狱般的苦难情景,这或许是除了1945年广岛和长崎原子弹爆炸的受害者外,历史上人类从未经历过的。

尽管在紧急情况下许多人都表现得非常英勇,但一些核电站的员工后来仍然因为发生的事情而感到内疚。他们无法理解的是,他们做的每一件事都严格遵循了专家的建议,并且专家们也认为核电站是安全的,为什么最终还会发生这样的灾难?他们不断地反思,是不是自己犯了错误?如果是,究竟犯了什么样的错误?事实上,灾难的发生并非因为他们的表现,而是因为这是一项未被充分理解的技术,并且该技术已经变得过于复杂和难以控制。然而,对于许多人来说,这个观点可能难以理解和接受。他们中的一些人认为可能是自己造成了这些不良后果,在几天后带着深深的内疚离开了这个世界。

105　　爆炸发生后,核电站周围的辐射很快向附近的城市蔓延,辐射水平迅速攀升,甚至超出了测量仪器的测量范围。开始有人考虑疏散城市,然而这一做法被认为是出于恐慌,而非必要之举,因此在最初就被否决了。一些官员认为辐射水平仍然不高,尚不足以成为疏散的理由,他们期待高层前往城市进行实地考察后再做决定。在当时苏联的等级制模式下,重要决定常常由拥有决策权的高层人士做出,而不一定是那些掌握信息的人。反过来,那些位高权重者通常不愿轻易做出可能日后会令自己后悔,或者会被证明是错误的决定。这常常导致一些紧急决策被拖延,或发生推卸责任的情况。

苏联共产党中央总书记米哈伊尔·戈尔巴乔夫于4月26日清晨得知切尔诺贝利核电站发生事故的消息。然而,他并没有被告知事故的严重程度。随后,政府成立了一个调查委员会。该委员会的成员从莫斯科飞往普里皮亚季。此时人们仍然认为,这只是苏联核电站每年发生的众多事故之一,预计核电站将很快得到修复并全面恢复运行。

当委员会成员抵达核电站时,很快他们就意识到这次事故比常规事故要严重得多。他们即刻感受到了高强度且危险的辐射,但他们依然坚信核电站是安全的,认为这次事故并非重大事故,可以得到控制。

然而渐渐地,委员会成员开始意识到事态的严重性,尽管其中一些人仍试图在他们自己的头脑中以及在即将发布的声明中将问题淡化。

当务之急是决定是否需要疏散城市居民,并考虑核电站再次发生爆炸的可能性。自第二次世界大战以来,苏联从未因任何原因疏散过城市居民,因此人们依旧期待避免做出如此极端的决定,并继续认为危险可能是被夸大了,疏散也许并非必要。

而当委员会中两位来自莫斯科的最权威的专家乘坐直升机飞越核电站上空时,他们终于确信情况异常危急。涡轮机中的石墨仍在燃烧,迫切需要将其扑灭。然而如何达成这一目标呢? 两位专家意识到核电站已经发生了熔毁,大量放射性物质正在从核电站扩散到周围地区,包括附近的城镇。但对于应该采取什么行动或者能够采取什么行动,大家仍意见不一。

最后,他们得出的结论是可能不得不疏散这座 5 万人的小镇。晚上 9 点,"三次剧烈的爆炸照亮了 4 号机组上方漆黑的天空"(Plokhy,2018:133)。由于辐射水平急速上升,普里皮亚季的危险程度也在不断加剧。然而,依然没有人愿意承担责任下令疏散该镇。最终,在晚上 10 点到 11 点之间,高层下达了第二天疏散的命令,当地开始准备公共汽车和火车。

　　许多参与救援的消防员和其他核电站的人员都被送往医院接受针对高辐射影响的治疗。其中一些受辐射影响较严重的人被转至莫斯科，那里拥有更专业的医疗资源。人们开始担忧距离 130 公里的基辅是否也会受到威胁。在这种异常复杂的情况下，不确定性再次占据了主导。就像之前在大流行病期间所发生的那样，辐射与病毒一样，是肉眼看不见的致命因素。一些人开始因过量辐射而死去，随后还有许多人因此丧生。运送城镇居民的公共汽车也暴露在辐射中，并将辐射带到了其他地方。

　　在疏散城镇居民的同时，如何稳定核电站成为专家们关注的主要问题。他们考虑将沙子装袋，从直升机上投掷到受损的反应堆上，目的是封闭反应堆从而遏制辐射释放。人们针对这项任务的相关组织工作进行了研究，有很多问题需要处理。当开始从直升机上投掷沙袋时，由于反应堆顶部的洞口很小，大约 80% 的沙袋未能准确命中反应堆。在这项行动中，许多飞行员暴露在高强度的辐射下，其中一些人在几天后身体开始不适并且感到极度疲惫。一些人开始意识到这是一次自杀式的任务，但他们依然坚持完成自己的使命。这个过程持续了 8 天，许多飞行员最终被送往医院，有些人则不幸去世。

　　人们对于投掷沙袋是否是正确的策略存在疑虑，毕竟没有人真正了解反应堆内部的情况。投掷沙袋是否会加剧事态的发展？其中存在很多不确定性。一些测试结果表明反应堆还处于活跃状态，随时可能再次爆炸。如果再次发生爆炸，可能会导致欧洲大部分地区受到放射性污染。

"随后做出的决定是，除了沙子，直升机还将把黏土、铅块和硼酸也投放进反应堆上方的洞口。沙子用来扑灭石墨燃起的大火，铅用于降低石墨燃烧的温度，而硼和黏土则用来防止链式反应。"（Plokhy，2018：163）但同样地，这样做是否会奏效仍然存在不确定性。莫斯科的一些专家"对这个方案持保留态度"，也有一些人坚信不会发生链式反应。但在另一些专家看来，发生再次爆炸的可能性仍然存在。

4月28日上午，米哈伊尔·戈尔巴乔夫被告知需要将切尔诺贝利核电站4号机组进行掩埋。飞行员驾驶着直升机冒着极大的危险进行了多次飞行，投放了大量的沙子和硼酸。之后辐射开始下降，并持续下降。但人们依旧不确定这是否是空投的结果。风向的变化使空气中的辐射朝不同的方向扩散，将许多地区置于危险之中。除了普里皮亚季的居民外，核电站周围10公里范围内的人们也将得到重新安置，但仍然需要许多人留在普里皮亚季，协助关闭核电站的操作。

当时很多急需的主动防护设备（防毒面罩和辐射剂量计）供应不足，同时缺乏治疗放射性疾病的药物。又一次，许多人坚韧地面对着致病的风险。很多人的态度类似于新冠病毒疫情中那些拒绝戴口罩的人，认为看不见的东西不会对自己造成伤害，同时也不能显示出自己的脆弱。在那样的紧急情况下,有些当地居民仍然继续耕种着他们的土地。所有人都认为困难只是暂时的。然而,高辐射读数的区域不断从核电站向外扩散,逐渐逼近基辅。很快,基辅的辐射也达到了很高的水平。很明显,这次突发事故的影响将不再局限于普里皮亚季地区。

尽管这场悲剧的规模巨大,但苏联政府的官方消息渠道基本上对此保持缄默,也没有其他独立媒体或民间协会能够提供相关信息。回溯到 1957 年,那时在乌拉尔山脉深处的小城奥焦尔斯克,曾发生过另一起相对重大的核事故。该事故需要重新安置 1.2 万人,而同时有更多的人受到了辐射的威胁。当时政府制定了对事故尽可能保密的政策,这些做法后来也被应用于切尔诺贝利事故中。然而这一次对信息的保密则更加困难。由于释放的辐射量巨大,且事故发生地距离欧洲人口密集的地区更近,无法对事故严格保密。强烈的辐射迅速扩散到了北欧及其他地区,忧心忡忡的瑞典人迫切要求苏联人提供相关信息。苏联媒体发布了一份简短扼要的声明,但在此时世界对这次事故的了解已经更加深入。4 月 29日,关于这次事故的报道将其描述为"世界历史上最严重的核灾难",并预测它将对经济产生巨大影响。

5 月 1 日在苏联和欧洲都有重要的劳动节庆祝活动。基辅计划举行一场盛大的游行,届时将有数千人参加。然而,当时基辅的辐射已经达到了非常高的水平,可能会对参加庆祝活动的人构成威胁。但对于那些决策者来说,取消游行的决定可能会带来政治风险,这将会向全世界传递出一个信号,即切尔诺贝利事故的严重程度超出了苏联政府一直以来向外界传达的情况。就像特朗普总统在疫情时的处理一样,当局希望避免造成恐慌。然而,结果是许多参加庆祝游行的人最终为此付出了极高的个人代价,而苏联政府也因为失去公信力,付出了高昂的政治代价。

不久之后,莫斯科当局和基辅之间摩擦加剧(类似于2020 年美国联邦政府与多个州政府之间的关系)。与此次危机对人们生命健康造成的威胁相比,莫斯科当局更为关注危机对农业生产的冲击,以及农业配额是否能够完成。他们认为辐射不会影响农作物。但一些莫斯科的官员已经开始充分认识到这场灾难的严重性。

莫斯科当局所报告的住院人数与基辅所报告的人数之间一直存在差异。此外,关于医院是否配备了足够的设备来应对不断增多的患者数量,两方的回应也不尽一致。受影响的儿童人数不断增加。官方报纸已停止了对伤亡人数的报道,同时莫斯科方面仍试图继续保持对信息的垄断。

在接下来的日子里,包括周日的复活节,辐射水平不断攀升,很快飙升至难以置信的天文数字。核电站周围受到放射性污染影响的范围已扩展到了 30 公里,然而辐射仍在不断上升,辐射范围持续扩大。究竟是什么导致了辐射的增加? 即使是权威的核科学家也无法确定其根源。当时包括一些宗教人士在内的很多人都认为苏联的科学绝对可靠、不会犯错,而当前众多不确定性的存在对人们的信念构成了挑战。

随着时间的推移,很明显,强大的苏联科学已无法解决自己所造成的切尔诺贝利问题。不久之后,有人开始担心切尔诺贝利灾难可能会升级成为一场全球性灾难,甚至可能使得"整个欧洲……沦为废墟"(Plokhy,2018:198)。这种情况随时可能发生。科学知识领域存在的不确定性正日益显露。这种不确定性加大了由制度混乱造成的不确定性,使不同机构在事件处理中应承担的角色变得更加不明确。

核电站内的热量不断上升,辐射水平持续升高,普里皮亚季附近森林中的树叶也因吸收了大量的辐射而开始呈现出红色。人们开始担心电影中的"中国综合征"①辐射可能会污染第聂伯河,进而影响全球的地下水。然而,鉴于情况的复杂性,似乎没有人知道该如何应对。

核电站地下室内的大量积水成为专家们关注的主要问题之一。这是因为核电站的温度不断升高,而水受热会转化为蒸汽,进而产生巨大的压力,并可能导致核电站爆炸。在这种

---

① 该概念源自 1979 年美国电影《中国综合征》(The China Syndrome)中的一句台词:"如果核反应堆的冷却水烧干,会把地球烧穿,而美国的地球另一面是中国。"——译者

紧急形势下,消防员们承担起了一项自杀式的任务,试图抽出放射性地下水。在经过莫斯科的授权后,参与这项危险行动的消防员们也因此获得了一些经济激励(一笔相当可观的钱)。然而,经济激励可能并非必要之举,因为许多人都怀抱着发自内心的奉献精神和强烈的集体主义情感。此外,人们还决定冻结反应堆下方的区域,以防止反应堆熔穿地基而使地下水受到辐射污染。

很多基辅的居民出于对辐射水平不断上升的担忧而离开了这座城市。戈尔巴乔夫越来越担心这种局势的进一步发展会给苏联带来声誉损失。与此同时,在乌克兰和莫斯科当局之间,双方继续试图互相推卸责任。"爆炸发生后的两周内,整个灾后处理的组织工作一片混乱。"(Plokhy,2018:217)

许多参与这项工作的人因暴露在高辐射环境中而面临着极大的生命危险。那些负责清除核电站放射性残渣的人被称为生物机器人(biorobots);然而他们并非真正的机器人,而是人类。有些人在参与行动数天后就告别了人世。除了34万名军事人员外,另有约60万人从苏联各地动员起来,投入与切尔诺贝利事故处理有关的各项任务中。他们中的一些人不得不依靠自制的铅制保护罩来抵御辐射。事实证明,苏联能够非常有效地将大量人员引导到一项单一明确的任务中,就如同它在第二次世界大战期间与德国作战时一样(Tanzi,2021)。但有时,混乱仍然占了上风。

人们的英勇行为和广泛存在的合作精神在新闻媒体和官方声明中得到了报道和赞扬。同时,专家们仍然极为关切是否会发生核污染导致的灾难。总部设于维也纳的国际原子能机构向核电站派遣了观察员,最终考虑并批准了建造一个名为"石棺"的混凝土保护罩,旨在永久性覆盖核电站。

消防员和矿工不幸去世的坏消息在当地的新闻发布中继续受到严格审查,且一直对苏联民众隐瞒。另一方面,消防员和其他人的英雄事迹和无私行为得到了广泛报道。与此同时,苏联当局并没有对死亡人数和受辐射影响人数进行报告。当局主要关注的问题仍然是防止国内恐慌的蔓延,以及避免这些消息对苏联的国际声誉造成不良影响。

在官方声明和新闻报道中,与西方媒体,尤其是与美国政府的言辞交锋仍在继续。然而,随着时间的推移,掩盖灾难的真实规模越来越困难。笑话开始在乌克兰传播开来,反映了人们对官方声明日益加深的怀疑态度。其中一个笑话讲述了一个切尔诺贝利人和一个基辅人在天堂相遇的故事。基辅人问对方:"你因何而来?"回答是:"因为辐射。"切尔诺贝利人接着反问:"你又因何而来?"基辅人答道:"是因为信息。"终于,戈尔巴乔夫意识到宣传战正在失去效果,于是他便采取了更为开放的透明政策。这一变革也最终导致了苏联的解体,并开启了这个国家向不同政治和经济体制过渡的漫长而艰难的过程。

　　下一阶段的事故处理任务是尝试掩埋爆炸的反应堆,以永久地遏制辐射的扩散。虽然这并非易事,但为了控制伤亡人数和经济成本,这项任务必须尽快完成。叶菲姆·斯拉夫斯基(Yefim Slavsky)是一位经验丰富、年长、能干且精力充沛的人,他临危受命,将在高度污染的环境中完成这项艰巨的任务。同时,军队将协助进行核残渣的清理和"石棺"的建造。数千名军人和平民参与了这项行动。尽管他们遇到了诸多技术难题,但最终成功完成了"石棺"的建造,而当局的注意力随之转向寻找灾难的责任人。

　　官方仍然认为既然发生了灾难,就必然有人对此负责。就整个体系而言,不可能承认事件是由核反应堆存在缺陷而导致的。这种情况仿佛是 20 世纪 30 年代斯大林时期大审判的重演,当时一些人被草草指控并被执行枪决(Hosking,1992;Getty & Naumov,2010)。在此次事件中,将责任归咎于一些执行测试操作的低级技术人员更为方便,也更符合政治需要,因为他们在试图关闭反应堆时可能手忙脚乱,多少会犯下一些错误。其中一些人被判有罪,并被判处在西伯利亚劳改营进行多年的强制劳动。

8.4　福岛第一核电站的核灾难

　　发生在日本福岛第一核电站的核灾难是迄今为止人类核

112　能时代的又一场严重核灾难。这场灾难发生在世界上技术最
　　先进的国家之一。该国因其公民恪守规则而闻名，且以其在
　　汽车和相机等领域的技术领先而受到推崇，同时他们的产品
　　被认为非常可靠。该核电站是由一家经验丰富的美国企
　　业——通用电气公司所设计，并采用了最新的技术。负责建
　　造和运营的东京电力公司同样是一家富有经验的公司。

　　　　福岛第一核电站是全球最大的核电站之一，由六个轻沸
　　水反应堆组成。考虑到该核电站建在一个地震多发的国家，
　　它采用了专门的设计用于抵御地震。尽管如此，对于在日本
　　这样地震频发的国家建设核电站的做法，人们一直有很大的
　　担忧。

　　　　1994年，日本作家石桥克彦（Katsuhiko Ishibashi）出版了
　　一本畅销书，书名为《地震学者的警告》（A Seismologist
　　Warns）。该书对"核地震灾害"提出了预警。很可能是因为
　　这些担忧，人们开始采用特定的安全措施以防止此类事故的
　　发生。毫无疑问，在福岛第一核电站核灾难事件中，负责运行
　　核电站的技术人员在事故发生时的行为将对结果产生重要影
　　响。然而，随后有很多人质疑在核电站的建设过程中是否牺
　　牲了一些安全措施，同时人们也对事故之后的处理提出了
　　疑问。

　　　　事故的后续评估显示，最初的核电站设计者在建造核电
　　站时未进行充分的风险评估，而通用电气公司的中层技术人

员也曾指出存在的安全问题。与此同时,负责监督日本核能产业的经济产业省(Ministry of Economy, Trade, and Industry)未能真正履行对核电站运营的监督责任。

监管不到位的部分原因可能是存在利益冲突。经济产业省既是日本核能产业的监管者,也是该产业的推动者。这种双重角色无疑会引发角色冲突,而这种冲突在某种程度上与切尔诺贝利灾难发生前苏联所面临的情况相似。此外,阻碍东京电力公司采取必要的安全措施并提醒民众安全风险的原因也可能是担心反应堆所在地区的居民会因为安全问题提起诉讼,而诉讼会阻止或至少推迟核电站项目的进行。

事故发生后,东京电力公司承认在民众当中"发布带有不确定风险的信息会引起焦虑"。此外,尽管有人曾提出过海啸高度可能超过20米甚至存在淹没核电站的风险,但该风险被认为是非常不确定的。和通常一样,东京电力公司未将这些不确定的风险纳入考虑。这次事故再次显示,当不同且看似无关的因素以不可预测的方式交织在一起时,可能引发某种环境或条件的出现,从而造成完美风暴,即导致席卷全人类的危机。

在灾难发生后不久,2012年3月,日本首相发表声明称,政府对这场灾难负有部分责任,并提到问题出自做出决策的官员们相信"技术上绝对可靠"。我们可以从中看到一种与之前苏联相似的思维方式。灾难发生后,日本首相承认在一

113

个受到海啸威胁的国家,不应该在距离海岸这么近的地方建造核电站。

其他政治人物和批评家也提到了文化和制度因素,认为这些因素也促成了这场悲剧的发生。其中之一是在某些社会中,下属不愿意向上级汇报不利消息(关于这一情况的描述见Gladwell,2008:第7章)。此外,对于某些信息的反应迟缓以及相关各方的沟通不畅也对事件结果造成了影响。当这场灾难的规模以及大气中的辐射水平开始变得明晰之后,上述有些因素对受污染地区人员是否需要疏散的决定影响很大。辐射水平迅速升高,然而和在切尔诺贝利发生过的一样,人们并不相信这个事实。通常情况下,人们更容易对那些令人不愉快的消息产生抵触。事件发生后,英国《经济学人》(The Economist)杂志上的一篇报道特别针对核电站运营公司的行为提出了批评(Nice,2011)。

假如人们将灾难直接归因于"天灾",那么福岛核灾难或许可以被视为那些"天灾"之一。但若要从这场灾难中得出一个教训,那就是在现实世界中确实会发生不可预测的事件,而即使看似微小,这种可能性也不应被忽视。在涉及危险的人类活动(如核电站、大型水坝)或其他类似的有潜在危险的活动(如炼油厂和危化品存储)时,意识到这一点可能特别关键。在这个方面,不确定性也会产生影响,有时可能是积极的,有时则可能是消极的。

在前一章中,我们回顾了一些自然灾害事件,从中揭示了某些事件的发生虽然无法通过数据统计做出精确的预测,但它们很可能会在未来的某个时间在某些地理区域发生。因此,在可能遭受影响的地区避免进行危险的人类活动似乎是合理的。然而,潜在的危险地区可能在其他方面有着巨大的吸引力,在这些诱惑面前,自然灾害的潜在负面影响(尤其是对有潜在危险的人类活动的影响)通常由于不确定性而未能得到充分的关注。

在难以测度风险的情况下,危险往往更容易被忽视。这种现象可以被视为一种非理性行为。一旦决策者做出某项决定,并且当这个决定与他们的切身利益相关时,他们往往会对未来的前景抱有更加乐观的态度。而这种情况很可能发生在了福岛核电站的建设过程中。强烈的地震和异常巨大的海啸的组合一定被认为是极不可能发生的事件,且超出了人类控制的范围,因此人们认为可以被忽略。

福岛第一核电站的核灾难发生在 2011 年 3 月 11 日下午 2 点 46 分,当时在本州岛附近海域发生了极为罕见的 9 级地震。当地震发生时,核电站的 1 号、2 号和 3 号三个机组正在运行,但 4 号、5 号和 6 号机组处于停止状态。正如预料中的,地震顷刻切断了运行机组的电力供应。紧接着,紧急柴油发电机启动,以确保冷却系统继续运转。一切都按照设计和预期的方式继续运行着。然而人们没有预料到的是,地震发生后不久，海啸以惊人的速度袭击了核电站。尽管人们曾预见海啸的速度，但令人意外的是这次海啸的高度竟然达到了 14 米。在制定安全计划时，人们从未想到会出现这样的海啸。核电站位于海岸边，高出海平面 10 米，这在正常情况下被认为是安全的。但具有讽刺意味的是，在核电站的原设计中，核电站距离海平面的高度约为 30 米，然而在建造核电站期间，为了方便从海上进入核电站，该高度大幅降低至 10 米。在这 115 个高度上，没有任何安全机制可以令核电站免受如此巨大浪高的海啸的影响。此外，在施工过程中还进行了其他改动，而这些更改也没有向相关主管部门报告。

按照原本的预期，柴油发电机将持续工作，为冷却反应堆提供所需的电力。但海啸淹没了容纳六台涡轮机的厂房，使柴油发电机无法运转。在这种情况下，部分反应堆开始过热，随后一些发生了熔毁。之后又发生了意想不到的氢气爆炸，产生了大量辐射。另外，许多放射性废料被迫倾倒到海洋中，继而引发了后续的问题，比如导致鱼类不再适合食用。在事故发生后，稳定局势的工作持续了数月甚至数年。

事故发生后，很难确定有多少熔化的核燃料留在安全壳内，又有多少已渗透至其下方的地下。在接下来的几个月里，包括在海啸发生当天未运转的机组在内，核电站各机组不断出现各种意外情况。由于事态的复杂性，各种测试和模拟对反应堆堆芯的熔毁程度得出了不同的结论。然而很明显的是,相当数量的核燃料已经发生了熔化。熔化产生了大量的辐射,且高强度的辐射将在很长一段时间内持续,并对核电站周围的环境产生影响。因此,核电站周围数千名居民需要进行疏散。

在熔毁发生的最初几天里,既没有关于核电站三个反应堆熔毁的相关信息,也没有该地区辐射值的发布。此外,政府还决定不对海洋中的辐射进行测量。

和切尔诺贝利事故类似,在这场事件中,地方与国家以及核电站管理者产生了争议。地方当局认为当地居民的生命被忽视了。由于缺乏各地辐射水平的信息,许多被疏散的当地居民被送往同样遭受辐射影响的地区。后来有人透露,在福岛核灾难发生期间,东京电力公司的官员被指示避免使用“熔毁”一词来描述当时正在发生的事情,以防止引发恐慌。一些人将此视为掩盖真相的行为,认为在事件发生后的反应上,福岛和切尔诺贝利别无二致。就像切尔诺贝利事件一样,在福岛核灾难中,人员疏散行动本应更早展开,而疏散的延迟可能以许多人的生命为代价。

从地震到海啸,超过100多万栋建筑被摧毁,47万人被迫撤离。由核电站事故直接导致的疏散人数达到15.4万人,其他人因为所在地区的高辐射水平而撤离。事故和地震所造成的经济和社会代价是天文数字。经评估,仅直接经济损失就达到2350亿美元。还有许多代价都无法衡量,包括声誉损失。最近,瑞士再保险公司将这场灾难评定为世界历史上代价最高的灾难。

与切尔诺贝利事故一样,这起事故被评为 7 级,是最高级别的核灾难。三哩岛事故被定为 5 级。在福岛核事故中,有1.85 万人直接因地震和海啸而遇难,但是没有人知道未来会有多少人死于辐射诱发的癌症。与切尔诺贝利一样,福岛核电站周围的大片区域被宣布为永久不适合居住,太平洋部分受辐射污染的海域也被限制捕鱼。核污染水持续从储水罐泄漏至海洋。核电站也建造了地下冰墙,旨在阻止地下水不断渗入反应堆。

地球仿佛永久性地缩小了,且价值也似乎越来越低。在2021 年的今天,关于如何处理仍然存放在储水罐中的大量核污染水的争议仍在持续。核电站的管理者希望将核污染水排放到海洋中,并声称这一做法是安全的。然而,环保人士、渔民、普通市民以及距离灾难发生地较近的朝鲜和韩国人(尤其是韩国人)都强烈反对这样做。

当东京的辐射水平处于较高值时,一些国家曾建议居住在东京的公民离开该城市。美国西海岸和俄罗斯东部地区也遭受了严重的核辐射污染的影响。同时,核电站周围海域中的辐射会随着强大的洋流扩散开来。在一段时间里,东京的饮用水受到污染。这场核灾难在数个领域引发了许多不确定因素,且不确定性持续存在着,因此人们可能永远无法了解此次事故所造成的全部代价。

2015年9月，一场强台风使情况变得更加复杂，并导致更 117
多人被迫疏散。此外，针对辐射水平的测定以及对健康的影
响出现了互相矛盾的观点，这些不一致持续引发了人们关于
辐射安全性的争论和质疑。（有关此次事件的一些评估报道，
详见 Blandford & Sagan，2016。）在事故发生后的一段时间，日
本政府的某个委员会宣布导致该事故的部分原因是人为错误。

这次事故改变了多个国家对核能利用的态度。最初，人
们对核能抱有热切期望，认为能够从中获取廉价且安全的能
源，但随后人们便产生了深层次的怀疑（Caldicott，2014）。尽
管一些个人和利益集团继续主张将核能视为解决气候变化问
题的简便途径，但一些国家已经开始减少对这种能源的依赖。
但在欧洲，法国仍然是一个特例。法国一直大力发展核电，且
至今未出现过任何相关事故报道。此外，卡托研究所等智库
仍不断推崇核能的利用，比尔·盖茨在其最近的一本著作中
也表达了类似的观点（Gates，2021a）。

有报道指出，重要的技术进步或未来可能的发展正在努
力降低核电站的成本，且提升其灵活性。这些技术创新涵盖
了更高效的模块化反应堆，以及更先进的非轻水反应堆，如熔
盐反应堆。然而，尽管如此，在美国及其他地方，人们对核能
仍持负面态度。目前，美国计划淘汰部分现有的核电站，从而
减少其核能发电量。

综合上述三起核事故,核电站的复杂性往往容易引发人为错误,从而导致灾难性的后果。正如发生在日本的核事故那样,人为错误有时会与自然事件交织,酿成难以预料的灾难。虽然通过技术改进可以降低这些错误的发生率,却无法将其完全消除。

福岛核灾难表明自然事件(如地震、海啸、龙卷风、旋风、大型野火等)可能袭击地球上的任何一个地方,因此核电站始终面临某些危险。此外,恐怖主义行为也可能使人类陷入核灾难。例如,如果在2001年9月11日遭受劫持的飞机中,其中一架的目标是三哩岛核电站,那会引发什么样的严重后果呢?答案令人深思。

118　　因此,唯一完全安全的核电站是尚未兴建的那座。然而,我们也必须认识到任何活动都不可能是完全无风险的,这始终是一个影响程度和成本效益计算的问题。在核能方面,必须将即时或短期利益与未来可能存在的不确定成本结合起来进行评估。也许有一天,这样的评估会再次推动核能利用的发展。

2021年2月13日,两则相关的新闻提醒了我们上述评估的复杂性。首先是在日本福岛地区发生了一次7级地震。幸运的是,这次地震并未对核电站造成损害。其次,美国能源部监察长办公室(DOE-OIG)发布了一份审计报告。该报告指出美国顶级核试验基地——国家核安全管理局(National

Nuclear Security Administration）由于当地非常严重的干旱以及对该地区的森林管理不善，正面临着严重的野火风险。这个试验基地不仅储放有原子弹，还拥有全球最大的科技实验室。此外，得克萨斯州一场异常巨大的冬季风暴也显示，一些电力网可能因极端自然事件而遭受严重破坏，而在建设这些电网时却忽视了这些不确定因素。

　　显然，不确定的自然事件有时会与人为的危险活动结合在一起，并可能引发意想不到的危急局势。因此，在决定这些活动的实施地点以及实施方式时，这种结合的可能性值得更多关注。人们可以选择不进行这些活动，当然，这也会伴随着一定的代价。

第九章 工业灾难

9.1 引言

虽然工业革命为人类带来诸多益处，至少在几个世纪内使许多人摆脱了马尔萨斯陷阱，但它也引发了许多以前不存在的人为灾难。其中一些灾难较轻微，但也有一些导致了生命和财产的重大损失，或对环境造成了破坏。这些事故发生的原因包括能力不足、无知、新技术的复杂性，以及某些技术带来的意外影响。同时一些人的贪婪也导致了事故的发生，贪婪使他们忽视了危险，特别是当危险影响的是他们所不认识的陌生人时。

许多灾难都是在人们居住的地区附近进行潜在危险活动的结果。这些灾难有时也可能受到自然事件的影响。从上述角度来看，这些事件往往都有其根源，例如政府忽视了社区福祉，允许在人口密集地区附近进行这些危险活动。

在美国，最近许多事故似乎都发生在得克萨斯州，这或许并非偶然。与加利福尼亚州或马萨诸塞州等其他州相比，得克萨斯州在法规执行方面显得更为宽松。法规是政府用来减少事故发生的主要工具。尽管如自由主义者一直强调的，法规限制了一些个体的个人自由，但与此同时，法规也使整个社会更为安全。因此，在个人自由和社会安全这两个目标之间，通常存在一种"权衡"。一些政府更偏重于强调其中一个目标，一些政府则能更有效地执行法规。在本书中，我们所描述的只是其中的一些事故，尤其是那些造成许多伤亡或重大环境代价的灾难。在这方面，维基百科提供了关于工业灾难的很多信息，包含了许多重要事件，非常有帮助。

9.2　运输灾难

一些重大的工业灾难与危险物质的运输有关，如爆炸物、化学品和石油制品的运输。在工业革命之前，这些灾难是不可能发生的，因为那时这些物质还不存在。其中一些灾难导致了数百甚至数千人的死亡，例如 1917 年 12 月 8 日在加拿大哈利法克斯海港发生的一起船舶爆炸事故①。这艘船只装载着准备运往法国的爆炸物，爆炸造成 2000 人死亡，9000 人受伤。类似的事件还发生在 1944 年 7 月 17 日美国加利福尼亚芝加哥港，导致 320 人死亡。1947 年 4 月 16 日，一艘运载

120

① 原书为"1917 年 12 月 8 日"，但目前公开资料多认为该事故发生于 1917 年 12 月 6 日。——译者

硝酸铵化肥的船只在美国得克萨斯城发生爆炸,这次事故至少造成 578 人死亡,约 3500 人受伤,被认为是美国最严重的工业灾难。另外,1948 年 7 月 28 日,德国路德维希港发生一起化学品罐车爆炸事故,也造成 207 人死亡、3818 人受伤,以及 3132 栋建筑物受损。

其中一些运输事故还引发了重大的环境问题。例如:1967 年 3 月,超级油轮"托里峡谷"号在英国康沃尔海岸失事;1978 年 3 月 16 日,"阿莫科·卡迪兹"号油轮在法国西北海岸附近沉没;1979 年 6 月 3 日,伊克斯托克 1 号油井发生泄漏;1988 年 7 月 6 日,英国北海帕玻尔·阿尔法石油天然气生产平台爆炸,导致 167 人死亡,保险赔偿损失达 34 亿美元;以及在 1989 年 3 月 24 日,"埃克森·瓦尔迪兹"号油轮发生原油泄漏事故。此外,2010 年 10 月 20 日,英国石油公司(BP)在墨西哥湾马孔多勘探点一个名为"深水地平线"的石油钻井平台发生爆炸,导致数名工作人员死亡,同时造成了严重的环境破坏,对大片地区的渔业产生了巨大的损害。英国石油公司不得不为此支付数十亿美元的罚款。

9.3 工业与自然的共生灾难

一些重大的工业灾难与自然事件有关,或者至少可以部分归咎于自然事件。同时,工业活动有时也会与自然事件相交织,从而导致灾难的发生。最近的案例发生在美国加利福尼亚州。穿过森林的电线掉落在非常干燥的树木上,由此引发了大火,造成许多人死亡和大量财产被毁。此外,有时与工业活动相关的大坝可能因山体滑坡或暴雨而受损崩塌,导致下游地区被淹。1963 年 10 月,意大利的瓦依昂大坝就发生了此类情况。这场灾难导致下游数个小镇被摧毁,约有 2000 人丧生。1975 年 8 月,中国的板桥水库也发生了溃坝,直接造成约 10 万人死亡,而随后发生的饥荒使死亡人数进一步增加。当时的水坝建设质量不高,灾害的发生也并非完全出乎意料。

　　危险化学物质在人口稠密地区扩散的例子并不少见,常由企业活动所致。如同核事故中的辐射污染一样,这些事件造成了人员伤亡以及其他问题。1984 年 12 月 3 日发生在印度博帕尔联合碳化物(印度)有限公司工厂的那场灾难或许是其中最严重的。在这场事件中,一个装有异氰酸甲酯的储罐反应失控,导致大量有毒气体被释放到工厂周围的大气中。据估计,当场死亡与后续死亡人数在 0.37 至 1.6 万人之间。这次事故还导致博帕尔周围大片地区内的人和动物出现严重的健康问题,而这些问题持续了数年之久。

　　1948 年 10 月 27 日,在美国宾夕法尼亚州距离匹兹堡市 39 公里的小城市多诺拉,也发生了一起类似的事件,被形容为美国历史上最严重的空气污染灾难之一。这次事件发生在美国钢铁公司经营的一家工厂。污染源于大雾和工业排放烟

121

雾的罕见结合,使得硫酸、二氧化氮、氟和其他有毒气体在多诺拉上空滞留。通常情况下,这些气体会通过正常的空气循环散去,但异常的天气条件阻碍了气体的消散。有毒烟雾的吸入导致该地区的很多人出现了呼吸系统问题和其他健康问题。这次事件直接导致 20 人丧生,而随后有更多人死去。在这个仅有 1.4 万人的小镇上,至少有 7000 人患上了严重的呼吸系统疾病。

由于事故发生时天气情况异常,代表美国钢铁公司的律师在法庭诉讼中辩称这场悲剧是无法预测的"天灾",是由"怪异的天气条件"引发的,而非源于工厂的活动,因此该企业不应被视为有罪。但很显然,如果该工厂未建在小镇上,这场事故本不会发生。该厂于 1966 年关闭(Davis,2002)。

122　　　在这起事故后,美国人对工业污染的危险变得更加敏感。此外,该事件还表明一些复杂的情况往往难以预测和准备,这令责任的界定变得十分困难,同时也让人难以预料可能由此引发的某些灾难性事件的发生地点和发生条件。而涉及此类事故的企业代理律师们也通常善于为这些事件的发生找到合理的解释。

特朗普政府很少关注环境因素。在特朗普执政期间,许多之前针对工业活动实施的法规被取消或放宽。与此同时,这些法规背后的科学依据也经常受到质疑。此外,一些参与制定法规的科学家也被调任或解聘。

1952年,伦敦也遭遇了一场与多诺拉事件类似的重大事故,造成约1.2万人丧生。这场灾难是由一场"伦敦烟雾"导致的。煤炭燃烧和柴油机排放的废气共同形成了厚重的烟雾。燃煤火力发电厂释放出的二氧化硫、氮氧化物、汞等物质对人类健康造成了巨大的危害(Bogmans & Mengyi Li,2020)。伦敦烟雾事件迫使英国在1956年通过了《清洁空气法案》(Clean Air Act)。

在一些发展中国家,煤炭的燃烧也引发了环境污染,给人们的生命健康带来了威胁。如今,人们普遍认识到燃煤会对环境造成巨大危害。

9.4　危险材料的存储

在人口密集地区存储易爆物品常常是发生灾难的原因之一。2020年8月4日,黎巴嫩的贝鲁特就经历了这样一场灾难。当时位于港口附近的一个仓库里存放着大量储藏多年的硝酸铵,这些硝酸铵突然起火并引发爆炸。这次巨大的爆炸摧毁了该市许多建筑,造成约200人死亡、6000多人受伤,并对港口造成了严重的破坏。

多年来,在多个国家发生了类似的爆炸事件。其中一些是由危险物质的存储引起的,另一些是由于炼油厂的爆炸,也有一些与运输汽油或煤气的管道泄漏有关,此外还有一些源于烟花工厂发生的爆炸。

9.5 矿难

从人们最初开采有价值的矿产起,就发生了许多事故,而这一点并不令人意外。其中一些矿难规模巨大,夺走了无数生命。1866 年 12 月 12 日,约克郡巴恩斯利镇发生了英格兰最严重的一起矿难,导致 361 名矿工丧生。1913 年 10 月 14日,在威尔士圣海德发生的事故造成 439 名矿工死亡,成为英国历史上最严重的矿难。1966 年 10 月 21 日,在威尔士艾伯凡村发生了另一起重大事故,造成一所学校的 116 名儿童和28 名成人遇难。这次事故源于建在山坡上的废渣堆坍塌。这个废渣堆高达 34 米,存有 2.3 万立方米的废煤渣。在被大雨淋透之后,废渣堆发生开裂并坍塌而下,摧毁了一所满是孩子的学校。在这次事件中,规则未得到遵守,同时还发生了未曾预料的自然事件(暴雨)。两者共同导致了灾难的发生。由于诸多儿童的死亡,这起事件产生了巨大影响,并随后引发了重大的立法举措。

1906 年 3 月 10 日,法国的库里耶尔发生了欧洲大陆最严重的矿难,造成 1099 人死亡。当时矿区经常雇用童工,遇难者中包括许多儿童。1914 年 12 月 15 日,日本九州发生了该国最严重的矿难,导致 687 人死亡。1956 年 8 月 8 日在比利时小镇马西内勒,一场发生在矿井中的火灾造成262人死亡,这些遇难矿工主要是意大利移民。

2019年1月,在巴西米纳斯吉拉斯州布鲁马迪纽市附近矿区发生了一起严重的储存事故。一个储存有1200万立方米采矿废弃物的堆积坝突然溃坝,垮塌所到之处尽被摧毁,造成270人死亡,并引发了一场重大的环境灾难。对于采矿公司来说,储存这些废弃物是一种成本较低的废料处理方式。

在世界其他地方也发生了许多类似的灾难。这些重大灾难更多地发生在工业革命早期,政府采取自由放任政策,在执行安全标准方面未能发挥作用,甚至没有禁止在这些危险工作中招用童工。当时,童工常常被雇用在矿井中工作。近年来,随着技术的进步和更加严格的政府法规的出台,这些事故越来越少,但还远远没有消除。

在政府作用仍显薄弱的国家,或者在美国这样的联邦制国家,这些事故仍然不断发生,并且未来也很可能继续发生。在这些国家中,一些地区法规监管较少,而利益集团或地方利益相对强大,例如美国的西弗吉尼亚州和得克萨斯州。

第十章　应对灾难的经济指导原则

　　几个世纪以来,各国都经历了许多灾难和不幸事件,导致很多人失去生命,并对经济造成了严重的破坏,而前几章所描述的灾难只是其中的一小部分。在这种情况下,人们很自然地期待在过去几个世纪中得到不断发展的经济学会对这些问题给予一些关注。然而令人奇怪的是,事实并非如此。

　　大约一个世纪前,理论经济学的主体开始形成,而直至今日,它从本质上来说几乎没有什么改变,除了注意到经济周期的存在,意识到经济发展并不总是平稳的,以及认识到由于受到各种因素的影响,实体经济与理论范式有所不同。经济学在很大程度上忽略了不确定性和灾难性事件的存在,相比之下对风险性事件给予了更多的关注。

　　现代经济学的基础是平稳、高效且具有规律性的经济变化,主要强调竞争及市场的作用,认为市场将引导参与者的行动,从长远来看将推动最佳结果的实现和公共福利的最大化。多位伟大的经济学家对现代经济学进行了明确的阐述,例如阿尔弗雷德·马歇尔(Alfred Marshall)及古典学派和新古典学派的学者们,还有后来的米尔顿·弗里德曼、保罗·萨缪尔森、路德维希·冯·米塞斯及乔治·斯蒂格勒（George Stigler）等人。尽管他们的研究存在一些细微差异，但他们对现代经济学的多个观点都予以了坚定的支持。

在 20 世纪 30 年代的大萧条以及凯恩斯关于经济波动的研究之后，许多经济学家（虽然并非所有）开始认识到经济中存在着一定频率的但不完全规律的周期性变化，同时他们也意识到经济周期会对经济产生影响，并且可能成为政府干预的理由（Solimano，2020）。然而他们却忽略了自然或人为灾难偶尔产生的对经济运行理论的冲击。没有人曾预期或建议国家和企业关注偶然发生的重大随机事件，并为可能发生的情况做一些提前准备。然而，这些准备工作可能有助于在这些事件发生时减轻其所带来的破坏性影响。

鉴于上述情况，目前尚无任何经济学原则可指导人们如何防范随机但未来可能发生的灾难，以及一旦灾难成为现实时应采取何种应对措施。相反，现有的经济学原则很可能成为政府和私营企业在灾难发生前和发生期间行动的障碍。这些灾难在发生之前都是不确定的，但其发生的可能性却是实实在在的。美国加利福尼亚的地震、迈阿密的飓风、日本的海啸，或可能在任何地方爆发的大流行病都是此类情况。

不确定事件在现实世界中继续扮演着重要角色，但与风险事件相比，前者在经济理论和经济决策中则被边缘化。对于后者而言，风险可以测度，并且在发达的保险业的协助下得以有效应对。在过去的两个世纪里,保险业也已经成为市场经济不可或缺的重要组成部分。风险问题还可通过一些政府计划来加以处理,例如公共养老金和公共卫生项目。在风险受到广泛关注的同时,不确定性却鲜少受到重视。

政府在应对个人风险方面所推出的计划(如公共卫生、公共养老金等)继续受到自由论者的反对。他们坚信市场有能力为个人提供多样选择(如私人养老金和私人医疗保险),认为个人可以通过支付保险费来获得对抗未来风险的保障,或者依靠积累个人资产以应对退休或疾病等情况。智利式的养老保险制度在 20 世纪 80 年代开始受到欢迎,并被多个国家采纳。

尽管弗兰克·奈特关于不确定性的观点具有重要的理论意义,但不确定性的实际影响仍然被忽视,即使在养老保险体系中也是如此。换言之,不确定性在指导或影响政府政策、个人和企业行为方面的作用仍显得相当边缘化。许多养老金体系面临资金不足的问题,导致受益者在退休后只能领取微薄的养老金。

127　　　我们首先从民主国家市场经济下政府行为的指导原则来考虑。人们一直期望政府维持较低水平的公共开支和税收、保持较低的公共结余,并实现收支平衡。直到最近几年,一些人开始呼吁应让公共债务发挥更大的作用。而当预算平衡变得难以维持时,各国将遵循一些法定的财政规则,以限制政府的自由度。

　　例如,欧洲货币联盟的马斯特里赫特《稳定与增长公约》就是一个典型案例。该公约的目标是将成员国各国政府的预算赤字控制在国内生产总值的3%以内,并将公共债务限制在60%以内。此外,美国各州所遵循的平衡预算规则也强调维持收支的平衡。

　　与此同时,如果政府基于对随机、不确定灾难的预期而大量投入资金进行防范,就会面临在选举中落败的风险。例如,当政府在未来可能出现的大流行病的预期下设立更多的医院床位,或者建造更坚固的防洪或防震设施来增强防护能力时,他们可能会受到一些甚至许多公民的指责,称其"浪费"资金。

　　只有那些可以量化的风险才会受到一定程度的官方关注,例如个人在达到退休年龄后会需要养老金或其他形式的养老援助。然而,正如前文所提到的,和美国的公共养老基金一样,基于退休制度的养老基金通常存在资金不足的问题。同时,在一些国家,建设公共卫生体系仍然受到反对。此外,未来几年里可能需要的基础设施建设也依然未能获得足够的关注。很明显,许多国家不愿意用当前的税收来满足这些未来的需求。

　　上述行为所面临的问题是,当灾难性的随机事件(例如新冠病毒疫情)发生时,就业会大量减少,导致税收下降,同时会推高政府开支,以保护失业者和收入减少的工人,并防止大批企业破产。在这种情况下,政府预算很快就会偏离原本的预算规则。2020 年,在欧洲货币联盟成员国和美国地方政府中,都大规模地出现了类似的情况。而美国联邦预算不受这些规则的约束,因此其赤字可大幅增加。

128   在新冠病毒疫情期间,由于缺乏可以共享的经济原则来指导政府行动,政府一直陷入困惑。政府之前的政策与行为更注重短期需要,而基本忽视了长期的需求。因此,尽管某些法规可能有助于减轻大流行病带来的影响,但在这样的环境下,这些法规受到削弱。如今,巨额的公共债务将长期存在,而这些债务必然需要得到融资或处理。一些经济学家未充分考虑到高额债务可能在未来所造成的困扰,正如国际货币基金组织在面对新冠病毒疫情期间财政赤字时的态度。

政府应该铭记亚当·斯密(1937[1776])的警告,即:

> 所有国家……都在某些场合上玩过这种[以借贷取代税收]的把戏……当国家债务……积累到一定程度时,很少有……公道且完全偿还债务的例子。公共收入的扩张……往往是由于政府面临破产:有些破产是公开承认的,但无论公开与否,破产是实际存在的。

近年来,一些经济学家对斯密的警告提出了质疑。他们认为,从本质上看,世界已经发生了改变,公共债务已不再如人们曾经认为的那么危险。2020年,全球公共债务约占国内生产总值的97.6%,在欧元区为98.1%,发达国家为122.7%,而美国则高达128.7%。预计这一比例在2021年还将进一步上升。

然而人们不禁会疑惑,以意大利为例,这些公共债务将如何偿还或偿清呢?截至2020年底,该国的公共债务已达到其国内生产总值的157.5%,而该国的税收负担已经很重,但经济增长缓慢。再例如,2021年3月通过的1.9万亿美元的美国新冠病毒纾困救助法案预计将完全依靠债务融资,那么该项法案又将会产生何种影响呢?在第二次世界大战期间累积的高额债务由于利率非常低且期限很长,其中一部分债务已通过超过债务利率的通货膨胀率以及高增长年份得到了解决。而美国联邦政府的债务同样是利率低、债务增幅大,但债务期限结构一直保持在较低水平(2020年为65个月)。在财政赤字高企而经济增长率有限的情况下,一旦实际利率上升,利息支出将立即大幅增加。

有一些理论可以解释人们为什么倾向于忽视那些虽然可能发生,但不确定的未来灾难,以及为什么人们更容易关注短期的问题。凯恩斯曾经颇为随意地评论道:“从长远来看,我们都会死去!”米塞斯基本上认同凯恩斯的观点,不过他进一步补充道:“不幸的是,几乎我们所有人的寿命都比短期更为

长久。"(Mises,2005:130)

第一种解释是,统计学方法无法量化的风险不被视作可保风险。对于不确定、不承保的未来事件,人类可能存在一种非理性的倾向,即简单地忽略它。第二种解释是,人们对于短期问题的关注可能是受到在过去历史背景下发展起来的经济原则的影响,当时人类的平均预期寿命较短,通常仅有 30 至40 年。而当预期寿命越短时,满足短期需求就相对更为重要。同时,与较长的时间跨度相比,在短期内发生重大灾难的可能性也较小。

随着预期寿命的延长,人们在一生中经历灾难性事件的可能性也随之增加,这使得米塞斯的评论更有意义。如今,在一些国家(如瑞典、日本、西班牙、意大利),人们的预期寿命显著提高(超过了 80 岁,甚至有许多人的寿命可达到 100岁)。这些变化可能会使人们更加重视长远的问题,并更为关注那些未来可能发生但不确定的灾难。接下来的章节将深入讨论全球变暖问题。全球变暖及其对人类和自然的影响被认为是"灾难之母",将引发多重灾难。有效应对全球变暖需要各国政府积极干预,并在许多领域开展协作。

第三种解释可能更多是推测性的,即一个国家的人口越倾向于关注当前的个体,尤其是个体的个人自由,而较少考虑整个社会以及子孙后代的利益或幸福,那么这个国家的成员对未来的重视以及对未来几代人的关切就可能越少。

对未来的关注需要有传承几代人的利他精神。一个更加
无私和富有爱心的社会更可能重视全球变暖、地球生物多样
性等现象，并且更关心子孙后代的安全，尽管他们尚未出生，
也尚无投票权。相反，在一个利己主义盛行的社会中，一些人
可能将贪婪视为一种可取的特质，而这种特质可能会带来经
济的快速增长。

第三编

气候变化和全球变暖

第十一章　当地球成为人类的私有财产

自然环境塑造着人类生活，而在过去的几个世纪中，尤其是 20 世纪 80 年代以来，人类也开始通过众多活动和行为以及日益增长的人口数量对自然环境产生显著的影响。或许这是人类自出现在地球上以来首次对环境施加自己的影响，然而这种影响并非总是以理想的、可持续的方式发生（McKibben，1989；Smil，2021）。根据哈佛大学古典学家詹姆斯·卡尔文·泰勒（James Calvin Taylor）的研究，两千年前，罗马自然历史学家老普林尼（Pliny the Elder）在他的百科全书《自然史》（*Natural History*）中，已经对人类活动对自然环境产生的负面影响表示了担忧，尤其是采石场的活动。

人类活动正在产生重大的社会成本，且这些成本变得日益重要。然而这些成本往往没有在市场价格中得到充分体现，甚至有些根本没有反映出来。因此，现有的市场价格逐渐偏离正确的市场价格，后者应反映的是全部成本。由此产生的结果是，生产和消费那些导致环境成本的产品和服务的人获得了隐性的、通常是相当大的补贴。（关于能源补贴的估算，详见 Clements et al.，2013。）

这个问题并不仅局限于备受人们关注的煤炭和石油等特定化石燃料的市场价格；实际上，它是普遍存在的。广义上的环境成本不仅仅是气候变化，因此要辨识所有造成环境成本的产品、服务以及人类活动是相当困难的。这些成本还可能包含对土地或水资源的过度使用，例如吃汉堡对环境的影响。

同时，由于消费者获得了隐性补贴，因此也很难确定这些造成环境成本的产品的合理价格。例如，普通人可能很难理解牛奶或牛肉的消费会产生社会成本，且这些成本在它们的市场价格中并没有得到体现。尽管人们可以通过征收碳税对煤炭或石油的价格进行全面调整，但这并不能纠正牛奶和牛肉的市场价格。

在过去的半个世纪里，我们步入了一个人类中心主义时代（Anthropocentric Era）。在这个时代，人类明显在地球上处于他们所生活的世界的中心（Smil，2021）。人类不断塑造着这个世界，仿佛这是他们的私有财产。这和之前几千年里的情况截然不同，那时人类与所有其他物种共享地球，且在地球上留下的痕迹相对较少。然而，如今人类不再公平地与其他物种分享这个物质世界。相反，他们为了追求自身的幸福和私利而垄断了这个世界。但经济学领域尚未充分认识到这种变化，价格理论体系尤其在这方面反应缓慢。

起初，人类只是改变他们所生活的地区——例如开采矿石、引进新的作物和农业技术、驯化某些动物并捕杀其他动物,以及兴建小型水坝和其他小规模灌溉工程。但随着时间的推移,人类的行为逐渐改变了整个世界,对其他物种、物种多样性、气候以及其他重要方面造成了冲击。经过一段时间后,人们开始意识到人类对自然界的巨大影响力。整个世界变成了人类的私有财产,并且和任何一件私有财产一样,只要人类认为是适合的,都可以拿来"使用和滥用",以改善自身的生存条件。这一进程在工业革命之后逐渐加速,影响范围也不断扩大。

　　森林和荒野的面积逐渐缩小,植物和动物的多样性也随之减少。小麦、玉米、水稻和马铃薯等适合人类食用的作物取代了原本生长在那里的野生植物。其中一些作物是异地引进的,如马铃薯、玉米和西红柿。也有一些作物是经过基因改造的,随着时间的推移,食用这些作物可能会产生无法预期的长期影响。此外,鸡、羊、猪和牛等可作为人类食物的动物数量显著增多,与此同时,许多曾在荒野自由漫步的野生和未驯化动物(如狼、狮子、老虎、大象、熊、野牛和水牛)的数量和分布规模都在逐渐减少。

　　近期一本新出版的著作(Smil,2021)揭示了人类对地球的影响,特别是20世纪80年代以来发生在北美的情况。书中所提供的数据虽不尽精确,但也有据可循。1800年左右,北美地区野生哺乳动物(野牛、水牛等)的数量大于被驯化的哺乳动物(奶牛等),后者是人们为了获取食物而饲养的。然而到了1900年,被驯化哺乳动物的总重量已经是野生哺乳动物的2倍,到了2000年左右,则达到了野生哺乳动物的20倍。在那个时候,地球几乎已经变成了一个巨大的农场。耕地面积大幅扩张,500年前哥伦布所发现的这片土地如今已经面目全非。

上述变化逐渐为人类带来了收益,然而这些收益却是以牺牲自然界的多样性为代价的。虽然这些变化给人类带来的短期利益显而易见,它们使人口得以继续增长,改善了人类生活,延长了人类寿命,但我们很难确切地评估这些变化对整个地球的长期影响。

我们现在所消费的部分肉类是在不卫生的环境下生产的,通常需要使用激素和其他药物(如商业养殖的鸡),还有些肉类的生产需要占有大量土地资源(如饲养牛和羊)。减少人类对牛肉的消费将为其他低碳食物的生产创造更多的空间,这些食物同样适合人类食用,而且所带来的环境成本往往较低。然而,牛肉通常被视为一种高端食物,因此全球平均收入水平的上升和人口的增长会不断推动对牛肉的需求,从而导致将更多的土地投入牛的养殖。这种趋势的后果之一是加剧了气候变化。这源于人们将草原取代了森林,而且重要的是,牛等牲畜在消化过程中会释放大量的甲烷气体,将对环境造成特别不利的影响。

据报道,全球现有约14亿至15亿头牛,相当于大约每5

个人就拥有一头牛。根据联合国粮食及农业组织的数据，畜牧业的温室气体排放量占全球总排放量的15%，其中40%来自牛的消化系统所产生的甲烷气体。此外，每头牛每年还会释放出约100公斤的二氧化碳。这是一个相当可观的数量，但可以通过减少肉类摄入来缓解这种情况（Schlossberg，2020）。

　　有两个积极的事态发展值得特别报道。首先，最近出现了牛肉替代品，如"素牛肉"和"素食汉堡"。这些食品的出现有望逐步降低牛肉和其他肉类产品的消费增长速度。美国的一些主要餐馆也正在朝着素食方向发展。其次，在牛的饲养方面也取得了一些最新的进展。据报道，某些不同种类的饲料可以显著减少牛所产生的甲烷排放。可惜的是，这种可持续饲料非常稀缺，而且目前尚不清楚使用这种饲料能够在多快的时间内带来明显的变化。与此同时，乳制品替代品也正在逐渐引入市场。最近的研究表明，减少甲烷排放可能是减缓全球变暖的一条有效途径。

　　在美国加利福尼亚和其他一些地区，人们正在进行一系列实验，其中包括生产低碳食物，甚至通过固碳技术，发展有助于扭转气候变化影响的农业。减少甲烷排放能显著减缓全球变暖，这是因为甲烷在大气中能够停留的时间比其他燃料所产生的温室气体要短暂，但对温室效应的影响较大。还有一些实验尝试开发新的作物，在种植过程中只需要少量的水、肥料和农药。所有这些实验都展示了人类的智慧,显示出人类在应对全球变暖和其他环境问题方面的潜力。然而,在这些实验成果能够被大规模应用且对全球数十亿农场产生重大影响前,可能需要很长的时间,而在与全球变暖的这场赛跑中,时间至关重要。

近几十年来,地球上的动植物多样性遭受了严重的冲击,导致全球生物种类更加贫乏(Dasgupta,2021)。此外,由于一些人类活动的影响(例如兴建水坝、使用塑料并最终导致塑料进入河流和海洋、灌溉和使用人造肥料),淡水体系受到污染,而在那些阳光能够照射到海床的沿海地区,海洋植物和珊瑚礁正在大量死亡。过去,在这些沿海地区以及在许多河流及湖泊中都有着丰富的鱼类,而如今其数量逐渐减少。珊瑚礁陆续消亡,形成了海洋"死亡带(dead zones)"。虽然我们可能没有完全意识到,但我们现在食用的鱼类越来越多地来自养殖场,在那里因为水体受到污染,所以需要使用化学制品。

或许在这一点上应该提及一场环境运动。这场运动一个多世纪前在美国发起,后来扩展到其他国家。这一运动旨在保护一些原始和异常美丽的地区,使它们免受人类开发等行为的影响,并尽可能地保持这些地区的原貌。在这些地区,大多数人类活动都受到限制,现有的动植物也得到了保护。这些就是如今的国家公园,在美国和其他国家都有。这些公园被保护起来,不受商业活动的干扰。但是,它们存在的目的仍然是人类的休闲娱乐，而且随着时间的推移，人流的聚集可能还是会改变这些地区。今天，世界各地有许多这样的公园，为游客带来了颇多乐趣，同时也保护了当地环境。然而，创建这些公园往往需要克服当地利益集团和其他既得利益者的强烈反对，他们仅关注这些地区潜在的商业价值。

气候变化可能会引起人们更多的关注，尤其是在更注重整个社会群体的国家，而不是在更强调居民个人经济自由的国家。这也许可以解释为什么斯堪的纳维亚国家和其他一些欧洲国家更加关注气候变化，而在更强调个人经济自由的国家情况有所不同。例如，在特朗普政府时期的美国，对违反《清洁水法案》(Clean Water Act)和《清洁空气法案》等环境犯罪的起诉明显减少。对此，拜登政府已承诺要做出改变。

当然，上述讨论在一定程度上是理论推测。它们有可能正确，也可能不正确，或者并不那么重要。在美国，执政党的更迭带来了官方对于环境问题的态度变化。态度的转变非常突然，且未必得到普遍的支持。官方的变革应能够争取民众的支持，并在未来几年得以持续，而不会因既得利益者的压力而有所削弱。

在市场经济体制下，私营企业的行为一直遵循追求短期目标的原则，较少关注长远目标。环境成本常常被忽略，例如采矿等活动。企业在越是竞争激烈的市场中运作，就越需要降低(内部)成本以保持竞争力。为此，企业必须压低工资水平（并在可能的情况下忽略企业活动带来的环境成本）。为了实现这一目标，企业可以通过用机器人取代人工来减少员工数量、压低员工工资、削弱工会权力，以及忽视社会责任。企业必须维持低库存，并依靠及时交付和"准时生产"库存管理方法来实现。

138　　　当经济周期性地陷入衰退时，在这些竞争激烈的市场中运营的企业会裁减员工，并尽可能地减少总的工资支出。美国的公司一直遵循这一做法，并受到鼓励和许可，结果是推高了失业率。值得注意的是，日本的公司在经济不景气时，通常会利用好年景中未分配的利润来保留更多的员工，这或许是因为日本社会更强调利他主义或以集体为中心，具有不同的隐形社会契约。因此，日本的失业率波动相较于美国要小得多。

同时，美国公司支付给管理人员的薪酬也比大多数国家高得多，并且他们将更多利润分配给股东。他们还经常将利润用于回购自己的股票，而不是进行实际投资或在困难时期保留员工。这种做法使股东获得了更高的未实现和未征税的资本收益，也加剧了财富分配不均衡的情况。

这种行为在一定程度上受到了米尔顿·弗里德曼（1970）发表在《纽约时报杂志》上一篇有影响力的文章的启发，并以此作为理由证明了其合理性。这篇文章主张私营企业唯一的责任，同时也是应有的责任，就是为股东创造最大回

报。企业无须承担任何社会责任,包括减少对高污染燃料的
依赖。这种社会行为准则强调个人主义和短期经济目标,而
非着眼于整个社会的长期福祉。

在这类社会中,气候变化和生物多样性等现象,以及不断
加剧的收入不均等问题可能不会受到足够的关注。要解决这
些现象与问题不可避免地需要政策更加注重整个社会群体的
福祉,而不是个体成员的利益。与此同时,自20世纪80年代
以来,这些现象所带来的影响日益显著,逐渐变得难以忽视。

弗里德曼还反对政府在环境问题上发挥监管的作用
(Nelson,2020:221—222)。他的观点以及"芝加哥学派"其他
重要学者的观点对"市场原教旨主义"的形成产生了重要影
响。这类观点在20世纪80年代及随后的几年里在美国和英
国开始盛行,并逐渐影响了其他一些国家,尤其是那些曾经是
苏联的一部分、已经开始从中央计划经济向市场经济转型的
国家。市场原教旨主义通常反对政府承担更多的角色,甚至
反对政府在处理环境问题上发挥更大的作用。

近年来,美国特朗普政府逐步削弱或废除了许多早年推
出的环境法规,并对气候变化所带来的问题表现得漠不关心。
与此同时,政府还对太阳能电池板的进口征收了高额关税。
这些电池板用于大型电站发电,而其中一些在美国国内没有
可替代产品,从而导致美国绿色能源生产成本的上升。

如今,显然需要重新审视上述经济原则,使它们更加贴合

当前世界的发展现状与需求。或许同时还需要保护市场经济免受民粹主义思想的攻击。这些思潮对当前的市场运行方式抱有不满,也不认为市场如过去所声称的那样有益于每个人。最近的一份报告指出,在包括美国在内的几个重要的国家中,五分之四的受访者在调查中表示对经济体系的运作方式感到不满意(Wike et al.,2017)。

市场经济需要有效的监督,也需要必要的调整,包括应更加重视社会成本和社会公平。它并不需要被中央计划所取代,但确实需要一些改进。在那些已经进行必要调整的国家,例如斯堪的纳维亚国家,市场继续出色地发挥着其资源配置和分配的作用,个人自由和经济激励也并未像某些人担忧的那样被大幅削弱。根据最近的调查,这些国家在生产率、绩效、劳动参与率乃至经济自由度等多个相关指标上依然居于领先地位。美国、英国以及其他一些国家的情况则并非如此。在这些国家,调整尚未充分到位。

新的经济思维应该取代过去的观念,不应简单基于进化和经济体平稳运行的设想而假设经济发展的道路是平稳有序的。在古典经济学家以及芝加哥和奥地利学派经济学家的设想中,这些经济体能够在良好甚至是完美的市场环境下平稳运行,并不需要担忧潜在的灾难。灾害、大流行病以及包括气候变化在内的其他灾难性事件被认为是如此罕见,以至于可以忽略不计。人类活动对环境的影响同样被忽视,但这些活动可能会导致市场价格与社会总成本出现显著偏离（Bostrom & Circovic，2008）。

如果全球变暖和其他缓慢发展的灾难成为确凿的现象（大多数有声望的科学家认为这已是既定事实），明智之举是开始采取行动，而不再假装它们不存在。这些灾难涵盖生物和自然领域，也包括气候变化，而气候变化被认为是人类活动的结果。我们或许可以考虑发展灾害经济学，将不确定但可能发生的未来灾害纳入分析和政策制定，并关注人类活动对自然界的全面影响。如果我们无法做到这一点，那些在某种程度上曾指导人类行为和政策制定的经济原则将不再具备实用性。它们很可能成为经济学寓言或神话。

值得关注的是，2021年1月27日，欧盟委员会主席乌苏拉·冯德莱恩（Ursula von der Leyen）宣布欧盟将启动一项生物防御准备计划，旨在应对未来可能出现的与新冠病毒疫情类似的健康危机。该计划将通过与私营制药领域的主要实体和领先研究团队合作，为未来的大流行病做好准备，包括发现和应对已知以及新出现的病原体，并开发实验性疫苗。由于这类研究无法获得专利，因此不具备直接的市场价值。为支持这些实体进行相关的基础研究，欧盟将向它们提供长期融资（详见2021年1月27日的国际货币基金组织新闻报告）。这似乎是一项应对未来不确定危险的举措，同时也旨在为其中一些可能会变得更加频繁的危机（例如全球性和地区性流行病)做好更充分的准备。

　　在接下来的章节中,我们将更深入探讨人类活动对我们周围世界的影响,以及人类正在多大程度上改变了传承下来的自然世界——这个人类曾与其他物种共享的世界。正如圣方济各在 8 个世纪前所强调以及同名的现任教皇不断重申的,其他物种同样是上帝的创造物,它们应当获得与人类同等的保护和生存空间。

第十二章 对环境的早期关注

12.1 引言

本书在第二编中讨论了严重灾害、大流行病和其他灾难性事件,这些事件在不同时期和不同的地区给人类和其他物种带来了死亡和破坏。在许多情况下,政府如果拥有更多行政和财政资源,至少可以在灾害发生时协助应对其所引发的后果,甚至也许能在灾害来临之前做好一些准备。

然而,公平地说,过去的政府很难防止灾害的发生,也难以在灾后处理中发挥很大的作用。除了缺乏行政和财政资源外,我们之前描述的灾害大多都是真正的"天灾"。这些事件的发生时间或发生范围都难以准确地进行预测。

本章及接下来的各章所涉及的情况将稍有不同,一位博学的作者称它是"未来的故事"(Wallace-Wells, 2019)。这个故事正在我们眼前缓慢但真切地发展着。然而迄今为止,我们还无法完全改变它的进程,而它也尚未朝着我们期待的完美结局发展。这个故事就是持续不断的气候变化及由其所引发的令人担忧的全球变暖。

越来越多的专家认为，如果不对全球变暖加以遏制，从长远来看，地球将在很大程度上或部分地变得"不适合居住"。在极端形势下，气候变化甚至可能导致第六次生物大灭绝。和在之前数百万年里已经发生过的五次大灭绝一样，在这种情况下，地球上的大多数物种都会消失（Kolbert，2014）。目前已经有证据显示生物多样性已显著减少，一些物种已经灭绝，而更多的物种也正面临着同样的风险。

这种不幸的情景不会发生在非常遥远的未来，如过去的物种灭绝那样历经数百万年。相反，它可能会在未来几代人之内发生。许多专家认为，变化已经慢慢出现，并且它就在我们眼前发生。此外，这种变化不能简单归因于"天灾"，因为变化显然是由我们人类正常的或例行的日常活动所造成的，但我们对此往往毫无意识。

这个"未来的故事"是一部长篇小说，其发展速度可能过于缓慢，以至于有些人忽视了那些正在发生的事情，并且还没有完全认识到它们可能带来的长期影响。也正因为如此，它们难以激起本国政府和国际组织的警觉，继而推动他们采取具体行动以改变最终悲剧性结局的走向。然而，再也没有借口将这场灾难归咎于"意外的随机事件"，也没有理由认为它们太难以捉摸而无法预期，因为这与实际情况相去甚远。

12.2　过去几个世纪的气候变化

正如前几章所提到的,多个世纪以来,由于各种自然原因,特别是火山爆发和可能的太阳活动,世界上一些地区的气候有时会经历变化。在那些年代,这些变化会使那些地区的居民面临困境。但在其他时候,它们也可能产生了积极的影响。

例如,在1346—1352年黑死病(或称鼠疫)爆发之前的数年里,欧洲异常寒冷且多雨。这些因素导致了欧洲甚至是亚洲的粮食产量减少。粮食减产可能是造成瘟疫的部分原因,它为瘟疫的发生创造了有利的环境和经济条件。另一方面,记载显示,第二个千年的前两个世纪气候异常温暖,粮食产量大增,加之引入了新的农业技术,粮食持续增产(Cipolla,1994)。一些历史学家认为温暖的气候可能使北欧的航海家(尤其是维京人)的航行更为便利,他们也许早于哥伦布几个世纪前就到达了冰岛、格陵兰岛,甚至是北美大陆。当时,这些地方可能更为温暖,因此也更加绿意盎然、环境友好(Morison,1971)。这或许可以解释格陵兰岛(Greenland)名字的由来。

根据记载,17世纪和18世纪初也同样异常寒冷。在其中的几年,威尼斯的拉古纳河在冬季会因为异常低温而结冰。

叠加那些年里数场战争的影响,欧洲再次出现了经济状况恶化的情况。经济恶化导致粮食减产、流行病频发、人口平均身高下降。基于最近一些生物统计研究所的报告,身高的下降往往伴随着整个人口所长期经历的营养不良以及食物匮乏的现象。据记载,1800 年左右拿破仑的士兵身材相当矮小(Fogel & Harris,2011;Tanzi,2018c)。马尔萨斯人口制约理论在那些年里再次显现了影响。当时的人口增长速率低于1800 年后的水平(Kuznets,1966;Cipolla,1994)。

19 世纪上半叶,气候条件有所改善。同时受益于工业革命,一些国家的生活水平得到了一定程度的提高,尤其是某些社会阶层。随着时间的推移,在经历了这场"革命"的国家中,越来越多的人开始感受到收入的增加。通过"圈地运动",那些曾经作为"公有地"、可供自由使用的土地转变成私有农业用地。私有化激发了个人积极性,进而提升了所圈用地的产量。随着更多的食物被生产出来,人口不断增长。同时,在美洲和澳洲等新近有人居住的偏远地区,农业生产也促进了粮食产量的增加。

12.3　工业革命与能源需求

工业革命引入了瓦特的蒸汽机以及其他许多机械发明,同时为了运行这些新型机器,对能源的需求不断上升。人类

的肌肉已经不足以驱动其中的一些机器，于是一些机器开始
以机械能取代人力，从而提高了劳动生产率。有趣的是，有时
候人们还会用机械能替代曾经高效的"绿色能源"，例如风车
和帆船。当哥伦布发现美洲以及麦哲伦首次环游世界时，他
们所使用的船只都依赖风力提供动力。后来，许多这样的船
只被使用化石燃料的蒸汽轮船所取代。

　　当时的这些新型能源最初主要来自煤炭，以及河流和小
溪的水能。拥有这些丰富能源的地区最先受益，而且比起那
些缺乏能源的地区发展更为迅猛。英格兰、苏格兰、德国和其
他一些地方因为拥有丰富的煤炭和其他能源，成了早期的受
益者。从工业革命初期直到电力普及，逐步出现了煤炭、石
油、天然气以及核能等多种不同的能源，但煤炭一直保持着重
要的地位。

　　直到今天，在中国、澳大利亚、印度和其他一些国家，煤炭
在钢铁和水泥的生产中一直是主要能源。"仅钢铁生产……
就造成了全球约 7% 的温室气体排放。"（《金融时报》
[*Financial Times*]，2021）由于煤炭易于开采且价格相对低廉，
它一直是被广泛使用的燃料。《经济学人》（2020）报道称，尽
管美国和欧洲的煤炭使用量自 2009 年以来减少了 34%，但煤
炭仍占其总能源使用量的 27%。根据欧盟统计局（Eurostat）
的数据，2019 年化石燃料占欧盟能源使用量的 71%（详见
2021 年 2 月 4 日的欧盟统计局新闻）。但在法国，由于该国大

力发展核能,这一比例明显低于其他国家。与此同时,在全球电力生产中,煤炭的使用仍然占到了 40%(Liu & Bansal,2016)。

矿业公司和发电厂面临着越来越大的社会压力,它们需要提高减排目标,并通过碳捕集来降低大部分排放,以更好地满足绿色能源的要求。其中许多公司已经做出了减少污染并最终实现零碳排放的承诺,但这通常需要在未来 30 年或更长时间内才能完成(《经济学人》,2020;《金融时报》,2021)。然而,参照过去 30 年的情况,到那时地球的温度可能已经上升到了非常危险的水平。例如欧洲绿色协议(European Green Deal)计划到 2050 年实现欧盟完全"去碳"(Di Bonifacio & Stagnaro,2021)。此外,最近美国众议院和参议院积极推动绿色新政,但没有提出更为雄心勃勃的目标。

在工业革命开始后的几年里,电力的应用变得日益频繁,当时的电力主要来自水力和燃煤。同时,煤炭也为轮船和火车提供动力,在飞机普及之前,这些交通工具在一个快速融合和全球化的世界中占有越来越重要的地位。之后,随着石油资源的开发与利用,煤炭的使用受到了挑战。石油可为一些新型机械提供动力,如私人汽车、公共汽车和飞机,而煤炭无法用于这些机械。

在过去的半个世纪中,核能在电力生产方面发挥了日益重要的作用。然而在本书前一编中所描述的重大核灾难发生后,许多国家(但不是所有)减少了对这种能源的依赖。

最近,由太阳、风、海浪以及地球深处的热源所产生的"绿色能源"已变得越来越廉价,且日益重要。例如,在美国,2020年能源总消耗的 9% 来自风能。最近,它已经为纽约市的帝国大厦以及许多其他建筑提供了全部所需的电能。这些绿色能源的使用有望持续并不断加强。

许多国家正不断加大绿色能源的使用。此外,未来还可能开发更有前景且技术更为先进的能源,如氢能源和核聚变能源。目前在欧洲、迪拜和阿联酋,人们在氢能领域已经进行了大量的研究。然而,氢能的产生可能也并非完全清洁。氢的不同颜色代表制氢过程的清洁程度,其中蓝氢是追求的理想目标。

原子核聚变是一个更为宏大的目标。许多国家正在努力实现这一目标,在法国普罗旺斯进行的一项耗资巨大的实验是其中之一。这项雄心勃勃的科学实验吸引了来自 35 个国家的科学家的参与和资金支持,其目标是在地球上小规模地复制产生太阳能的过程。尽管人们对这一过程的理论有一定的了解(在高压下挤压原子核,使其融合在一起并释放出极高温度的热量),但要在地球上制造出一台能够实现这一过程的机器,在工程上面临的挑战是非同寻常的。

该实验的基本设计源于 20 世纪 50 年代最初由苏联发明的托卡马克(Tokamak)装置。然而,要制造出如此庞大且高精度的机器,并将所有大型部件从相距甚远的各地汇集到普罗旺斯一地进行组装,这一切使得这次实验可能成为有史以来地球上最复杂的实验。如果实验成功,这将对能源生产产生重要影响。在未来的某一天,这项技术将创造出源源不断的绿色能源。然而,需要认识到的是,鉴于工程的复杂性,实验成功的时间以及结果能否如愿仍存在许多不确定性。尽管如此,这次实验依然是一次了不起的全球合作的尝试,值得受到更多的关注。

英国也在进行一些研究,旨在利用潮汐能来驱动新型帆船。最近的一些实验显示,这些帆船的速度和效率可以与蒸汽船相媲美,并且更加节能。此外,人们已经开始安装离岸风力涡轮机。还有一些人提出了在大气层中散布箔片的方案,这样可以减少部分阳光的照射,类似火山爆发时产生的效应。

当前,全球已充分利用了大部分现有能源。除了水力发电以及近年来兴起的太阳能和风能发电外,其他能源的获取方式都涉及碳的燃烧。碳的燃烧会释放出温室气体,这些气体在大气中停留的时间很长,导致温室效应,进而使得全球平均气温升高。在利用核能的情况下,能源来自核裂变过程,不需要燃烧碳,但核能的使用会产生放射性废料。这些废料需要得到安全的处理,因此核能利用也会带来其他难题。此外,核能还可能引发在前几章中所描述的核灾难。

正如之前所提到的,法国在核能利用方面一直更为积极,且迄今为止尚未发生过任何已知的重大事故。此外,蓝氢也有望在不久的将来成为一种选择。同时,传统核电厂的安全性将得到更大的保障,这有可能使核电成为再次备受关注的能源来源。

12.4 大气层中碳的累积效应

据估计,从工业革命开始到 2020 年,大约有 1.4 万亿吨的碳被排放到围绕地球的大气层中。大气层决定了地球平均气温的平衡。在过去的数千年里,整个地球的平均温度变化相对较小。然而,在工业革命开始后,特别是自 20 世纪 80 年代以来,地球的平均温度在某些年份明显升高。近几十年来,地球的温度一直在上升,其速度之快令许多科学家担忧。

到目前为止,与 1880 年相比,全球平均气温上升了约 1.1 摄氏度。此外,"化石燃料燃烧所排放到大气中的碳超过一半都是在过去的 30 年里排放的"(Wallace-Wells,2019:4)。这几十年是有记录以来最温暖的时期,尤其是最近的十年。气温升高带来了越来越多的难题,使保险成本上升,并引发了人们对未来的担忧。一些城市受到了特别严重的影响,2020 年北极圈内的最高气温达到了 38 摄氏度,南极洲也接近 20 摄氏度。根据世界卫生组织的估计,在 1998 年至 2017 年期间,极端高温导致的死亡人数超过 16.6 万人。

碳在大气中停留的时间很长，除非它被生长中的树木或其他源头所吸收。空气中的碳会阻止太阳的热量散发到太空，导致温室效应，继而使地球表面的温度逐步上升。目前已经观测到了这一现象的发生。

与天然气和石油不同，煤炭属于浓缩碳，因此在燃烧时会释放出更多的温室气体——二氧化碳，从而引发全球变暖。与石油相比，煤炭的燃烧会在空气中释放更多的二氧化碳，而且煤炭的储量丰富且价格相对低廉。甲烷气体对环境的影响与煤炭类似，但它在大气中停留的时间较短。

近年来，得益于价格的下降以及一些国家政府的补贴政策，更加绿色的能源使用日益增多。然而，尽管如此，煤炭仍然占化石燃料总消耗的 39%，占全球温室气体排放总量的 44%。因此，煤炭的使用仍然是导致全球气温上升的重要因素之一。出于这个原因，除非能够使燃煤变得更加环保，否则煤炭应该是首个被禁止使用的能源，或者应该通过碳税显著提价。

煤炭和石油的融资正变得越来越困难。例如，亚洲开发银行已经宣布将不再为煤炭发电厂提供融资。其他一些融资渠道也采取了类似的政策。然而，煤炭不应被视为导致全球变暖的唯一原因，其他多种因素也在不断加剧这一问题。此外，煤炭仍然是生产钢铁和水泥所不可或缺的。

正如前面所提到的，自 20 世纪 80 年代以来，地球的平均温度一直在上升,这一趋势令许多科学家感到担忧。如果不能快速显著减少污染型能源的使用,同时限制森林砍伐以维持树木的吸碳能力,那么预计地球的平均气温将继续上升,到2050年可能将升高1.5摄氏度,甚至更多。这种升温可能导致灾难性的环境影响,关于这一点将在后文进行描述。而且,这些事态的发生并不会如凯恩斯的名言"我们都会死去"那样遥不可及;相反,它可能会发生得更早。在一定程度上,这种情况实际已经发生了,尽管许多人尚未完全意识到或并不关注这个问题。

目前,煤炭和其他污染型能源的使用仍在继续,并且预计会一直持续,特别是在亚洲以及许多中等收入和贫困的国家。与此同时,为了满足经济活动的需求,森林不断被烧毁或破坏。许多严谨的气候科学家认为这些活动不断向大气中释放大量的碳,而这些碳持续地吸收热量,从而进一步加剧了全球变暖的现象。联合国也一直在强调这个观点。

联合国世界气象组织在2021年发布的最新报告《2020年全球气候状况》(*State of the Global Climate 2020*)中指出:"我们正处于深渊的边缘。"联合国秘书长安东尼奥·古特雷斯(António Guterres)也表示:"我们没有时间可浪费,气候破坏正在眼前发生。"我们不应该忽视科学以及那些值得信赖的科学家们高声告诉我们的事实。在2020年,虽然大流行病减少了许多人类活动,人们也较少在世界各地旅行,但温室气体浓度仍在持续上升。

149　　　　如今世界上经济最发达的这些国家在工业革命的第二阶段,即 1900 年前后的几十年里曾大量使用煤炭,这些活动成为大气中碳含量增加的最主要原因。随后,这些国家开始转向使用石油和天然气等其他碳排量较少的能源,但这些能源仍然是污染型能源。在过去的半个世纪里,它们开始了核能的利用,直到开发不会增加碳排放的绿色能源。

然而,就目前而言,包括美国、俄罗斯和澳大利亚在内的一些发达国家尚未完全实现向绿色能源的转变,煤炭和石油的使用仍在继续。因此,这些国家对近几十年来地球正在经历的全球变暖负有重大的责任。在应对全球变暖问题时,它们也应该承担额外的成本。为此,它们可以加速转向绿色能源的利用,并在较贫困的国家补贴新能源的使用,同时还可以鼓励植树造林和遏制森林破坏。然而,将造成近期气候变化的全部责任归咎于这些国家是不妥当的,其他国家也应分担一定的责任。从经济规模的角度考虑,美国和中国应在应对全球变暖问题上发挥主要的作用,印度也应做出更大的贡献。

在 20 世纪 70 年代,人们对煤炭的依赖有所增加。这种转变有几个原因:(1)对能源保障的担忧,特别是在石油危机期间和危机之后,石油价格的大幅上涨使得煤炭变得相对更为经济;(2)许多发展中国家电力需求增加,使得它们需要利用煤炭来发电;(3)一些大国,尤其是中国、印度和逐渐增多的其他国家,经济增长加快、收入水平提高,从而拉动了钢铁和水泥的生产与消费需求。

随着收入水平的提升,人们日益频繁地使用空调、汽车、冰箱、计算机等各种电器,航空飞行也变得更为普及。这种需求不仅产生于富裕的国家,也来自新兴市场中收入较高的群体。目前,中国的煤炭消费量约占全球总量的一半,印度也同样占据了相当大的份额且还在继续增长。在这两个国家,汽车、水泥以及钢材的产量和消费需求都很高。此外,两国的中产阶级数量庞大并不断增多。随着收入的不断提高,人们渴望拥有现代化的设施和生活方式,包括旅行。因此,虽然包括美国在内的发达国家在污染问题上负有重要责任,但并不能将全部的责任归咎于这些国家。各国的发展都导致近几十年来空气中的碳含量不断增加,并且这种趋势还将持续下去。

发电以及钢铁和水泥的生产和消费仍然是煤炭使用的主要原因。许多发展中国家还远远无法满足自身的电力需求,减少煤炭的使用必然是一个长期的过程。不生产钢铁的国家则需要进口钢铁,而那些生产钢铁的国家并不总是使用最经济的方法来进行生产。还有人建议对进口钢铁和水泥征税。

预计全球平均气温将继续攀升,许多国家的收入水平和人口数量也会不断增长,这将带动空调、供暖、冰箱和许多其他电器的消费,并在未来的几年里推动电力需求不断扩大。其中一部分电力将继续来自廉价的化石燃料,电力生产也将继续向大气中排放温室气体,并进一步导致地球平均温度的上升。目前的地球温度已经远高于正常水平,如果继续当前的趋势,温度可能持续上升,并达到危险且不可逆转的程度。

专家们目前的观点是,全球气温上升约 2 摄氏度是人类能够适应的极限。在这种情况下,需要采取一些紧急措施来适应这种变化,并使地球的温度不再升高或能低于这一水平,但这需要巨大的投入。然而,这种观点或许过于乐观,因为当下的温度水平已经引发了众多问题,更高的气温则势必造成更加重大且日益严重的影响。正如联合国一直在警告的那样,温度上升将导致真正的灾难。

12.5 其他环境问题

全球变暖虽然是世界面临的最严峻的环境问题,但并非唯一的问题。随着世界人口的不断增长以及自 20 世纪 80 年代以来人均收入的显著提升,人们的饮食习惯发生了重大变化,同时对食物的总体需求以及对特定食物的需求也大幅增加。此外,食物处理方式也发生了改变,例如塑料得到广泛使用。

12.5.1 农药和农用化肥引发的问题

151   水稻、小麦、玉米、大豆和马铃薯等特定农作物的产量和消费都有所增长。扩大这些农作物的生产需要更多的农业用地，并且为了提高产量和保护作物免受虫害，还需要使用人工肥料和农药。肥料和农药可以增加产量，但它们也会导致土地、河流、湖泊和海洋的污染。

几十年前，通过转基因技术，小麦和水稻的新品种在实验室里得以研发，这场农药生产技术改革被称为绿色革命。由此，新的作物种植方式被引入。这类成果的背后往往都有美国农学家的贡献，随后这些成果在许多其他国家，尤其是发展中国家得到推广。但它们在欧洲遭遇了抵制，引起了欧盟和美国出口商之间的贸易摩擦，分歧在于后者认为美国的农产品是安全的，对欧盟针对美国农产品出口实施的限制感到不满。

在印度和其他一些地方，绿色革命被认为挽救了数百万人的生命，使人们免受饥荒的威胁。然而，化肥和农药的使用却对土地和水源造成了污染，逐渐引发了一系列环境问题。也正是由于这些原因，欧盟委员会对于从美国进口的这些"转基因种子"以及这些种子生产的作物设置了障碍。此外，绿色革命也促使世界人口大幅增长，而这一增长在发展中国家至今仍在持续。

12.5.2 塑料制品引发的问题

除了过去几十年农药、化肥和其他化学制品所造成的问题,塑料的发明和在日常活动中的广泛应用也引发了其他难题。毫无疑问,塑料是一项伟大的发明,它使人类的生活更加舒适。同时,它还可以令食品的处理和储存更加安全,从而减少某些疾病感染的可能。然而,使用过的塑料(以及其他垃圾)必须被丢弃,例如饮料瓶。这带来了日益严重的环境问题。被丢弃的塑料通常最终会流入河流和海洋,人们也越来越频繁地在死去的鲸鱼、海豚和其他鱼类的胃里发现塑料。塑料还充斥了沿海地区,对海洋植物的生长造成了破坏,海洋生物的营养供应也因此受到影响。有些塑料制品甚至已经进入了加拉帕戈斯群岛这片原始环境。

　　直到最近几年,一些发达国家还经常将塑料垃圾出口至包括中国、印度尼西亚和菲律宾等在内的一些发展中国家,垃圾处理问题就这样留给了这些国家。在一些垃圾进口国,垃圾并未能够得到有效且安全的处理,有时在处理废旧塑料和其他垃圾的问题上还被腐败分子和犯罪集团钻了空子。

　　近些年,情况开始发生转变。2018 年,中国停止回收处理他国的废旧塑料制品。其他一些国家,如菲律宾,也退回了运载这些产品的船只。那些垃圾出口国不得不寻求其他废物处理方法。例如意大利面临着严峻的问题,最近该国开始将废旧塑料出口到保加利亚,而据报道犯罪分子正从中获利。

　　迄今为止,在塑料处理方面进展有限,且问题还在不断增加。据报道,每年仅有 15% 的塑料被回收利用。剩余的大部分被焚烧,有些用于能源生产,有些则以各种方式被随意丢弃。迟早,大多数塑料都会进入水源。据估计,20 年后进入海洋的塑料将增加两倍,达到每年约 2900 万吨。目前,许多海滩已经被塑料淹没(Hassey et al.,2021)。

塑料垃圾的处理涉及很多问题。例如,在那些引入塑料垃圾回收体系的国家,需要在处理家庭垃圾时将塑料制品与其他垃圾分开,然后再决定在垃圾分类后如何妥善处理垃圾,同时需要确定那些以更环保的方式处理塑料所产生的成本应该由谁来承担:这些成本应该由塑料的使用者还是生产厂商承担?如果由生产厂商来负责,那么基于"污染者付费原则",又该如何确定他们所造成的环境成本并要求他们支付呢?

塑料被视为众多伟大的创新之一,在引入初期受到了人们的欢迎。毋庸置疑,塑料让人类的生活更加简便,同时也提升了生活质量。然而,塑料所引发的社会成本随后开始逐渐显现,而且越来越显著。据绿色和平组织(Greenpeace)代表称,日本在塑料垃圾分离方面付出了大量的努力,该国每年产生的百万吨塑料垃圾中有 70% 至 90% 被收集和分离。但他也提到,其中 56% 的塑料垃圾会被焚烧,从而加剧了温室效应。而剩余的垃圾会被回收,10% 在日本国内完成,其余的则被运往海外,把垃圾处理问题转嫁给了其他较贫穷的国家。

2021 年 3 月 30 日,位于华盛顿特区的威尔逊国际学者中心在线报告了印度尼西亚的塑料垃圾危机。该报告指出,"在印度尼西亚每年产生的 680 万吨塑料垃圾中,仅有 10% 得到回收利用",而近一半的垃圾被焚烧或倾倒。同时,该国的"海洋塑料排放量占全球总量的 10%"。为了减少海洋塑料垃圾问题,该国已经与美国国际开发署(USAID)合作制定了协同行动计划。

化学制品和塑料也可能引发其他问题。例如最近出版的一本书(Swan,2021)指出了一个重要问题,即一些人们常用的产品会扰乱人类正常的激素功能,包括雌激素和睾酮,可能导致不孕率上升,从而威胁到人类的未来,且这种情况尤其可能发生在富裕国家。这一观点同时也得到了许多研究的支持。根据该书的数据,从 1973 年到 2011 年,在西方富裕国家,普通男性的精子总数下降了 59%,出生人口数量也随之下降。此外,在俄罗斯、意大利和日本等一些国家,多年来人口数量一直显著下降。美国在近几年也出现了出生率的下跌,并因为 2020 年的新冠病毒疫情而加快了这一趋势。

这些研究得出的结论是,在发达国家,未来的几代人可能会生育较少的孩子,甚至可能会过少。然而,哈佛大学性别科学实验室(GenderSci Lab)最近进行的一项研究却对这些研究结果提出了质疑(Aggarwal-Schifellite,2021a)。很显然,上述结论存在一定的不确定性,而且与其他领域的情况一样,如果这个问题真实存在,那么就需要有协调的全球行动来应对。

移民可能有助于实现人口平衡,但各国之间的协调可能很难,而且移民还会带来其他问题。移民和某些人类行为一样,最初可能是以提高生活水平为目的,但随后会带来意外和未预料到的后果。

一些专家开始担忧近期一些技术发展的长期影响,比如与人工智能相关的发展。当机器变得比人类更聪明时会发生什么?人工智能最终会对我们有益还是造成危害?人类会继续掌控一切吗?牛津大学哲学家尼克·博斯特罗姆(Nick Bostrom,2014)在一本重要著作中就其中一些直接相关的问题进行了探讨。研究所得出的结论之一是,人们通常难以预测新技术所带来的长期影响。

12.5.3　对高端食物的需求

在未来几十年内,随着世界总人口的增多以及预期平均收入的提升,人们对食物的总体需求以及对塑料和化石燃料的需求将继续增长,同时增加的还包括高收入者对食物的需求。一些食物被认为质量更为上乘,因此随着人均收入的提高,人们对这些食物的总体需求也会增加。肉类和鱼类产品通常是高收入人群的首选,包括鸡肉、猪肉、羊肉,尤其是牛肉。同时,三文鱼和龙虾也受到人们的青睐。人口收入的提高推动了对这些食物的需求增长。美国人均每年消费220磅的肉类,其他国家的人可能也会希望效仿这种消费模式。

　　一些高端食物的生产需要大量土地,尤其是养牛和羊。据报道,在一些地区养一头牛需要 1.5 公顷的草地。随着对此类土地需求的增加,森林、热带草原和草场逐渐被侵占,这些地方曾经是其他动植物的家园。这实际上是另一场全球性的"圈地运动",与 19 世纪在英国和其他地方发生的情况有些类似。在这场运动中,人类的"圈地"范围更大。而在这之前,这些土地是与其他物种或其他人共享的"公共"土地或"共有地"。荒野面积的减少不可避免地影响了生物多样性。根据联合国和其他信息来源的数据,生物多样性正在急剧减少,其他物种的栖息地也越来越少。

　　牛等一些现在为人类提供食物的动物在消化过程中会产 155 生大量的甲烷气体,这种气体会导致温室效应。此外,这些动物还会产生氨气和硫化氢等气体,散发恶臭。据《华盛顿邮报》(*Washington Post*)报道,这些臭气每年造成大约 1.7 万人死亡(2021:A26)。

　　根据联合国的估计,如今总体温室效应的 20% 到 30% 源自这些动物,这还不包括养殖活动所导致的森林面积减少而产生的影响。因此,人类对肉类的消费不仅侵占了其他物种的生存空间,破坏了地球的生物多样性,还因为森林面积减少和牛等家畜释放的甲烷气体而大大加剧了全球变暖。已经有一些减少肉类产品消费的倡议开始兴起,而正如预料中的那样,这些倡议同时也引发了一些肉类生产商的强烈反应。

　　未来几年人口的增长以及中国、印度、非洲等国家人均收入的提高可能会加剧对环境的影响。据联合国预测,世界人口在 2050 年将接近 100 亿,而到 2100 年将达到 110 亿,且各地区都将出现显著变化。印度人口将在 2027 年超过中国。主要的人口增长将来自非洲,这将对粮食需求产生重大影响。目前,美国在全球人口排名中位列第三,但预计尼日利亚将超越美国。同时,刚果民主共和国、埃塞俄比亚、坦桑尼亚和埃及的人口数量也将超过巴西、孟加拉国、俄罗斯和墨西哥。

　　对于海鲜,尤其是某些特定鱼类的高需求也导致了商业性过度捕捞,而且所采用的现代技术常常对海床造成破坏。这种过度捕捞以及现代技术的应用受到了环保主义者的严厉批评。他们担忧海洋中的鱼类数量因过度捕捞而迅速减少。此外,他们也担心因为海洋资源具备"公有"资源的特点,对于这样的全球性资源难以在全球范围内建立有效可行的规则进行管理,而这也会影响鱼类的保护。此外,在一些国家,犯罪团伙控制了与垃圾处理有关的活动。同时,不同的国家在海洋保护方面的利益也各不相同。人们依然认为海洋如此广阔,不太可能受到人类行为的影响,而且海洋应该继续保持"公有"资源的特性,让每个人都能平等自由地享有海洋。

　　我们目前购买的许多鱼类都来自养殖场。然而,在这些养殖场中,使用化学品的频率越来越高,这种做法也在不断引发问题。

156

12.6　臭氧层损耗问题

大约一个世纪前，一个类似于塑料问题的问题开始逐渐显现，但直到 20 世纪 70 年代才受到关注。人们发现当一些化学制剂（如氯氟碳化物、氢氯氟碳化物、卤代烃）广泛应用于各种家用产品后，它们为人类的生活提供了很多便利（如用作制冷剂、溶剂和推进剂），但同时也破坏了大气中的臭氧层，导致了臭氧空洞的形成和春季极地臭氧的损耗。臭氧层位于地球上空 16—40 公里的大气平流层中，可以阻挡太阳光中最有害的射线穿透大气层。因此，臭氧层可以保护人类免受这些危险的紫外线的辐射影响，避免皮肤癌和其他健康风险，如失明和白内障。这些紫外线辐射还可能对植物和动物造成伤害。

正如通常会发生的那样，一开始，开发和生产这些有害化学品的化工企业代表（如杜邦公司和联合碳化物公司）对以上不良影响提出了质疑并予以否认。他们最初将臭氧耗竭理论形容为"一个科幻故事……一派胡言"。然而科学家们的论文最终影响了公众舆论，其中一些论文由加州大学伯克利分校的科学家发表。这些论文也改变了曾患有鼻部皮肤癌的美国前总统里根和拥有化学学位的英国前首相撒切尔的看法。但最初发出这些警告的科学家们却被指控为苏联克格勃特工，意图摧毁美国的资本主义体系，代之以美国所惧怕的

"社会主义"。

俄勒冈州成为美国首个禁止使用这些有害物质的州。1987年,各国最终通过了《蒙特利尔议定书》(Montreal Protocol),禁止使用破坏臭氧层的化学物质。该议定书于1989年生效。不久之后,南极洲上空的臭氧层空洞开始缩小。预计到2065年,臭氧层将恢复到1980年之前的水平。

《蒙特利尔议定书》被视作国际环境协议的一个重要典范。然而,一些新兴化学物,特别是氢氟碳化合物,其污染性比碳要严重得多。此外,目前广泛用于发胶和化妆品的一些化学物质被认为是全球变暖的主要因素之一。因此,应对全球变暖必须在多个领域进行,同时也需要新的国际协议来减少不同污染物的使用。总之,除了煤炭和石油之外,还有许多产品也会带来对环境不利的外部影响,而广泛利用绿色能源只是改善环境的手段之一。

12.7 市场价格与社会成本

近年来,许多经济学家强烈主张对化石燃料燃烧后产生的碳排放征税(Nordhaus,2013)。这些税收将使此类资源的使用更加昂贵,同时也更加高效。经济学家通常倾向于将税收而非管制作为调控手段,因为前者限制性较小,且更为灵活。碳税的目的是削减化石燃料使用者获得的巨额隐性补贴

（Clements et al.,2013）。形成补贴的原因是没有考虑到使用这些燃料给环境和社会所造成的社会成本，从而使得这些燃料的市场价格太低。这些成本包含碳排放以及在其他方面带来的一些问题，包括对健康的影响。

人们往往忽视了一个事实，即某些化石燃料的市场价格除了未考虑温室效应，也没有包含一些直接的环境成本以及对健康的影响。例如，一些采矿企业为了便于从矿井中提取煤炭或其他矿物对山体进行的破坏、煤矿和其他矿山导致的河流污染、海上石油泄漏以及煤矿工人患上的"黑肺病"都属于此类成本。

如果碳税得到正确估算并妥善运用，它们将削减污染型燃料使用者所获得的隐性补贴，使得使用煤炭和其他污染型能源的个人成本更加接近与这些能源在使用过程中所产生的真正的社会总成本。这将对政策产生重大的影响。然而，确定污染型能源对世界造成的社会总成本可能并不容易。随着温室效应逐渐加剧，这些成本也许会随着时间的推移而增加。在美国，拜登政府已将这些成本提高到了上届政府的七倍左右。

煤炭和石油行业在许多贫困地区创造了大量的就业机会，例如美国的西弗吉尼亚州，以及包括澳大利亚和英国在内的其他国家的类似地区。这些工作对于这些地区具有重要的社会意义，因此强势的地方既得利益者对实施碳税或某些监管政策一直持有反对的态度。此外，虽然停止煤炭和其他污染型能源的生产能够带来环境改善方面的社会效益,但各国政府尚未具备有效的方法对这些社会效益进行广泛的再分配。如果能够实现这种再分配,将更有助于这些政策的实施;不仅仅是提升效率,还将更加公平。在目前的情况下,以英国为例,该国最近允许在某个贫困地区兴建几十年来的首个深层煤矿——坎布里亚煤矿,而这与英国现有的环境政策存在冲突。在这个决定中,创造就业机会仍被置于环境考虑之上。(在撰写本书时,该决定正在接受评估。)

多年来,生产石油和煤炭的私营企业在这些能源上投入了大量资金(数万亿美元)。毫不奇怪,为了保护那些投资,这些企业一直不遗余力地且通常成功地让许多人对化石燃料的使用与气候变化之间的联系产生怀疑。起初,他们质疑温度测量的有效性,认为测量通常是在城市里进行的,而城市的温度往往较高,因此将城市温度作为依据会对地球年平均温度产生曲解。后来,基于已发生的某些气候变化,他们不得不承认地球的平均温度可能出现了一些上升,但他们坚持认为这是由自然原因引起的,而不是人类活动所致。他们指出气候变化曾发生在过去的不同时期以及不同地区,与人类活动几乎没有关系。

他们强大的游说能力通常足以阻止一些国家(如美国、印度、俄罗斯、澳大利亚等)在污染型能源的生产和使用方面进行重大改变。在贫困地区以及收入仍低于全球平均水平的国

家,保持高增长和更充分的就业一直是重要的社会和政治短
期目标,因此也成为煤炭等能源得到持续使用的原因之一。经
济增长的目标继续指导着大多数国家的经济政策(Shiller,2012)。

近年来,特别是在美国,出现了一场页岩油革命,人们使
用各种化学制品从地球深层的页岩层中开采出大量的天然气
资源。这场近期的能源革命不仅使天然气产量大增,同时也
显著削减了美国的石油进口以及煤炭的使用量,由此带来了
石油和煤炭市场价格的下降。

这一技术变革同时也导致了一些不可忽视的社会成本,
包括某些地区地下水源的污染,以及在健康和其他环境方面
的挑战,例如在美国俄克拉荷马州等一些地区发生了小规模
地震。然而,这些能源的价格同样没有完全反映开采过程中
所涉及的全部社会成本。页岩油的制取过程会产生甲烷气
体,对环境造成的污染比煤炭更为严重。

如前文所述,肉类生产伴随着巨大的社会成本,而这些成
本在消费者购买肉类产品时往往未能得到充分反映。通过税
收可以调整价格以体现环境成本,因此有必要考虑将税收范
围扩大至肉类及牛奶和奶酪等相关产品,尤其是牛肉。

12.8　依靠绿色能源来拯救?

从积极的方面来看,许多国家正致力于发展日益展现出

竞争力的"绿色能源",特别是中国、美国,以及英国、德国和丹麦等一些欧洲国家。与此同时,我们还看到其他新兴能源不断涌现,其中一些能源直接来自太阳和风。绿色能源有益于环境,近年来其使用量迅速上升,替代了部分污染型能源。

在美国,发电厂的温室气体排放量在 2007 年达到了最高水平,之后开始逐步下降。到 2020 年,排放量已经显著减少。交通运输业也出现了类似的趋势,尽管不那么明显。在交通运输领域,虽然车辆的使用量多年来持续增长,但随着燃油效率的不断提升以及近年来电动汽车的普及,其对排放量的影响渐渐被抵消。然而,尽管电动汽车本身不排放温室气体,但其所使用的电力可能仍然依赖于燃煤发电。未来大多数车辆都可能转向使用电力,且有望来源于绿色能源。但车辆的制造仍然需要钢铁或铝等材料,而这些材料的生产过程也会产生温室气体。

美国和世界其他国家每年的温室气体净排放量仍在以可观的速度增加,尽管增速有所减缓。这意味着大气中的温室气体浓度仍在攀升,而且将在未来许多年内保持高位甚至还有可能继续上升。这会不断加剧温室气体的累积,令全球气温不断升高。

在美国和其他一些国家,电动汽车和绿色能源的使用日益普及,使得燃煤发电逐步减少,并已经开始对净排放产生积极影响。此外,人们开始探索使用太阳能电池板驱动汽车甚至飞机,但在未来可能还有很长的路要走。毫无疑问,所有这些都有可能成为利好消息。但遗憾的是,对当前局面来说仍然算不上是喜讯。目前大气中温室气体的浓度已经相当可观,而美国和其他国家每年的温室气体排放仍在不断增加,并且这种情况在未来的许多年里还将持续。要扭转温室气体浓度上升的趋势,需要有技术能够真正从大气中移除大量的温室气体,从而抵消新增排放的温室气体。

世界距离温室气体零净增的目标还有漫长的路要走。同时即使实现零净增,空气中还留有大量的温室气体,这仍将使地球温度居高不下。有一个比喻或许有助于我们更好地理解目前的情况,即如果一个不会游泳的人在水深100米的地方发生溺水,此时救援人员设法把他拉至水深仅有20米的地方,这个人仍然可能不幸溺亡。

在大气中的温室气体浓度开始回落之前,美国和其他国家仍将是气候变化的主要影响者。他们将继续向大气中排放碳,而这些碳排放也将进一步加剧全球变暖的情况(相关数据详见 Bullard,2020)。为了一个更安全的未来,大气中的碳含量不仅不应该增加,还应该有所减少。

在一些国家,新的绿色技术在降低新增碳排放方面发挥了重要作用。一些国家已接近净零碳排放的目标。英国在几年内将碳的年度碳排放量减少了12%以上。据报道,希腊和西班牙等其他国家也实现了显著的碳减排。"丹麦渴望成为世界上气候最友好的国家之一"（Batini & Segoviano 2021），该国计划到 2030 年减少 70% 的温室气体排放。这是一个重要且积极的趋势，但需要加速推进，同时也需要更多国家的参与。此外，虽然这一趋势有助于减少大气中的碳增，但并未改变大气中已经存在的碳含量。这些现存的碳可能会在大气中滞留很长时间，并带来许多棘手的问题。

在过去十年中，利用太阳能电池板发电的成本下降了约 80%，在中东和印度等一些条件有利的地区，降幅更为显著。这一趋势很可能会持续下去。同时，风力发电的成本也下降了约 60%。同样下降的还有太阳能和风能蓄电池的成本，降幅达到 85%。"我们已经认识到以非常低的成本实现全面脱碳在技术上是可行的。""长期来看，人类并非需要在抉择中权衡，而是将面临一个明显的双赢局面。然而，为了达成这一目标，我们必须进行投资，而且……[需要投资的]金额似乎非常庞大。"（Turner，2020）这段评论出于英国能源转型委员会（Energy Transition Commission）主席阿代尔·特纳（Adair Turner），他在这个领域拥有丰富的知识。

然而首先要明确的是长期的时间跨度究竟有多长，以及在实现目标之前会发生哪些变化？同样重要的问题是，有多少国家能够负担得起并愿意支付这些巨大的成本？此外，在温室效应不断加剧甚至造成灾难性后果之前，我们是否能够及时实现这一目标？过于乐观很容易引发自满的情绪，从而拖延政策行动。尽管趋势向好,但如果进展缓慢,也许仍然不足以确保世界能够在这场挑战中安全着陆,甚至可能无法在气候变化带来最严重的影响时保障人类的生存。到那时,即便采取一些尚可承受的短期适应措施,可能也无法维持我们现在的生活。

来自太阳能和风能的绿色能源价格持续下降,而且未来可能会变得越来越廉价。价格的下降使这些能源在能源消耗总量中的比重不断增加。同时,世界人口不断增长,特别是在较贫穷的国家,增长更为显著。其中,许多人可能会有更高的收入,他们渴望像富裕国家的人们那样过上舒适的生活,拥有汽车、空调、电视以及各种家用电器。还会有很多人想去旅行并探索世界。在新冠病毒疫情发生之前的几年里,数百万富裕的中国中产阶级走遍了世界各地。但与此同时,根据国际能源署的估计,大约有9亿人仍然处于"能源贫困"中,无法获得电力供应(Birol,2007)。所有这些因素都将不断推动能源需求的急剧增长,使其远远超越目前的水平。全球钢铁和水泥的需求也会持续增加,而这些材料的生产是大气中碳排放的主要来源之一。

目前我们尚无法确定清洁能源是否能够快速替代污染型能源,以避免重大的气候变化的发生。但毫无疑问,如果大多数人未能深刻认识到变革的必要性,同时如果各国之间缺乏强有力且协调一致的政策,那么虽然那些零散无序的措施以及个体单打独斗的行为会有一定的帮助,但可能作用有限。措施的引入速度可能不够迅速,难以防止在未来出现不良的后果。

　　解决全球变暖问题是一场为了争取全球"公共产品"的斗争,而公共产品通常建立在政府行为和全球解决方案之上。然而,我们没有一个全球性的政府可以推动这些解决方案的出台,因此各国政府只有在各自能力范围内继续着这场战斗。一些国家的政府可能比其他国家更具备能力,也更愿意参与全球协作。期望 2021 年 11 月在格拉斯哥举行的下一届全球气候变化会议能够取得一些实质性的进展。

　　正如最近一份报告在提到美国时所总结的,"2020 年是非常不寻常的一年。[美国]经历了创纪录的山火、飓风、洪水和龙卷风,促使政府、保险公司和资产所有者思考新的方法以降低风险并提升社会的抗风险能力"。"这些事件让我们认识到了风险的存在……我们可以更好地为明天的灾难做好准备。"(CoreLogic,2021)

　　根据美国国家海洋与大气管理局(US National Oceanic and Atmospheric Administration)的估计,2020 年美国发生了 22 起独立的气候事件,造成了价值数十亿美元的损失,而之前的单年记录是 16 起。同时,空气污染也正在影响美国主要城市居民的预期寿命。其他国家也未能幸免,同样经历了这些极端事件。未来,至少在一些国家可能会出现人类预期寿命的缩短和出生率的下降。日本、意大利、俄罗斯的人口已经在快速减少,且许多发达国家都面临着类似的问题。

163　　　　只有政府才具备在全球范围内协调计划的能力,就如同他们在处理臭氧问题上所展现的那样。认为仅仅依靠独立个体的自发行动或缺乏协作的单个政府行为就能够达到目标,那是一种不切实际的想法。某些政府的行为甚至可能会使情况变得更糟。2021年伊始,美国得克萨斯州遭遇了超强冬季风暴的袭击,严重程度创下纪录。该州一直对管制抱有抵触情绪,对气候变化也漠不关心。这场空前的风暴揭示了一直存在的问题,暴露出该州对可能发生的事件准备不足,即使这些事件的发生早已变得不那么罕见。然而在类似的问题上,得克萨斯州并不是个例。

之前引用的报告列出了美国历史上一些最严重的气候灾害。其中包括2005年8月的卡特里娜飓风,造成1250亿美元的损失和至少1833人死亡;2017年8月的哈维飓风,造成1250亿美元的损失和100多人死亡;2017年9月的玛丽亚飓风,造成900亿美元损失和3059人死亡;还有2012年10月和2017年9月的桑迪和艾尔玛飓风,分别造成了700亿美元和500亿美元的损失,以及233人和97人死亡。近年来一个明显的趋势是极具破坏力的飓风集中出现。

12.9　气候变化在各国的不同影响

在缺乏全球政府的情况下,要充分协调数百个国家和政府以推进全球政策存在一定难度,原因之一是气候变化对不同国家和社会群体的影响并不相同。一些国家可能希望受益于其他国家引入的必要变革,尤其是如果这些变革需要巨额投资。这些国家会一直是典型的"搭便车者"。也有一些国家可能会继续反对采取激进的措施,理由是这些措施会限制个人自由。

人们应该还记得几年前在美国,当节能灯泡问世时,甚至有人反对使用这些灯泡。他们认为使用节能灯泡是对个人自由的限制。而在预防新冠病毒疫情方面,一些人仍然抵制佩戴口罩和接种疫苗。虽然我们假设个体会理性地做出决策,但这个假设并不能保证在必要时,每个人都会接受在科学上认为是最佳的政策。个体对理性的定义可能因人而异,而且不同个体对未来成本和收益的折算也持有不同的看法。

从中期来看,一些国家可能会在气候变化中受益,尤其是俄罗斯和加拿大。一方面是因为所处的地理位置,另一方面与这些国家都是高污染燃料的主要生产国有关。此外,一些较贫穷的国家可能无法负担转向绿色能源所需的高昂成本。这些国家在过去投资建设了燃煤发电厂,而如今要将这些发电厂替换为昂贵但更高效的新型发电厂又需要额外的资金投入,这对他们来说是代价巨大的。能源的转型或许是一个长期过程,但有可能因为进程过于缓慢而无法遏制全球变暖。在这个过渡时期,还可能出现许多不利的情况。富裕的国家应该直接或间接通过国际机构帮助贫穷的国家，为这些国家提供资金以支持必要的转型变革。另外，即使是在那些受益于全球变暖的国家内部，也可能有部分群体会受到影响，并被迫放弃他们偏好的生活方式，例如生活在加拿大和格陵兰岛部分地区的因纽特人。

12.10   结束语

归根结底，如果相信凭借一些重要的技术变革，仅通过个体的自发行动就能迅速解决当前的全球变暖问题，这或许是一个残酷的幻想。或者，如果认为单纯地依赖更为环保的新能源就能使我们及时应对气候变化对未来的负面影响，那也可能是不切实际的。虽然这些应对措施也许会有所帮助，但它们可能无法在需要的时间内提供足够的帮助。如果任由目前的趋势不断发展，后果可能会变得相当严峻。哈佛大学与英国多所大学合作进行的一项研究（Burrows，2021）指出，2018 年，全球总死亡人数的 18% 是死于化石燃料燃烧所释放到空气中的有害物质。

与其他灾害不同，气候变化在短期内容易被忽视，因为它并非突发事件。然而，我们不能长期漠视气候变化，不能寄希望于它不会对地球及其生物造成灾难性的影响，或者期待通过某些自发性的适应措施，一切都会迎刃而解。否则，后果将

是极其可怕的。全球性的危机需要全球性的解决方案,而应

对全球公共"弊端"需要各国政府之间相互协调的全球性决

策。除了发挥各国的智慧,众多政府间必须采取协调一致且

切实有效的行动。

这些公共行动需要伴随着严格可行的全球协议。进行有

效的全球合作不应该被拖延。联合国以及在布雷顿森林体系

下建立的国际组织正是为了促进全球合作而设立的。它们应

该发挥更加积极的作用,并且更加关注全球整体利益。

全球协议是否能够迅速发挥作用以避免全球变暖引发最

严重的影响,这个议题仍然如同著名的"64000 美元的问题

($ 64,000 question)"①一样难以回答。在很大程度上,这个

问题的答案也许会决定地球上未来的生活,并可能影响将地

球这个蓝色星球视为永久家园的人类和其他物种的命运。在

接下来的几年里,我们将不断强调所有物种都是命运共同体,

共同居住在这个栖息地——地球。当我们能逐渐摆脱特定群

体或个体的利益,能更多地从全球和国际社会的角度审视问

题时,我们就能更加清晰地看到开展全球协作的必要性。

---

① 美国在 20 世纪 50 年代播出的一个游戏节目,参赛者回答一系列问题就有
机会获得 64000 美元的奖金。——译者

第十三章　从环境关切到气候变化

13.1　过去几年中不断上升的环境关切

　　地球是人类和数十亿其他物种的家园。随着人类活动日益增多、世界人口不断增长，自 20 世纪 50 年代开始，人们对这些可能对地球产生的影响逐渐感到担忧。那个时候，汽车的体积越来越大，且油耗效率也不高，引发了人们对汽车所使用的含铅汽油的关注。人们意识到铅会污染空气，尤其在通风不良的大城市中影响更大，由此认为汽油的使用会对人类健康产生潜在的危害。在炎热的夏日，由汽车排放引起的污浊气体常常笼罩部分天空。

　　此类污染问题通常被认为是地区性的。人们开始怀疑空气中的铅可能对人类，特别是对幼儿造成影响。汽车制造商面临越来越大的压力，人们要求他们改变设计、尺寸以及发动机，从而使汽车更加节能。这些改变不仅减少了污染，还降低了石油进口量。与此同时，柴油车也开始被禁用。美国加利福尼亚州出台了一系列法规，旨在引导汽车制造商生产更加节能环保的汽车。然而，正如往常一样，这些法规遭到了强烈反对。

　　在随后的几年里，得益于外观设计和发动机结构的改进，汽车的效率有了显著提升。由于汽油使用量减少，许多加油站纷纷关闭，空气质量普遍得到改善。监管措施的实施并没有如一些人所担忧的那样削弱了个人自由。相反，这些举措改善了个人健康以及空气质量。

　　蕾切尔·卡森（Rachel Carson）是一位海洋生物学家，她曾出版过一系列关于海洋之美的书籍，深受欢迎。1962年，她出版了一本名为《寂静的春天》（*Silent Spring*）的新书，该书迅速成为备受关注的畅销作品。当时有一些人对全球人口增加所带来的粮食问题感到担忧。同时也有人开始担心一些工业活动和化学品的使用未受到监测和管控，因此可能会对地球造成影响。卡森这本书的出版吸引了他们的注意。当时，全球人口约为30亿，不到今天的一半，也不到未来几十年预计的三分之一。人们的食物供给问题似乎是那时关注的焦点。

　　最早关心这些问题的人将自己称为环保主义者。他们开始与那些有着共同目标的人联合起来，致力于地球环境的保护。他们经常遭到嘲笑，被认为是左翼人士，反对个人自由和资本主义。但随着人口增长，问题逐渐凸显，一些国家出台了法规以控制增长，例如中国实施的计划生育政策。

　　卡森在书中特别关注了农业中农药和其他新开发的化学

品的使用，还有这类化学品日益增多的使用对土质以及河流、泉水和湖泊等水质的影响。过去，这些水源为人们提供了清洁的饮用水和丰富的鱼类资源。卡森认为一些化学物质正在破坏水源，造成水中氧气含量下降，而氧气对维持水中的营养物质至关重要，这些营养物质滋养着鱼类和其他海洋生物。她批评化工产业淡化问题并散播了一些关于产品安全性的虚假信息。或许部分是受到了卡森这本书的影响，1970年尼克松总统签署行政命令，成立了环境保护署（EPA）。随后在1972年，美国国会通过了《清洁水法案》。

随着时间的推移，《清洁水法案》遭到了某些美国政府管理层的质疑和逐步削弱。与此同时，部分国会议员受到受法案影响的私营企业的游说和资助，纷纷对该法案的实施横加阻挠。他们更加关注企业利润和短期经济增长，重视保障就业岗位及维护经济自由，而对于保护清洁环境的重要性则不太感兴趣。里根总统以及后来的特朗普总统对环境问题尤其冷漠，甚至持对立态度。里根并不认为环保会带来有利的发展前景，他曾发表过一句著名的论断："环保意味着在冬天你会感到寒冷。"而特朗普则认为关注气候变化与美国的利益存在冲突。

特朗普政府曾积极倡导削减甚至废除前几年出台的许多法规，并且对一些环境犯罪行为未予以严惩。然而，与此同时，这些法规背后的科学依据以及推动这些法规出台的科学家们却备受质疑,其中一些科学家被调离岗位、禁言甚至被迫离职。政府报告中任何与全球变暖有关的内容都会被审查删除。与此同时,那些造成污染的企业则获得了更多的自由。

清洁的环境显然是一种全球公共产品。它不会自发地由私人行动所产生,私人行动往往受到特定利益的驱使。然而,公共利益必须优先于那些有害的个人私利。在缺乏全球政府的情况下,各国政府有责任展开合作,特别是需要得到大国的支持。问题在于,环境污染常常与企业的经济效益密切相关。这些企业为了降低成本,会将潜在有害的化学物质和其他物质排放到小溪和河流中,或者将这些物质储存于水坝及其他存放区,甚至简单地将它们倾倒到自然环境中。在过去,许多采矿公司和其他企业没有因为这些行为而受到惩罚。如今,仍有些企业继续这种做法,特别是当他们认为可以逃脱惩罚时,更加无所顾忌。这种情况近年来在巴西和叙利亚等地,以及过去在许多国家都普遍存在。

1970 年,美国琼斯与劳克林钢铁公司(Jones and Laughlin Steel Corporation)因在俄亥俄州克利夫兰市附近的凯霍加河中排放大量氰化物而被起诉。这些排放到饮用水中的砷和氰化物等化学物质可能会给儿童和其他人造成危害,但这一点一直受到资金雄厚的大企业的质疑。有时候,因为这些危害尚未完全确定,人们会对某些监管决策背后的科学依据提出质疑。一些法规由于这种不确定性受到了挑战,某些提案也因此遭到了批评和反对。

一些湖泊和河流受到了严重的污染影响。1969年,凯霍加河甚至因为大量排放的化学物质而"着火",引发了公众的强烈抗议。在某些城镇或地区,居民由于水源污染而无法使用公共自来水或地下水。而为了节省资金,一些城镇转而使用污染更加严重的水源。美国的伊利湖等一些湖泊开始出现有毒的藻类,导致人们无法在那里进行休闲活动。苏联似乎也对环境问题漠不关心,一些大型湖泊由于将水源用于灌溉而出现了干涸现象。

2020年,美国环境保护署宣布将对《清洁水法案》的实施进行成本效益分析。这意味着水源污染问题与经济利益存在密切关系,并且后者可能被认为比保障清洁水源供应以及维护公众健康更为重要。通过强调环境保护的成本,同时极力淡化法规监管的益处(例如保障清洁水源等),环境保护署在2017年至2020年间取消或削弱了多项法案。造成污染的企业获得了更多的"经济自由",而公民则因为环境污染承受了巨大的代价。不出意料,同一届政府对全球变暖问题也持漠视的态度,并退出了于2016年加入的《巴黎协定》(Paris Agreement)。该协定旨在建立各国自愿准则以应对气候变化,但特朗普总统立即宣布该协议损害了美国的利益。

回顾前几章的讨论,大家或许还记得在卡森的新书出版前,已经发生过与一些化工厂有关的重大环境灾难。与此同时,关于吸烟和一些新型化学品安全性的争论也逐渐浮出水面。人们的态度逐渐发生改变,环境质量也开始被一部分人视为重要的公共产品,其重要性和需求随着收入的增加快速提升。当人们面临饥饿时,他们更可能把精力集中在解决温饱问题上,而不是环境议题上。卡森的书引起了人们对一个具体且普遍存在的问题的重视,但尚未引发对气候变化等综合环境问题的关注。

如果今天卡森仍在继续她的写作,她可能会再创作一本题为《寂静的海洋》(Silent Seas)的书。这部作品描述的将不是海洋的美丽,而是酸化、塑料污染和温度升高等各种问题对海洋生态带来的严峻挑战。如今一些海域和部分水体已经变成了毫无生机的死亡带。由于水中缺乏氧气,那里没有生物存活,不再有美丽的珊瑚礁,也没有鱼类的穿梭。近年来,尤其是在澳大利亚,珊瑚礁的大规模消失引发了越来越多的关注。此外,鲸鱼、海豚等海洋生物因为误食塑料而死亡的情况也愈加频繁。塑料污染甚至已经波及加拉帕戈斯群岛。

由于覆盖洋面的冰层融化,北极熊和其他生活在北极极寒地区的物种已经失去了大部分的自然栖息地。同时,人们也对美国"五大湖"的生态系统表示了担忧。这些湖泊蕴含着"地球生存所需的六千万亿加仑淡水"(详见 Folger & Ladzinsli,2020,《国家地理》[National Geographic]封面故事),对地球的意义重大。五大湖、热带雨林、热带草原和大草原的

170

发展揭示了不同生物之间极其紧密的生态联系,这或许是我们过去不太了解或关注较少的。生物多样性是一种重要的全球公共产品。

为了满足人类的食物需求,并为他们的经济活动提供原材料和矿物资源,曾经的原始森林和草原如今被广泛地改造成为直接用于生产的土地。此外,伴随着采矿和伐木等活动的展开,原本依赖于这些地区生存的原始部落和众多动物流离失所。同时,这些新兴的经济活动导致大片土地受到污染。生活在这些地区的人类和动物的权益被忽视,而这些权益被视为是次要的,不足以阻碍人类的发展脚步。人们依然从狭隘的经济发展角度来看待人类进步,而往往忽略了人类与其他物种之间的相互关系。

格陵兰岛、冰岛、北极地区,特别是南极地区的冰川正在以越来越快的速度融化,类似的情况还发生在喜马拉雅山脉、安第斯山脉和阿尔卑斯山脉。冰川的融化逐渐导致海平面上升,这种变化逐渐给世界上的一些主要城市以及海拔位于海平面附近的地区带来了问题。为了保护这些城市免受海平面上升的影响,持续投入大量的资源已成为必然。例如,根据美国气候整体性和弹性分析中心(US Center for Climate Integrity and Resilient Analytics)的估计,美国22个沿海各州需要在未来20年内斥资4000亿美元来保护那些最易受到影响的区域。

此外,冰川还供给着众多重要的河流(如恒河、湄公河、尼 罗河和科罗拉多河),这些河流为人类提供了赖以生存的生活 用水,令数十亿人的繁衍生息成为可能。然而,随着冰川的消 融,河流可能会逐渐枯竭,因此冰川的融化会给人们带来难以 想象的困难(Gates,2021a)。并且,这并不是一个未来遥远和 不确定的变化。事实上,这种情况已经发生,越来越多的人已 陆续离开这些地区。正如莎拉·迪米克在《哈佛大学校刊》 (*Harvard Gazette*)上所言,这也象征着"我们悼念和追忆方式 的变化,同时也改变了我们对历史的理解"(Aggarwal-Schifellite,2021b)。

北极地区是自然与人类活动的相互依存关系最为显著的 区域之一。如今,那里是全球升温最快的地方。北冰洋上的 冰盖正在逐渐融化,导致许多生活在冰面上的动物无处栖身。 与此同时,这一广阔的水域实现了通航,为俄罗斯和其他一些 国家带来了重要的经济效益。然而,这种变化也间接地对全 球变暖产生了影响。这是因为在北极日照持续24小时的夏 季,冰盖常常能够反射太阳光,从而起到降温的作用,但是当 大片冰层融化后,这种降温效果就会消失。因此随着冰盖的 融化,太阳的照射正在令北冰洋加速升温。

可靠数据显示,极地地区的年平均气温增长速度远远超 过全球其他地区。由此引发的严重负面效应减弱了极地对地 球其他地区的降温效应。另一个重要的影响是,北极熊等曾在冰上生活的动物正迅速失去它们的生存空间,并面临着生存困境(Spohr & Hamilton,2021)。

西伯利亚气温的上升使这片幅员辽阔且人口稀少(人口约 400 万)的地区成为一个更适宜居住的地方,同时也扩大了俄罗斯的农业用地面积。原本永久冻结且不适宜农业生产的永久冻土层也因此逐渐变暖。然而,随着冻土层的融化变暖,大量甲烷气体被释放到大气中,进一步加剧了温室效应和全球变暖的趋势。只要全球气温居高不下,永久冻土的融化就会持续甚至加速,而由此引发的影响并不能单纯通过绿色能源转型得到彻底消除。

13.2 日益增长的对互联的认识

172   自从卡森的畅销书问世以来,人们逐渐认识到地球各个部分以及与人类共同栖息在地球上的各种物种和生命有机体之间存在密切的联系。虽然人类扮演着重要的角色,但人类并不拥有也不应独占地球的使用权。地球并非人类的私有财产。60 多年前,当环境问题开始引起越来越多的关注时,人们还没有意识到这种互联的重要性,也缺乏对它的关注。

1970 年,《财富》(Fortune)杂志的编辑们出版了一本名为《环境:七十年代的国家使命》(The Environment: A National Mission for the Seventies)的小书。这本书收录了 13 篇由知情人士撰写的文章，涵盖了与环境相关的多种议题。尤其引人瞩目的是一篇"尼克松总统的声明"，其中提出了一些极为重要的见解。文章引用了托克维尔（de Tocqueville）的话，他在一个半世纪前的美国之行后曾写道，美国幸运地得到了上帝的赐予，拥有了"一个无边无际的大陆"。杂志的编辑们还提到尼克松进一步指出，"丰富的资源造就了美国的强大……但也常常令我们……漫不经心。许多美国人认为享用资源是理所当然的，并且毫不思索地依赖着这些丰富的资源。许多人未曾想象有一天空气和水可能会失去它们最初的闪耀"（1970:11）。尼克松还补充道，"我们这一代人承担的是这些漫不经心所带来的后果"，"政府需要在联邦、州和地方各层面采取强有力的行动"。他将这项行动称为一场"十字军运动"（详见同一本书的第12页），并明确环境质量不仅是某个"国家"需要关切的问题，也是一个"国际问题"（详见同一本书的第13页）。

　　上述论述是在50多年前由一位共和党总统提出的，考虑到这一时间背景，这些观点显现出了高度的前瞻性。与近年来一些政府官员的言论相对比，这种前瞻性显得尤为突出，这些官员包括与尼克松同一政党的另一位近期美国总统。此外，自那时以来全球环境发生的巨变也有力地佐证了这种前瞻性。毫无疑问，尼克松的观点已经超越了当时的时代，甚至在全球范围内都走在了前列。他或许是2021年之前对环境问题最为关注的美国总统。

173   在 20 世纪 70 年代，人们开始逐渐关注水坝对环境带来的冲击，包括对原始环境的破坏以及对河流中鱼类种群数量的影响。其中一些水坝用于灌溉，还有些为美国欠发达地区提供电力，其规模相当庞大。胡佛大坝（Hoover Dam）等水坝最初被认为是工程奇迹，并为人类福祉做出了巨大贡献。如今，世界各地修建了约 5.8 万座水坝。这些水坝出于造福人类的目的，极大地改变了水流的原始路径。

随着越来越多的环保人士和一些经济学家开始关注经济增长与环境恶化之间的关系，人们对这些大坝的看法也开始发生了变化。正如一本当时出版的书的标题所言，解决方案本身成了问题，人们在试图提高收入水平和消除贫困，即促进经济增长的同时，也引发了许多新的问题（Barkley & Seckler，1972）。如今，一些大型水坝的建造会跨越不同国家的河流，就像埃塞俄比亚的尼罗河大坝那样。它们往往引发巨大的争议，甚至带来战争的威胁。水坝是人类改变自然界的重要手段，且影响显而易见。

20 世纪 70 年代，一些专家甚至一些经济学家开始关注和支持世界自我持续的观点，认为世界像原始森林一样，即使脱离经济增长，也能够保持自然平衡。这个观点出现在 1973 年出版的《无增长的社会》（*The No-Growth Society*）一书中，该书由奥尔森（Olson）和兰茨贝格（Landsberg）编写。当然，关于如何实现和维持这个无增长的世界以及可能带来的影响,仍然有许多未解答的问题(详见1973年奥尔森和兰茨伯格出版的书中肯尼思·博尔丁[Kenneth Boulding]的文章)。

另一个问题在20世纪70年代也引起了广泛关注,即如果按照当时的经济增长模式持续发展,世界上一些重要的自然资源最终会耗尽,其中包括储量有限的煤炭和石油(Ehrlich & Erlich,1972)。20世纪70年代发生的石油危机让人们相信了这种可能性的存在。

罗马俱乐部(Club of Rome)就成立于那个年代。该俱乐部的成员认为有必要控制人口增长,并且全世界应该以零经济增长为目标。同时,他们提出应该通过政策的制定实现全球以及各国内部的收入分配更加平等,从而使零增长的理念更容易被接受,甚至成为可能。这将需要在国家之间以及国家内部实行重大且彻底的再分配政策。

从那时起,世界发生了很多变化。(1)全球人口增加了一倍多,并预计在下一代将增长两倍,达到90亿;(2)世界各国国内生产总值的增长远远超过了世界人口的增长;(3)到目前为止,石油和其他资源并没有像20世纪70年代所预测的那样变得昂贵或稀缺;(4)中国、印度、孟加拉国、印度尼西亚和菲律宾等之前贫穷且人口众多的国家实现了迅猛的经济发展,全球收入分配也变得更为均衡(Milanovic,2005)。这些贫穷国家的快速崛起使数亿人脱离了极端贫困,同时减少了全球收入分配不均的情况。

根据盖尔·普利（Gale Pooley）和马里安·图皮（Marian Tupy）2021年在卡托研究所发布的一项指数，至少到2020年，并没有足够证据表明50种基本商品会日益稀缺。但这50种商品可能并不完全具有代表性，而且情况可能很快就会发生变化。

然而，与此同时，在许多国家内部（美国、中国、印度、俄罗斯、巴西、英国等）出现了收入分配不均的情况。这种现象的出现引发了人们对零增长世界的疑虑，该理念也因此失去了许多支持。人们普遍重视生活水平的提高，更关注经济增长以及增长所带来的发展机遇，这一想法至今没有发生变化。同时，人们一直认为随着需求的增长，基本商品的供应量也会相应增加。

"市场原教旨主义"自20世纪80年代开始在许多国家蓬勃兴起，其核心是追求经济效率和经济增长，而并非更公平的收入分配和更可持续的环境。这种观念期待通过提高效率实现更快速的发展，认为经济增长是有益的，同时相信经济增长会带来"涓滴效应"，并将使每个人受益。市场原教旨主义的目标是激发每一个人更多的消费行为。

许多国家长期以来都将财政和货币政策的重点放在促进经济增长上。然而值得注意的是，不丹却是一个特例。该国将国家政策的目标聚焦在实现国民幸福总值的增长上，而非国内生产总值的增加。不丹的这一做法最初引起了一些关注,在几年前也得到了斯蒂格利茨(Stiglitz)、阿马蒂亚·森等知名经济学家以及一些重要政治人物的宣传和支持。尽管如此,不丹的政策没有在其他国家得到效仿。在很多国家的经济政策中,追求经济增长仍然比追求幸福更为重要。

13.3 从环境关切到气候变化

在过去,人们的环境关切主要集中在特定的环境事件和问题上。在最近的几十年里,人们将关注的焦点转向了气候变化,尤其是全球变暖问题。人们开始关注人类可能对地球的温度和气候产生的影响。早在 1896 年,瑞典化学家斯万特·阿伦尼乌斯(Svante Arrhenius)就提出了一个理论,认为木材、煤炭和其他一些燃料的燃烧会造成大气中温室气体的增加,从而可能逐渐导致地球温度上升。然而直到 20 世纪 90 年代,这种可能性才开始得到重视。

在 1988 年,美国遭遇了异常严重的干旱。由于这场干旱,美国参议院召开了一次听证会。在那次听证会上,科学家詹姆斯·汉森(James R. Hansen)强有力地指出人类活动很可能是导致气温升高和干旱的原因。他将干旱事件与温室气体的增加联系在一起,并提出温室气体的增加始于工业革命,自那时起人们就开始大量使用污染型燃料(如煤、石油和其他燃料)作为能源。

　　汉森的证词引起了煤炭和石油公司代表的强烈否认,但与此同时,它也引起了大量媒体的关注。同年(1988年9月27日),玛格丽特·撒切尔(Margaret Thatcher)在一次英国皇家学会的演讲中也表达了对气候变化的关切,这次演讲使得气候变化成为媒体关注的焦点。撒切尔的演讲旨在倡导在英国加大核能的使用。她认为核能不会引发温室效应,并鼓励更大程度地发挥核电厂的作用。

　　汉森提出上述证词的几年后,前美国副总统阿尔·戈尔(Al Gore)的纪录片《难以忽视的真相》(*An Inconvenient Truth*)上映。2006年,英国也出版了一份长达700页的学术研究报告,题为《斯特恩报告:气候变化经济学》(*The Stern Review*:*The Economics of Climate Change*,Stern,2006)。这项翔实的研究吸引了媒体和学术界的广泛关注,其中包括经济学家诺德豪斯(Nordhaus,2007)和魏茨曼(Weitzman,2007)。

　　2015年,美国国家航空航天局的科学家们报告指出,大气中的二氧化碳含量一直在增加,且已远远高于过去的水平。报告还提到化石燃料燃烧释放出的二氧化碳中有一半会在大气停留数千年。而据估计,全球每年向大气排放的温室气体约有510亿吨。正如比尔·盖茨2021年2月在哈佛大学的一次演讲中所描述的那样,“二氧化碳的累积就像在浴缸里注水,而现在这个浴缸已经快满了。当[水]满到一定程度时会溢出,就气候而言,此时会失去平衡”(Gates,2021b)。气温的上升是由自工业时代以来大气中所有二氧化碳的总和决定的。这意味着,即使大幅减少新增二氧化碳排放,现有的温度在很长一段时间内也不会降低。

在随后几年中,虽然全球变暖问题仍然备受争议,但上述报告和观点的提出使该议题成了媒体和公众热议的话题。2016年,多个国家在联合国总部共同签署了《巴黎协定》。该协定旨在鼓励全球合作,倡导各国采取措施以减缓全球变暖的影响。

在美国,大部分人对全球变暖仍然抱有怀疑的态度,且与欧洲一些富裕国家相比,人们对这个问题关注较少。一些人一直认为气候变化背后的原因是太阳活动、火山活动或其他现象,而非化石燃料的燃烧。化石燃料行业的代表也不断对统计数据表示质疑,并对全球变暖保持怀疑的态度。另一方面,最近公众对于"绿色"生产的呼声越来越高,面对日益增长的压力,该行业已承诺在未来几年里做出一些改善。实现"绿色煤炭"仍然是一个重要的目标。此外,发展绿色能源以及"绿色氢能"的可能性也越来越受到关注。与此同时,污染型燃料生产项目的融资已经逐渐紧缩。

13.4　气候变化与收入分配

在国民生产总值的增长中,富裕人群的影响越来越大,且

日益从中受益。与此同时，他们的行为与消费也逐渐成为诱
177 发气候变化的原因。气候变化及其对全球变暖的影响已经成
为人们关切的议题。就重要性而言，它已经取代了过去人们
对自然资源枯竭的担忧。20 世纪 70 年代出现的环境问题以
一种不同以往却更令人担忧的形式再次浮现，这一次是全球
变暖。一些专家认为如果不加以遏制，气候的变化从长期来
看可能会使地球变得不适合居住，也可能导致地球上第六次
物种大灭绝。

专家们的这种担忧可能不会在中短期内成为现实。但由
于结果伴随着不确定性，这种担忧依然令人非常不安，也因此
不能被轻易忽视。假设专家们的预测没有错，会发生怎样的
后果呢？不确定性会引发一些非理性的行为，可能导致许多
人忽视这种可能性的存在。特别是当人们面临着更为紧迫的
需求时，这些需求会分散他们对长期性问题的注意力，因为这
些问题可能会在他们离世后才显现。全球变暖会在不同时期
影响不同个体，因此解决全球变暖问题需要一定程度的利他
精神，尤其要关注人类后代以及其他物种的利益。

正如最近一篇报纸文章所指出的那样，"世界上最富有的
1% 人口所产生的[导致全球变暖的]碳排放是最贫穷的 50%
人口的两倍多"（Dennis et al.，2020：A3）。据估计，美国的人
均排放量比中国高出 75%，这意味着生活水平的分布对碳排
放具有重要的影响。

　　截至目前,根据联合国世界气象组织的数据,2020 年是有记录以来最温暖的年份,而过去的 10 年也是最温暖的 10 年。地球的温度大约从 1940 年开始上升,并在 1980 年后加速升高。此外,2020 年的大西洋飓风季是有史以来最为活跃的,与此同时,太平洋和印度洋的台风季也异常活跃。2020 年 5 月,发生在孟加拉湾的超强气旋安攀(Cyclone Amphan)使得近 500 万人流离失所,造成的损失估计高达 130 亿美元。同期还发生了其他 5 场气旋,每一个都造成了至少 50 亿美元的损失。

　　与过去相比,气旋季节开始得更早,持续时间也更长。2021 年 1 月,加利福尼亚州遭遇了源自"大气河"的暴雨袭击。这条缓慢移动的水汽输送带可以携带大量水汽,导致了泥石流的发生。在暴雨降临之前,该地区由于严重干旱发生了森林火灾,并可能产生了有毒烟雾。而暴雨使得这一地区的情况雪上加霜。

　　2021 年 2 月,美国经历了创纪录的冬季风暴。在极端寒冷的气温下,得克萨斯州大范围停电停水,许多居民的生命受到威胁。对气候变化问题的漠视以及得克萨斯州化石燃料行业的强大影响力导致当地的监管措施相对宽松,同时电网的设计也缺乏足够的保护措施。

　　在 2020 年,美国西部、澳大利亚甚至西伯利亚的消防员不得不应对多场巨大、可怕且极具破坏性的火灾。与此同时,

178

其他地区也未能幸免于毁灭性的风暴。例如，南苏丹遭遇了有史以来最为严重的洪灾，导致该国当年大部分农作物遭受严重破坏。气候变化在世界不同地区不断造成或加剧灾难，包括引发大风暴、洪水，甚至非洲的蝗虫入侵。2020年对保险公司来说是损失惨重的一年，过去10年来其成本不断上升。此外，新冠病毒疫情加重了人们的痛苦，埃博拉等其他一些危险病毒也在非洲再次出现。据报道，2020年美国的人口预期寿命有所缩短，同时世界其他地区的人口预期寿命也可能出现了下滑。

国家内部的收入分配不仅仅是政治和社会问题，更是重要的环境议题，它将明显影响全球平均气温的上升趋势。这表示要应对全球变暖，我们不仅需要考虑经济增长，还要关注不断加剧的收入不均问题。高收入人群对地球母亲环境产生的影响比贫困群体更为显著，也更具有破坏性。因此，与全球变暖相关的问题不仅仅涉及人口的增长，还包括平均收入的不断上升，以及所伴随着的收入分配不均衡。

这意味着，如果将对地球所造成的社会成本（即人们通过消费廉价碳和石油等其他方式获得的隐性补贴）计算在内，全球最富有的1%人口所获得并可支配使用的总"收入"实际要大得多。这些隐性补贴的大部分流向了高收入群体。"市场原教旨主义"对收入分配可能产生的影响无疑是全球变暖的因素之一。

　　2020 年,当许多一线工人不得不面临新冠病毒疫情的威　　179
胁并承受失去工作机会和基础收入减少等影响时,全球排名
前 500 位富豪的总财富却增加了 1.8 万亿美元。根据彭博亿
万富豪指数(Bloomberg Billionaires Index),他们的财富增长额
相当于其总资产的 31%。截至目前,由于股票市场的繁荣,这
些顶级富豪和其他富有人士在 2021 年继续实现着财富的增
长。然而,这并不符合现行经济范式所承诺的"涓滴效应"。
在 2020 年至 2021 年期间,当数百万工人遭受巨大损失时,最
富有的群体却在股票市场上获得了创纪录的收益。这一情况
的出现并不利于现行经济模式的正面宣传,同时可能会对长
远发展产生影响。

　　根据现有的统计数据,英国、丹麦、芬兰、瑞典、德国、荷兰
以及挪威等国家对环境问题表现出了高度关切,并且在近年
来开始采取严格的措施以应对气候变化带来的不良影响。这
些国家大多数(尽管不是全部)在收入分配上较为均衡。另
一方面,基尼系数较高的国家对气候变化的担忧程度较低,这
些国家包括美国、俄罗斯、中国、印度、巴西和墨西哥。这种情
况可能不是巧合。

　　关于地球是否能够继续承载人类当前和未来可能的消费
增长(尤其是适应几十亿新增高收入人口所带来的消费增
长),这已然成为一个迫切需要政策干预的重要议题。这表明
国家内部的收入分配必须引起重视,它应被视为生态问题的

一部分,同时也应纳入全球变暖问题的解决方案中。

　　当然,制定解决方案将因此变得更加艰难,这是因为富人在政策制定中拥有更大的影响力,而且他们已经向污染型能源生产企业投入了大量资金。对于美国最近上台的拜登政府提出的环境和税收改革政策,一些负面反应已经开始出现,而且预计这些反应将进一步加剧。另一方面,也出现了积极的趋势。2021 年美国重新加入了《巴黎协定》,并正式成为 2021年 11 月格拉斯哥气候变化大会的参与国。

　　理想的解决方案希望能够继续融入更多民主机制,同时也应允许在适当时机对市场经济进行调控。这些方案不应完全依赖于那些缺乏协调、自上而下的激进措施。问题的解决需要在市场经济中进行重大的政策改革,但不一定是根本性的模式转变。我们不希望回到苏联式的中央计划经济。然而一个潜在的危险是,在那些依赖民主选举的国家中,对合理变革的抵制从长期来看可能会滋生民粹主义。

第十四章 从气候变化到全球变暖

14.1 中短期的影响

气候变化对人类产生的影响可以从不同角度进行评估，包括即刻发生的或短期的，以及较长期的影响。而全球平均气温长期持续升高所带来的变化可能会明显不同。气温水平的高低和特定温度水平的持续时间都可能是影响的关键因素。此外，气候变化在短期内对人类的直接影响可能与它对地球生态多样性的影响也存在着显著差异，这是因为生态多样性是在数百万年的进化过程中形成的。

这种多样性使地球成为一个丰富多样、美丽迷人的地方。人类在其中扮演着重要的角色，但并非唯一重要的物种。佛教等一些宗教极为重视对其他物种的关爱。一些基督教圣人，如圣方济各，也是如此。在本章中，我们将聚焦于这些不同的观点。同时，我们还将简要讨论被称作糟糕甚至是最糟糕的情况。这种情况可能是由并不非常高的气温在长时间内持续而引起的，它会接近但不会达到一个真正灾难性的情景，即全球平均气温上升超过 2 摄氏度的情景。我们可以将其称为"不适合居住的地球",或"噩梦"情景。

气候变化带来的即时影响或短期影响不仅可能与长期影
响不同,而且在世界不同地区和不同国家之间也会显现出显
182 著差异。一些国家可能从中受益,而另一些国家可能因此遭
受损害。对于某些国家来说,短期内气温的升高可能在很大
程度上是有益的,甚至还会受到生活在那里的人们的欢迎。
受益的国家和地区包括俄罗斯、加拿大、冰岛,还有阿拉斯加
部分地区、斯堪的纳维亚半岛北部,以及位于阿根廷和智利的
巴塔哥尼亚地区。

上述国家和地区的大片领土位于地球最北部或最南部的
地区。在最近的气候变化之前,这些地区由于过于寒冷,难以
维持大规模的农业活动。而平均温度的上升使得大片土地得
以用于农业生产,并让人们的生活更加舒适。有报道称这种
情况正在西伯利亚发生。

正如《纽约时报杂志》最近刊登的一篇文章所指出的,
"俄罗斯东半部正在发生巨大的变化",在那里,"几个世纪以
来,绝大多数土地［曾一直］无法耕种"。如今春天来得比以
往更早,同时"暴雨变得更加猛烈"(Lustgarten,2020:26)。根
据《美国国家科学院院刊》(*Proceedings of the US National
Academy of Science*)上发表的研究报告,气温在 11 摄氏度至 15
摄氏度之间对农业生产而言是最适宜的温度,现在那里的年
平均气温正朝着这个最佳水平发展。

在未来几十年内,俄罗斯的农作物产量可能会增加,而世界其他许多地区的产量也许会下降。俄罗斯曾经经历过几次饥荒,但如今已经成为全球最大的小麦出口国。俄罗斯和加拿大都将受益于气候的变化。同时,这些地区远离热带,因此当气候变化给靠近赤道的国家和地区带来更为频繁和更加猛烈的风暴、干旱和热浪袭击时,它们不会受到(或者较少受到)影响。

俄罗斯和其他一些国家还将受益于北冰洋的冰层融化。冰层融化打开了此前无法通航的海上贸易。这些贸易航线将大幅缩短往返北太平洋与北大西洋的船舶航行时间,同时也将减少到达地中海地区所需的航程。但与此同时,这也可能会增加白令海峡的拥堵,伴随而来的是发生事故的危险。为了减少或避免这些事故的发生,全球范围的合作是必要的。俄罗斯等一些国家或许会尝试在北极地区确立对某些区域和自然资源的控制权,从而可能引发国际摩擦。

然而,对于承载着世界上绝大多数人口的国家而言,气候变化带来的大多是严重的危害,尤其对位于东南亚、非洲及美洲部分地区的国家而言,问题更加紧迫。"这些国家[将]不得不应对海平面上升、干旱和极端高温等严峻挑战。到2070年,超过30亿人口将发现在他们生活的地区,气候已不再是最适宜的。数十亿人将不得不向北迁徙,他们中的大部分可能会涌入美国和欧洲。"(Lustgarten,2020:26)

183

　　这个我们所熟知的世界必定会发生巨大的变化,尽管确切的差异尚难以确定。世界不同地区将受到不同的影响,包括海平面上升、风暴加剧、热浪侵袭以及大规模野火。某些地区还可能遭遇干旱,造成水资源的严重短缺,例如美国西部和中西部地区。同时,一些沿海大城市也将面临海平面上升带来的威胁。

　　根据新泽西州立罗格斯大学(Rutgers University)研究人员的估计,新泽西地区的海平面每8年约上升2.5厘米,预计到2050年将上升约43厘米。

　　哈佛大学的最新研究显示,南极冰盖融化造成的海平面上升幅度将比之前预想的高出30%(Siliezar,2021)。另外,来自不同国家的专家最近也在《自然》(Nature)杂志上发表了各自的模拟研究结果(Hooijer & Vernimmen,2021),但他们对海平面可能上升的程度得出了不同的结论。他们一致认同冰的融化,尤其是南极洲冰盖的融化,可能会显著提高海平面。然而,其中也有观点认为南极洲大片地区持续的降雪积累可能会在一定程度上抵消冰盖融化带来的影响。同时,随着气温的不断升高,人们一直担忧大型冰川可能会从大陆脱离并坠入海洋,从而加速融化进程。如果这种情况大规模发生,海平面的上升幅度可能比一些评估结果所预测的更为显著,许多城市可能会被淹没,同时陆地面积也将大幅减少。

　　海平面的上升将在许多国家内部和国家之间引发大规模

的人口迁徙,同时也会需要大量资金的投入,以保护城市免受水位上涨和风暴侵袭的影响。风暴、火灾和干旱所造成的损失,以及适应措施和保险的成本都在显著增加。这些成本将持续攀升,从而不断提高一些城市和地区的生活成本,也会使环境变得不再宜居。然而,在这种不利局势可能正在美国形成的同时,"加拿大[也许]会迎来适合文明发展的最佳生态环境",成为气候变化的受益者(Lustgarten,2020:27)。类似的情况也可能在俄罗斯出现。

184

综上所述,一些国家以及大国中的部分地区可能会受益于气候变暖的趋势,而其他一些国家则会遭受不利的影响。受到不利影响的国家一般人口众多,因此可能会出现大规模的人口迁徙。这种迁徙不可避免地会带来社会和经济问题,尤其在跨国迁徙的情况下,情势将更为复杂(Gates,2021a)。当前已经开始出现了一些人口迁徙的迹象。

14.2 人类是否应该继续占据舞台的中央?

标题所探讨的与气候变化相关的问题源自一种以人类为中心的视角。这种观点将地球视作人类的专属资源,却忽略了其他物种所受到的影响,且认为那些并不重要。而另一种观点则以更开阔的视野看待气候变化,强调所有物种都应得到重视。

目前有充分的证据显示，为了农业和矿业的发展，许多曾经的原始雨林（在亚马逊、刚果、巴布亚新几内亚、婆罗洲、西萨摩亚等地区）遭到了大片砍伐（Piotrowski, 2019）。这些变化不可避免地摧毁了很多原住民部落的生存环境，而这些部落曾为种族的发展和人类文化的多样性做出了重要贡献。同时，这些变化也破坏了许多当地动植物的栖息地，进一步加剧了地球第六次物种大灭绝发生的可能性，而这正是伊丽莎白·科尔伯特（Elizabeth Kolbert, 2014）所担忧的。随着平均收入的逐渐提升，人们的消费方式趋向统一且消费层次不断提高，人类正朝着标准化的方向不断发展。这些变化使人们的消费模式逐渐一致，人类更加类似于人类机器人，或者可称之为"机器人类（a robot man）"。而与此同时，地球早期的多样性正在逐渐减少。

其他地区也受到了人类入侵的影响或因为人类活动而改变，例如非洲的热带草原、北极的部分地区以及世界其他地区的草原。在这些地区，许多本土动物都面临着严重的危机，不妨想想美国中西部的野牛和水牛、非洲的大象和其他动物的情况，还有北极熊的遭遇。这些改变一直在我们的眼前发生。正在发生的气候变化是造成上述情况的主要原因，尽管可能还有其他因素在起作用。

即使地球的温度不再显著升高，或者气温保持在当前的历史高位，即比长期以来的平均气温略高出约一摄氏度的水平,上述变化过程仍有可能持续并且加剧。如果不能迅速普及绿色技术,且没有采取其他措施来减少大气中的碳含量,未来几年的气温可能会进一步上升。

　　有待探讨的问题是,如果缺乏政府的强力干预和全球合作,从污染型能源向绿色能源的转型能否自发且快速地实现?乐观主义者相信这是可能的,而更了解现状的现实主义者则继续持有合理的怀疑态度。当前的现实是,大部分理想的变革仍停留在各国或石化企业未来几十年将实施的计划里。尽管这些变革值得期待,但可能开始得太晚了。此外,一些改革举措至今仍然是待选方案,尚未引起普遍关注或得到强有力的支持。

14.3　令人担忧的未来趋势

　　在这一部分,我们将描绘一个可能出现的情景,那时,对人类和其他物种而言,地球母亲将不再像他们之前所认为的那样宜居(Nordhaus,2013)。这一情景也许会发生在未来几代人之内,或许会在 2100 年之前出现。按照目前的人类预期寿命,届时我们的孩子和孙辈中的一些人可能仍然在世。在变化进程中,地球上的生活对一些人来说会越来越困难,且对许多人来说也会变得更加危险。

　　未来的变化可能会带来极具破坏性的影响,以至于人们可能会像特朗普总统及其政府成员,或者如巴西总统那样,基于本能而否定并忽视这些变化。有些人可能会将这样的情景视为恐怖电影的情节,而并不将其当成是合理的预测。即使越来越多的科学证据表明这种情况的发生概率正在不断加

186 大,人们典型的反应可能仍然如往常一般(尽管有些不理性地)将其抛诸脑后,与此同时继续关注当下的问题,并期待一切都会朝着好的方向发展。

本书在第二章中探讨了风险和不确定性之间的区别,正如前文所提及的情形一样,当人们面对极其不愉快但仍存在不确定性的未来事件时,上述情况经常会发生。在行为经济学的实验中或许能发现人类的这种反应。非理性的心态使得他们对那些仍然高度不确定的且不利的未来结果置之不理。这或许能够更好地帮助我们理解波音公司工程师们的行为。那些经过严格培训,并且应该是为人正直的工程师们竟然未曾考虑过新机型 737MAX 发生故障引发灾难的可能性,并继续让其飞行。没有人愿意相信这些工程师作为完全理性的个体,是在知情的情况下故意为之。

当前的发展趋势以及许多严谨且博学的专家所进行的深入研究,都应当让我们更加关注未来的发展。尽管目前尚不确定未来是否会出现这些令人担忧的情景,但这似乎已经变得越来越有可能发生。如果不能尽快从根本上改变人类长期以来的行为以及对地球资源的滥用,那么这些情况的出现将

是不可避免的。目前,大多数政府仍然将加速未来几年的经济增长视为重要目标,而且大部分人类有增加消费的意愿。与此同时,根据预测,世界人口还会继续增长。如果不实施重大的根本性变革,仅仅是做些浅尝辄止的调整,这些因素都会增加上述情况出现的可能性。

有多个因素将导致地球的平均气温在过去十年的基础上一直保持上升趋势,或者更确切地说,造成地球平均气温不断升高。这些因素包括:

(1)人类活动不断导致温室气体的净增加;

(2)干燥的气候条件、非法的人类行为甚至松懈的政府政策造成森林野火不断爆发;

(3)牛的饲养过程持续释放大量甲烷气体。全球现有14亿至15亿头牛,而这一数字可能还会继续上升,原因包括人口和收入的增加,以及由此带来的对牛肉需求的增长。但最近,在发达国家中越来越多的人选择素食,素食"牛肉"和用其他植物性替代品的推出有助于减缓或抑制人们对牛肉的需求。

(4)西伯利亚和其他地方的永久冻土正在融化,释放出甲烷气体;

(5)页岩油的开采持续进行;

(6)北冰洋冰盖的消失加速了太阳热量导致北极地区水温的上升进程,引起该地区温度的变化,并且这种影响将会持

187

续下去。

　　所有这些与全球变暖相关的因素都发生在当下。除非能够以某种方式遏制，否则它们将持续造成影响，然而其中有一些发展已无法阻挡。这些发展趋势将使地球的温度一直维持在较高水平，如果不采取紧急且强有力的行动，气温的升高幅度有可能超过 2 摄氏度这一至关重要的临界值。

　　这场危机不可能如一些人一直坚信的那样，可以通过自由市场以及自发的自由市场创新得到解决。一些正在进行的市场选择以及新技术的发展无疑会有所帮助，并且正在发挥作用。然而，虽然这些变化可能会减缓事态的发展，但也许来不及阻止气温上升或者扭转这一趋势。

　　近年来，多个国家纷纷加快了污染型能源向绿色能源的转型，这种逐步过渡有助于降低新增温室气体的排放速度，从而减缓地球温度的升高。然而，这并不能减少大气层中现有温室气体的水平，同时新增温室气体仍源源不断地自各种排放源排出（例如永久冻土和牛所释放的甲烷，以及持续使用化石燃料生产钢铁和水泥而产生的碳等）。这些温室气体的排放源无法被完全遏制，或是难以加以控制。大气中已存在的碳可能会在很长一段时间内继续对地球温度产生影响。

　　通过种植数十亿棵树木，能够有效吸收大气中的碳。因此，更好地保护现有森林，让人类饮食远离肉类和其他动物产品也将有助于问题的解决。此外，重要的是，基于现有的技

术,广泛使用核能已经成为可能。以法国为例,核能的利用会
发挥一定的作用。所有这些举措的实施,再加上绿色能源的
普及及其他创新,都将有助于避免情况进一步恶化。

在种植树木和广泛使用核能(这也可能会伴随之前提到 188
的严重风险)的同时,碳捕捉和储存技术也能如同新生树木一
般大规模减少空气中的碳并将其储存在地下。然而,除此之
外,所有其他的变化都只能减缓温度的上升,而无法逆转这种
趋势。蓝氢、核裂变和其他领域如果能尽早取得重大进展,可
能会对此有所帮助。

由于上述原因,气候变化所产生的许多不利影响即使或
许不再加剧发展,也有可能会持续存在。如果不能及时而且
迅速地减少新增温室气体的排放,一些影响可能会带来更大
的破坏。在接下来的部分,我们将关注一些已经发生的情况
以及带来的负面后果。这些不良影响可能会在未来几年变得
更加严重。

14.4　未来可能的气候变化

我们首先考虑海洋变暖及其后果。海洋变暖已经持续多
年,如果北冰洋一直无冰覆盖且继续吸收更多热量,同时地球
的温度仍然高于过去,这种变暖趋势就不太可能开始逆转。
即便发生逆转,海洋温度要恢复到过去的水平也需要很长时

间。海洋变暖引起水体膨胀，从而导致了部分海平面的上升。高温将继续推动这一扩张过程。海洋变暖还会加大蒸发，并因此在某些特定地区造成更频繁以及更猛烈的风暴，但与此同时，也会略微减缓海平面的上升。

发表在《自然地球科学》（*Nature Geoscience*）期刊上的一些科学依据显示，由于冰川融化引起的海水温度和盐度的变化正在扰乱大西洋古老的洋流循环（Rahmstorf，2002；Caesar et al.，2018）。这些洋流使北欧一直是同纬度最温暖的地区。尽管洋流的上述显著变化令人担忧，但目前尚不确定它们可能带来的长期影响。

覆盖着南极洲、格陵兰岛、冰岛部分地区和北极的冰川在某些地方厚度高达数百米。这些冰川的形成需要数千年甚至数百万年的时间。在遥远的过去，它们的形成曾使海平面下降了数百米，同时扩大了陆地面积。因此，无论是在格陵兰岛、南极洲、冰岛，还是一些高山地区，这些冰川的融化不会在一夜之间发生，而是会以不同的融化速度进行，并且将持续很长时间。

冰川积聚了大量的冰，若这些冰体完全融化，海平面将升高数百米，陆地面积也会大大减少。然而，冰川融化的速度通常较为缓慢，以至于短期内海平面不太可能发生如此显著的上升。但即使融化速度有限，冰的融化加上海水的升温仍将导致海平面一定程度的升高。海平面的上升将对沿海地区产生严重影响,尤其是那些分布于沿海地区的众多城市。人们面临的关键问题是:海平面的上升幅度将有多大,以及上升速度将有多快?

位于山顶的冰川滋养了一些主要河流,这些河流为某些地区数百万人口提供必需的淡水。在短期内,冰层的消融会对水资源供应和农业生产造成冲击,对人口密集地区的影响将更为显著。某些地区会因此出现更加频繁的干旱,进而导致农业产量急剧减少和食物短缺,甚至引起饥荒,继而迫使数百万人进行迁移。另外,山顶冰川偶尔也会出现断裂现象,直接导致灾害。例如2021年2月喜马拉雅山脉的一座冰川断裂,冲垮了恒河上的大坝,造成数百人死亡。

人们很难预测到2100年时海平面可能上升的幅度。然而,海平面的上升是不可避免的,而且海平面上升必定会对沿海地区以及一些临海或位于当前海平面附近的世界大城市产生深远的影响。荷兰式的适应方案被认为是一种可行的应对方式。但从长远来看,在海平面不断升高的情况下,这种适应方案可能效果有限,而且也将耗资巨大。目前最主要且现实可行的解决方案是将人们从受影响地区迁移出去。

海洋变暖和海平面升高的双重影响将导致风暴和风暴潮在某些地区变得更加频繁而且威力更大,造成的破坏也愈加严重。这些风暴会对沿海地区造成巨大的影响,给那些地方的城市和周边地区带来重大损害。五级飓风和台风在过去非常罕见,但如今却越来越频繁地出现,成为不速之客。飓风开始的比以往更早,而且持续时间也更长。2020年是有记录以来气旋季最为活跃的年份之一。

随着海平面上升和涌浪高度增加,台风和飓风对沿海城市造成的破坏变得更加严重。保险公司的报告显示,风暴损失索赔案件不断攀升,导致保费上涨,同时地方政府也因此承受着压力(如迈阿密和新奥尔良),民众纷纷呼吁政府加强基础设施建设,以更好地保护城市免受大规模风暴潮的侵害。当重大自然灾害发生时,人们往往会意识到过去所建设的基础设施已经不足以应对当前的挑战。

2021年2月,一场创纪录的暴风雪摧毁了得克萨斯州缺乏监管的电力供应网络,这次事件让人们深刻感受到了基础设施的不足。数百万人陷入了停电、断水和断粮的困境。一些居民甚至在家中被冻僵。尽管之前电力网络一直运行良好,但在面对新情况时暴露出了严重的不足。在美国的许多地区,电缆不是埋在地下,而是悬挂在树下。当大风暴来袭时,电缆经常会被刮倒的树木压断。类似的问题在其他基础设施中也日益显现,人们在建造这些设施时往往没有考虑发生极端情况的可能性。

显然,全球变暖正在使一些地区的生活成本上升,风险加大。这些地区的部分居民最终会发现,虽然迁移到更安全的地方代价高昂且困难重重,但或许是明智的选择。据报道,在美国和其他国家已经出现了与气候因素有关的人口迁徙现象。此外,一些经济活动也开始向更安全的地区转移,而且这种趋势在未来几年有可能会进一步加剧。适应气候变化的过程将付出日益昂贵的代价,同时也渐渐失去效果。

海洋温度的上升将导致湿度增加,从而带来更为猛烈的风暴,同时伴随着更大的降雨量。这些风暴正不断引发严重的洪涝灾害,有时会造成重大人员伤亡和巨额财产损失。过去百年一遇甚至千年一遇的灾害事件如今频繁发生,有些甚至在几周内接连爆发。最近发生的一些洪灾比以往更具破坏性,而且预计未来的洪灾可能会变得更加严重。

与此同时,受到温度升高以及风向和洋流模式的影响,一些地区却变得更加干燥,比以往更容易发生野火和遭受热浪的侵袭。澳大利亚的部分地区以及美国的西海岸已经经历了这些极端干燥的气候。在这些地方,历史上最大规模的森林火灾摧毁了大片区域,包括一些人口稠密的地区,造成大量的财产损失与人员伤亡。在其他一些地区,干旱开始引发沙漠化进程,并造成了各种严重的后果。有时,暴雨会紧接着这些干旱期迅速袭来,导致山体滑坡和其他灾害。

上述描述主要关注的是在气温升高幅度不超过 2 摄氏度的情况下,全球变暖给人类带来的短期和中期的影响。这些影响很有可能会变得越来越具有破坏性,不仅人类将面临威胁,其他适应能力较弱的物种所遭受的冲击可能会更为严重。

这些物种会因人类活动而被迫离开其栖息地。正如现在已经发生的那样,生物多样性将逐步减少。

美国和中国两个全球最大的经济体(以及发展中的印度)有着巨大的经济规模和庞大的人口。由于规模之大,他们的碳排放量也在全球总量中占据了相当大的比重。在减少全球碳排放问题上,这些国家必须发挥重要的引领作用。如果没有他们全力以赴的努力,要取得重大进展几乎是难以想象的。但迄今为止,全球范围内面对这个日益严峻的问题,讨论多于切实的行动(Galeotti & Lanza,2021)。实现净零碳排放的承诺仍需数年,可能会在 2050 年甚至更久之后。

在接下来的部分中,我们将简要勾勒全球气温上升超过 2 摄氏度可能引起的情景。这一情景可能与近期一本内容丰富的著作中所描绘的"不适合居住的地球"(Wallace-Wells,2019)非常相近。虽然这种情景的发生存在明显的不确定性,但并非完全不可能。

14.5 灾难性情景

如果地球温度上升超过 2 摄氏度,例如上升 3 摄氏度、4 摄氏度甚至 5 摄氏度,就有可能引发灾难性的后果。升温幅度越大,灾难便会越快降临,造成的损失也将更为惨重。地球温度上升将加剧海水升温膨胀,同时冰川融化速度也将随之加快。海洋的膨胀和冰川融化的叠加效应将导致海平面迅速上升，从而引发更加频繁和威力更强的风暴以及其他严重的天气灾害。这些灾害事件将迫使位于海平面附近的各大小城市进行人员的疏散。这些城市包括一些世界大都市，例如纽约、迈阿密、里约热内卢、伦敦、东京、马尼拉、孟买、上海和那不勒斯。在其中一些城市（如迈阿密-戴德县），已经设立了"高温专员"，以研究如何采取有效措施更好地保护城市免受海平面上升的影响。

位于山顶的冰川为世界上许多主要河流提供水源，而气温的上升将加速冰川的融化。一旦冰川消融，这将给受影响地区带来众多问题。粮食产量将大幅减少，数百万甚至数十亿人将被迫迁移。此外，气温上升会导致土地干旱和大面积沙漠化。这些还会引发致命的热浪侵袭，并引起大规模的野火。人类、动物和其他物种的生存将变得异常困难，甚至可能难以为继。满足全球人口的粮食需求也将越来越困难。

尽管目前尚不确定是整个地球还是其特定地区将变得不适合居住，但可以肯定的是，地球将不再是我们所熟悉的那个美丽、蔚蓝和宜人的星球。对于这种灾难性情景做出精确的预测是颇具挑战的，但若目前的趋势不发生转变或者转变得不够迅速、彻底，那么所预测的灾难性情景的发生并非无稽之谈。趋势的改变不太可能自然而然地产生，尽管众多企业家和创新者的行动或许会推迟变化的发生。

　　变革必须依靠大量的政府行动以及各国政府之间的紧密协调，而且需要尽快实施。一些政府采取"搭便车"的态度，不仅无助于解决全球变暖问题，还可能使问题的解决变得困难重重。如果各国不能坚定地进行全球合作，成功的机会将大大减少。我们必须认识到，世界面临着潜在的生存威胁，各国政府必须采取强有力的应对措施，而不仅仅是做出流于表面的回应。我们处于同一艘船上，为了能让这艘船保持平稳航行，我们需要学会如何协调一致、同舟共济。

第四编

理论回顾

第十五章　人类需求与经济理论

在本章和下一章中，我们将回归经济学的一般理论，关注风险事件和高度不确定事件的区别。前者更容易在市场经济中得到处理，而根据第二章中弗兰克·奈特的传统定义，后者则更难以预测和应对。我们将讨论那些不确定但仍有可能发生的未来灾难性事件对政策和经济理论的影响。同时，我们还将重新审视第四章中首次提出的一些问题。本章的内容将超越气候变化，更广泛地讨论公共产品（或公共"危害"），并涉及其他与大流行病和气候变化一样日益跨越国界并逐渐全球化的问题。

我们观察到，传统的经济思维着眼于为生活在特定国家的个人提供日常所需的商品和服务。亚当·斯密以及在他之后的许多经济学家坚定地主张自由市场是为人们提供所需商品和服务的最佳途径，同时也有助于为市场参与者创造收入，使人们有能力购买需要的商品和服务。亚当·斯密同时也警告称，供应商品和服务的各方之间的协调很容易导致垄断联盟的形成。在传统的经济思维中，个体行动占据主导地位，而集体行动得到较少的关注和支持。

　　然而,人们早就认识到在一个以众多国家和政府为基础构建的世界中,政府必须扮演一定的角色。自 20 世纪 60 年代以来,特别是在诺贝尔经济学奖得主詹姆斯·布坎南的研究影响下,出现了一个重要的公共选择学派。该学派尽管不主张政府干预,但又有别于亚当·斯密的思想。在 20 世纪以前,除了那些坚持"社会主义"思想的人,大家普遍认为自由放任是政府的首选角色。

196　　但是除了对日常商品和服务的需要,个人还有一些集体需求。其中一部分需求可能是为了防范某些会在未来发生但不确定性较大的有害事件对整个社会的影响。这些事件包括地区性流行病、大流行病、重大自然灾害等,此外还有一直引发人们关注的外来入侵等问题。这些需求通常不涉及物质需要,有时不容易察觉,它们与传统风险事件所引发的一般常规需求相比,更难以得到满足。对于后者,保险公司可以开发保险产品,通过向个人收取保费为他们提供保障。

　　在应对不确定事件的影响方面,个体的单独行动通常效率较低且作用有限。为了解决这些集体需求,有必要在更广泛的范围内进行协调。面对的个体数量越多,协调难度越大,发挥政府潜在的协调作用就越重要。

　　如果一个不确定的灾难性事件与大流行病和全球变暖一样,会给多国乃至全球带来影响,那么所需要的协调可能也是全球性的,而不仅仅发生在单个国家内部。通常情况下,应对此类事件需要多个重要国家的政府间合作，甚至需要全世界约 200 个国家的政府都参与其中。单个国家政府的行动可能难以有效应对大流行病或全球变暖等问题。在某些事件中，只有确保所有国家的安全，个体的安全才能得到保障。例如，如果在印度或巴西爆发了大流行病，美国人或英国人也很难感到完全安全，他们之前的活动包括全球旅行在内，都将难以继续。

多国政府的协同行动在应对某些全球性紧急事件时，更有可能改善事态。一旦我们认识并接受了上述观点，就必须同时意识到国家政府的传统角色以及古典经济理论的局限性。后者认为政府行动能起到的作用有限，全球政府也缺乏影响力；相比而言，个体行动能发挥更大的作用。

传统思维的局限性在于灾难性的不确定事件的发生概率无法像风险事件那样通过统计方法进行测算。因此，虽然有历史依据证明这些事件曾发生过，并且曾在过去频繁发生，它们也常常会被忽视。而一旦我们认识到了这些随机或不确定事件可能存在，就势必需要对传统的政策框架进行调整。然而，尽管这种调整的必要性可能已经变得非常清晰，但确定具体的实施方案并非易事，特别是当这些事件会在全球范围内产生影响时，情况就更为复杂。

传统的市场经济理论框架承认国家政府在市场经济中可以起到一定的作用，例如制定一些规则和提供一些国家公共

197

产品。但不同的国家在政策制定和实施方面存在差异。总的来说，经济理论在很大程度上忽视了难以预测事件的存在及其潜在后果，尤其是对那些对多国乃至全球产生影响的事件缺乏关注，例如大流行病和全球变暖。此外，可能是受到人口平均预期寿命的影响，不同国家所关注的时间跨度有所不同，未来事件也因此被赋予了不一样的权重。在较贫穷国家，由于人口预期寿命较短，人们更注重眼前的需要，而对未来潜在灾难的关注较少。

广泛指导市场行为的经济学范式仍然源自基本价格理论。这一范式受到了历史上一些伟大的经济学著作的影响，例如瓦尔拉斯（Walras）、马歇尔、米塞斯、哈耶克、弗里德曼和斯蒂格勒等人的研究。该范式强调政府应积极推动市场中的良性竞争，通过竞争实现市场均衡。从长远来看，市场均衡有助于提升社会福祉并实现福祉的最大化。

在那个理想化的经济世界中，市场力量通常会推动利润下降，使市场趋向竞争均衡，并实现以最低的价格为消费者提供产品，从而达到经济学家所描述的帕累托最优（Pareto optimum）。在这个过程中，政府所发挥的作用局限于维护产权、保障契约、促进法律和秩序的建立以及保卫国家安全。此外，政府行动和权力的行使也严格限制在本国范围内。

在有效运行的市场中，均衡的实现需要灵活的市场价格，这些价格应当能够准确反映商品和服务的全部成本以及最低利润水平。与此同时,当外部成本出现时,有必要对市场价格进行调整,因为这些价格并不会自动做出相应的改变。然而,在如何对价格进行调整这个问题上,人们很少予以关注。如果某些商品的生产或消费(如化石燃料或牛肉的消费)导致了环境成本,那么这些成本必须在价格中得到体现,而经过调整的价格才是正确的市场价格(Stern & Stiglitz,2021a、2021b)。

庇古(1920)曾着重强调了上述问题,并提出通过法规来解决外部成本问题的建议。然而,科斯(1960)随后对此观点进行了修正。他认为在污染排放者和受污染影响者同属一个国家、遵循相同国家法律的前提下,双方可以通过协商解决问题。法律与经济学的应用不可避免地具有各国的特殊性。近年来,人们已经认识到征收碳税的必要性,但迄今为止,这些税收在决定市场价格方面的作用相对有限。此外,如何合理确定碳税标准这一难题也没有得到应有的重视。

这些议题引发了对一个根本性问题的思考,即现实市场在多大程度上接近于理想市场。大多数经济学家都支持上述有关市场角色的理论思考,并对是否需要通过政府干预对市场价格进行调整深表怀疑。这是因为一旦市场达到均衡,无论是否进行了上述调整,企业都不具备应对意外冲击的缓冲能力。

过去,人们曾忽视了受到不利冲击的可能性。在这种情况下,企业被驱使着保持较低的库存水平和最小的劳动力规模。他们努力减少员工雇佣数量,削减工资支出,并促使政府制定一系列政策以确保企业在用工需求下降时能够轻易解雇员工。同时,企业还竭力削弱工会的力量。过去40年来,在美国、英国等国家,由于受到市场原教旨主义的影响,工会越来越难以发挥作用。同时,政府专注于满足短期需求,并且一直到最近几年通常都还是以维持财政收支平衡和稳定整体物价水平为目标。而他们所关心的长期需求或政策制定往往忽略大流行病、气候变化和其他"天灾"发生的可能。

20世纪80年代以来一直盛行的市场原教旨主义强调政府的政策不应对自由市场构成障碍。在这样的环境下,公司缺乏未雨绸缪的动力。他们不会留出资源为未来的意外冲击建立预防性缓冲。当冲击真正来临时,无论是工人还是企业,都只能依赖债务来应对挑战。

选民们期望政府维持较低的税收水平,并将公共支出主要用于满足他们的短期需求。由于普通选民和政府通常更加关注自身的短期利益,选举对于公共资金如何使用具有巨大的影响。在这种情况下,未来几代人的利益很少受到关注。因此,公共开支往往会滞后于未来基础设施的需要以及公共卫生等其他领域的需求。同时,也几乎没有资源被专门分配用于长远规划,或者用于应对难以预测的需求,包括为可能出现的大流行病和其他灾害做防范和准备。

在上述情境下,如果政府决定增加资金投入,从而更好地为潜在但不确定的未来需求做好准备，他们将面临批评，甚至可能在下一次选举中失利。这些资金支出包括：建设足够数量且持久耐用的基础设施以更有效地保护人们免受潜在自然灾害的影响；积累足够资产以满足未来的养老金支付需求；在医疗卫生等领域建立适度储备；以及预留一部分资源以更好地应对未来可能发生的意外事件。人们很少关注长期问题，包括应对气候变化和未来大流行病的需要。在市场行为和政府运作中，短期主义和短视行为占据主导地位。

近年来，一些经济学家借助自己的影响力在各种媒体上表达自己的看法，鼓励政府在应对支出时，采用公共债务而非增加税收的方式。正如3个世纪前大卫·休谟（David Hume，1970）所言，这是许多政府难以拒绝的提议。在包括美国在内的许多国家，这种新思维将公共债务推高至创纪录的水平。事实上，世界从未像今天这样负债累累。在2020年底，全球债务（包括公共债务和私人债务）达到世界各国国内生产总值的355%。根据国际货币基金组织（2021）的报告，发达国家的平均财政赤字占国内生产总值的11.7%，新兴市场国家为9.8%，低收入国家为6.5%。与过去相比，这些债务可能会使应对未来不确定但具有破坏性的事件更加困难。2021年，财政赤字将继续保持高位，公共债务甚至还将继续上升。

最近几年，还有一些经济学家建议政府摒弃传统的财政审慎性原则以及被视为是财政审慎或正统的做法，转而采用

200 "新货币理论(New Monetary Theory)"。该理论认为通货膨胀已成为过去的问题,当下以及未来已不再需要为此而担忧,在当前环境下,政府可以并且应该通过公共债务的方式来融资,由中央银行提供贷款以支持大规模的政府支出。有观点认为经济增长率通常会超过借贷成本,从而使政府能够轻松应对未来的债务问题。

如果秉承上述乐观的建议,各国就不会需要因为意外支出而动用常规性资源,也就不用为此预留资源。当出现额外的需求时,政府只需从中央银行借入更多资金即可。过去,包括大卫·休谟和亚当·斯密在内的主要经济学家曾经认为保留一定的财政空间是重要的,因为这有助于维持稳健的财政状况,以便应对可能的未来支出需求。然而,这些传统的或正统的观点现在已经被摒弃。

重大灾害和大流行病的发生是现实存在的,尽管它们可能会在未来出现,且仍然伴随着许多不确定性。此外,受气候变化等多种因素的影响,大流行病或气旋的发生频率增加,灾难性事件也出现得更为频繁。在这种背景下,人们或许需要采用新的思维方式。这类新思维也许能带来创新且值得借鉴的方法,以调整经济学家一直坚守并推崇的传统、经典的运作模式。

这种新思维应当在持续提高经济效率和促进民主的同时,更加准确地预测不确定但潜在的未来冲击。或许,它还应更有力地应对近几十年来在多个重要国家不断加剧的收入分配不均问题,这种不均等现象一直引发着人们对市场经济伦理的质疑。同时,新的思维还应深刻认识到越来越多的问题具有全球性,并会对世界各国造成影响,因此可能需要采用全球性应对方案,而不仅仅在各国国家层面寻求解决方法。

近几十年来,旅行的成本逐渐降低且变得更加快捷与舒适,人们的平均收入水平也在不断提升,同时交通设施日益便利。这些都带来了全球旅游业爆发式的增长,世界各地人们之间的联系变得更为紧密。与此同时,不同动物之间以及人类与各种动物之间的接触也比过去更加密切且频繁。在过去鲜有人迹的茂密丛林和其他偏远地区,旅游活动已呈现出明显的增长趋势。

这些接触不可避免地将人们暴露于更多新的病毒和微生物的危险之中,同时也增加了流行病在不同地区甚至全球范围内爆发的可能性。近几十年来,一些潜在的流行病就是通过这些途径传播的,而且各种传染性疾病的种类也在不断增加。此外,过去对抗生素的过度使用使得人们对现有抗生素的疗效表示担忧。我们面临着的可能是一个地区性流行病和大流行病更为频繁出现的新时期,因此我们必须做好更为充分的准备。

如今,病毒和细菌的传播比过去更加迅猛,传播范围也显著扩大。这些病原体曾局限于某些孤立的地区,并对环境影

201

响较小。但如果不迅速加以控制,它们可能会快速广泛传播,对人类造成严重危害。尽管今天我们已拥有更先进的医学知识,尤其是在疫苗研发领域取得了重大进展,我们仍不能掉以轻心。未来,更多的流行病可能会因此频繁爆发,当前的新冠病毒疫情便是一个典型的例证。

上述变化对政府角色的讨论具有重要意义。形势的发展需要在医疗领域加大投资力度,特别是在与病原体相关的健康医学基础研究上应投入更多的资金。这些基础研究大多由政府提供资助。同时,应对这些变化还需要政府间更紧密的合作,例如合作向无力购买疫苗的国家提供疫苗。在未来几年中,我们在旅行时可能需要一本疫苗护照,并且这本护照需要获得全球的认可,这样才具有价值。

联合国于 2020 年 12 月 9 日发布的最新环境报告指出,气候变化正在改变我们所熟知的世界,若不加以控制,地球上的部分地区将变得无法居住。如果不进行重大、迅速的改革,人类最终可能会经历一场毁灭性的灾难。这种威胁逐渐逼近,已不再遥远。它可能会在我们的下一代或者再下一代发生。同时,这已不再是地球上特定地域或特定群体所独有的问题,它的影响将波及世界主要地区,甚至可能会牵动整个地球,对全人类和其他物种造成巨大的冲击。这可能就是真正的全球紧急事件。

以上观察结果必然会引发对政府角色的深入思考,即在面对潜在的、具有破坏性的不确定事件(如大流行病、自然灾害、气候变化)时,政府应发挥什么样的作用。这些事件发生的可能性逐渐增大,然而在其发生之前仍然无法通过统计学手段进行准确预测。这些事件"是否会发生"的疑问已不再存在,取而代之的是关于"何时会发生"的不确定性。

目前可能存在两股方向截然相反的力量。一些力量也许有助于减缓气候变化,尤其是通过推动绿色能源的普及。而另一些力量则在不断加剧气候变化和其他问题,包括引发大流行病。哪方力量将占据上风以及何时占据上风,都是至关重要的问题。通常很难判断"不确定性"何时转化为"风险",以及何时可被视为可控或"可保"的风险。即使全球平均温度维持在当前水平或者升温幅度控制在 2 摄氏度以内,环境成本可能仍持续增加。在现阶段,保持一种悲观态度或许更加切合实际。

今天,尤其是在最发达的国家,当所有手段似乎都失效时,公民们会寄希望于他们的政府进行干预和提供帮助。这与过去经常发生的情况截然不同。在过去,政府财力有限,且缺乏得力、受过专业培训的行政管理人员。值得再次强调的是,行政国家或官僚体制是一个相对较新的概念,而行政国家拥有更多财政资源且变得更有行政能力,则是近年来才开始显现的趋势(Tanzi,2018b)。

关于现代政府干预,首先要提出的是,当重大灾难的发生是现实可能的,即使难以准确预测灾难发生的时间和强度,政府都应做好充分准备,在一旦有必要时采取干预措施。为此,需要推动政府提升效率、发挥更大作用,并确保财政平衡以及公共管理良好有序。然而,在缺乏"财政空间"的情况下,政府要高效、快速地进行干预往往会更加困难。

一旦有了可支配的财政空间,政府通常可以更迅速地采取行动,例如增加支出或对受影响最严重的公民减征税收。此外,政府可以借助受过培训的专业人员进行更有效的干预。与此同时,对公共财政可持续性的担忧也会随之减少。相反,那些背负高额债务和财政赤字的政府以及依赖于扭曲性税收的政府,在行动方面自然就具有较少的自由度。因此,尽管人们在公共债务可持续性问题上提出了一些新颖的观点,财政账户的初始状况仍然始终应该是一个需要重点考虑的因素。

上述观点同样适用于私营企业的行为。在该背景下,对比美国企业和日本企业的行为可能会带来一些启示。在正常时期,日本企业倾向于将更大比例的利润留存并作为预防性资金。在经济衰退期,当销售和利润都下降时,他们会利用这些企业留利来保留员工。而美国公司并不会保留其利润。当危机来临时,他们通常会简单地解雇一部分员工,从而潜在地将失业工人的问题转嫁给政府。其结果是,日本的失业率波动比美国小得多。后者秉承了米尔顿·弗里德曼在50年前提出的观点,即私营企业的唯一责任是为股东赚取利润。美国经济学家认为,日本的企业行为不利于长期经济增长。

　　大多数工人几乎没有积蓄。他们通常依赖目前的工资来维持自己和家人的生活水平。他们中的许多人并没有预防性储蓄。一旦失去工作,他们也会失去收入,其中很多人会马上面临经济困难,包括失去医疗保险或住房。这些情况发生在包含美国在内的一些国家。在短期内,这些困难可以通过政府实施临时失业救济计划得到部分缓解,但这些计划的有效推进可能会受到政府公共财政初始状况的影响,同时还需要面向富人的高税收政策来支持。

　　公司股东们通常拥有一些甚至相当可观的财富积累。财富在应对意外负面冲击时具有重要的缓冲作用。在过去,一家企业的股权由单一或少数私人所有者持有。多年来,随着公司制企业组织形式的普及,这种形式已经被取代。如今,许多富裕人士将他们的全部财富分散投资于不同公司的股份上。正如一句谚语所言,他们把象征着财富的鸡蛋分别放置在多个篮子中,从而降低了总体风险。在这种情况下,即使一家公司甚至几家公司业绩不佳,对许多股东总购买力造成的影响可能比工人失业所造成的冲击更小。

　　基于自20世纪80年代以来"市场原教旨主义"对政策的影响,与雇用工人的纳税标准相比,针对资本收入以及高收入个人其他重要收入来源的税收在过去几十年中明显减轻。一些研究(Saez & Zucman,2019)显示,美国普通工人的平均税

收负担如今与最富有的个人相似。其他研究也发现,自 2017
年美国颁布《减税与就业法案》(Tax Cuts and Jobs Act)之后,
2018 年亿万富翁支付的实际税率为 23%,低于工人的 24%。
204 而当人们在讨论工人、资本所有者和高级管理人员的合理税
负时,经常会忽视这些重要方面。

15.1　当前大流行病的影响

现在,让我们更直接地探讨当前的新冠病毒疫情以及在
此期间(2021 年上半年)税收的运用情况。这场疫情对经济
不同领域以及收入分配都产生了深远的影响。在疫情持续期
间,数百万劳动者失去了工作和收入,其中一些人甚至被夺去
了生命。许多人缺乏备用资产,有些人可能会长期失业。失
业救济申请人数一直维持在高位(达数百万人之多),虽然预
计在未来数量可能会有所下降,但在一段时期内仍将保持相
对较高的水平。与此同时,贫困率也有所上升。

大流行病直接导致失业工人和小型企业(包括餐馆、酒
吧、理发店、美容院、牙科诊所、健身房、电影院等)陷入经济困
境,而关于政府援助的力度以及援助持续时间的政治辩论仍
在激烈进行中。在这类情况下,政府通常面临信息不足的挑
战,难以确保为真正需要帮助的个体提供适当的支持,从而很
难避免在决策中出现错误。

　　尽管官方对前景持乐观态度，然而疫情对实体经济的长期影响仍然充满着不确定性，且令人担忧。正如凯恩斯在他的著作中所指出的（Kaynes，1921b），官方预测常常存在较高的出错概率。这些官方信息来源包括国际货币基金组织所发布的《世界经济展望》（World Economic Outlook）。疫情持续的时间越长，对各国经济和许多公民的长期影响就会更加深远。

　　这场大流行病很可能会永久性地改变一些与经济息息相关的社会形态。例如，人们会习惯于居家办公、网上购物、远程学习和网络会议，同时也会重新考虑居住地的选择等。它还可能改变旅行、度假和娱乐方式。大流行病也正在对死亡率、出生率、退休率以及职业选择等方面产生着影响。

　　疫情期间，消费者信心持续低迷，全球贸易遭受重创。各国政府的债务迅速攀升。与此同时，贫困率上升，人口预期寿命出现下降趋势。疫情同时影响了经济的供给端和需求端，而且在其对人类健康的威胁得到显著且持久的遏制之前，它将持续对经济产出造成巨大的挑战。

　　决策者往往将大流行病与由需求下降引发的正常衰退等同看待。这种倾向鼓励了公共支出和公共借贷。2020年美国联邦政府财政赤字占国内生产总值的比重创下历史新高，而且预计在2021年以及未来几年里，这一比例将持续保持在高位。在意大利、英国等其他一些国家，公共债务和财政赤字的增长幅度更为显著。公共债务水平之高在和平时期前所未

205

有。对美国的很多州而言，除非大幅削减开支或得到联邦政府的重大援助，否则他们将难以继续履行宪法规定的平衡预算义务。许多小企业将难以复苏，这些企业的所有者和员工也将长久地面临经济困难。

当前危机的一个显著特点是，尽管 2020 年美国的产出急剧减少、失业率飙升，美国股市却没有随之下跌，反而表现出强劲的势头。截至 2021 年 5 月，美国股市处于历史高位。但与此同时，美国新冠病毒感染人数已超过 3000 万，死亡人数接近 60 万。另外，房地产市场也因为低利率房贷和城市居民的大量需求，持续表现良好。一方面，许多有负担能力的居民希望在疫情封锁期间拥有更多空间，并且能够在家工作；另一方面，抵押贷款利率仍然保持在低位。然而，很多低收入者租住的房屋租金却在不断上涨，导致他们难以承受。他们中的许多人面临着无家可归的困境，甚至已经失去了栖身之所。

总的来说，对于那些拥有大量财富、从事高收入且稳定的职业或者享受优厚养老金待遇的个体而言，尽管受到大流行病的影响，他们的经济状况依旧良好，而其他人的境况则不那么乐观。那些富有且从事稳定职业、拥有稳定收入的人所面临的情况，完全不同于低收入者以及领取最低工资的劳动者的境遇（讽刺的是，他们被称为极其重要的"一线工人"，包括在医疗保健、个人服务、食品供应、农场等行业的劳动者）。两者之间的脱节非同寻常。在当今的经济环境中，如果你的职业并非"一线",那么情况可能会对你更加有利。

　　在大流行病期间,从事"一线"活动的工人无论在个人健康还是收入方面都付出了巨大的代价。他们不仅更容易受到疫情对健康的影响,许多人还因此失去了工作和收入(Torpey,2020)。相反,那些已经积累了财富或拥有稳定养老金的人不需要继续工作,他们的经济状况却相当良好。股票市场创纪录的涨势弥补了许多人的损失,而大型企业的管理者们即使在企业亏损的情况下,也能继续获得数百万美元的薪酬,例如波音公司、希尔顿酒店、挪威邮轮公司等企业的情况就是这样(Gelles,2021)。

　　这些趋势不应被视为对当前市场经济(尤其是美国市场经济)伦理、公平和效能的肯定,也不是对某些国家政府现行角色的赞许。这些发展趋势很可能在未来几年对公众态度和社会关系产生影响。一些经济学家仍然不赞成提高最低工资和增加税率的做法,却并不反对那些荒谬且有时明显不合理的管理者薪酬体系。

　　上述实体经济与股票市场之间的脱节可能受到多种因素的影响,但有两个原因似乎尤为重要。首先是因为美国自20世纪80年代以来采取的税收和其他政策,以及其他一些国家紧随其后所实施的类似政策。另一个原因是近年来美国联邦储备系统(US Federal Reserve System)以及中央银行所遵循的货币政策。这些政策的出台与贸易和金融的全球化进程结合在一起,同时伴随着大型全球技术垄断企业的崛起。这些垄断企业如今占据了美国股市总市值相当大的份额。在大流行病期间,这些垄断企业不断积累巨额利润,却只需缴纳少量税款,从而为企业股东创造了丰厚的收益,同时也对经济和社会产生了长期且不确定的影响。

当前的危机揭示了市场原教旨主义存在的缺陷,也凸显出其支持者提出的涓滴效应假设的局限性。自由市场的观点曾一度备受推崇,它被认为是一场积极的浪潮,会带来水涨船高的效果,从而令所有参与者都能获益。然而,事实表明这种观点过于天真。这股浪潮只是将某些船只高高抬起,而且抬升的方式并未体现人们对经济公平或公正的共识。与个人努力和真实能力相比,运气、隐性垄断、合适的位置、强大的人脉、教育背景以及其他因素似乎发挥着更为重要的作用。

这些缺陷使人们更加清晰地认识到,自发的涓滴效应需要得到政府在税收、支出和监管政策方面的支持。同时,这些政策不应取代市场的基本配置功能,但应当促使市场实现更加公平的结果,并增强人们的消费能力。虽然市场原教旨主义试图推动更自由的市场运作,但市场并未能自发地产生显著的涓滴效应。政府应该具备同情心,并如某些国家从战后几十年一直持续到 20 世纪 80 年代的那样,发挥政府与市场的互补作用。

我们无法对过去具体的税收政策,以及在当前两极分化的局面下这些政策所扮演的角色进行深入剖析。我们将着眼于探讨一些一般性的观点。首先值得注意的是,近期美国联邦储备系统和人口普查局等机构的多项研究(Semega et al., 2020;US Federal Reserve System,2021)显示,在过去 40 年中,少部分人口(即收入最高的 1.0%或 0.1%的人口)所获得的总收入和总财富比重显著上升。在这些年里,这些个体占有了经济增长的大部分份额,其中许多人继续从股票市场和其他资产的近期走势中获益。最近,受益于 2017 年的税制改革,企业的税负大幅减轻。

　　但近几十年来,向下的涓滴效应几乎没有显现;在大多数情况下,发生的是"向上渗透"效应,即财富从普通工人流向富有的资产所有者。自 20 世纪 80 年代以来,政府政策以及有影响力的个人对一些政策的操控在这一发展趋势中扮演了重要的角色。这些政策包括税收、监管以及最近几十年的货币政策。在本章和下一章的讨论中,我们将忽略监管政策,并将焦点放在税收和货币政策上。

15.2　税收政策

　　许多读者可能并不完全了解第二次世界大战以来,尤其是自 20 世纪 70 年代以来,美国及其他许多发达国家在税收政策方面所发生的重大变化。在 1944 至 1945 年间,美国联

邦个人所得税最高税率为 94%。随后,该税率在 1950 年下调
至 91%,1965 年降至 70%,1982 年降至 50%,并于 1988 年降
至 28%(Pechman,1987)。在 20 世纪 80 年代末,出于对不断
膨胀的财政赤字的担忧,在随后的几年里税率略有上调。目
208 前,适用于所申报应税收入的最高税率为 37%。然而,需要注
意的是,正如诺贝尔奖得主经济学约翰·希克斯(John Hicks,
1939)多年前所指出的,许多纳税人的实际收入通常要高得
多,且他们的实际收入决定了其个人潜在的消费能力。

过去几年中税率的下降意味着对于特别富裕群体(尤其
是百万富翁和亿万富翁)而言,税收环境发生了显著改变。这
些富裕人士因为所得税税率的降低而获益颇丰。此外,经济
法规的重要改革和市场原教旨主义带来的一些变化也对他们
产生了积极影响。他们的税前收入大幅增加,平均税负明显
减轻。他们在国民总收入和总财富中所占比重显著增长。

中产阶级,尤其是普通工人,则几乎没有受益。此外,在
1965 年,美国大企业总裁的平均薪酬约为普通工人的 20 倍,
到了 1989 年增长至 61 倍,在 2017 年继续增长达到 312 倍,且
未来几年可能还会进一步上升。"从 1978 年到 2019 年,普通
工人的薪酬增长了 14%,[而]总裁的薪酬则增长了 1167%。"
(Gelles,2021:24)高收入个人的税收减免不仅仅局限于美国,
在其他国家,尤其是盎格鲁-撒克逊国家,也存在类似情况。
关于经济合作与发展组织(OECD)成员国的数据,详见梅赛

尔(Messere, 1993)和坦茨(2011)的研究。

综上所述,虽然在二战后的几十年里,个人所得税收入在国内生产总值中的占比变化不大,但富裕群体缴纳的份额在下降,而普通工人的比重却在上升,且进一步降低税收的压力持续存在。

在此期间,美国法定企业所得税税率也发生了显著的下降。这个税率在1969年之前一直维持在52%,1979至1981年间下调至46%,在1988年降至34%,随后在2018年继续降至21%,降幅巨大。几十年来,企业税收在国内生产总值中所占比重从超过5%下降到仅占1%。尽管税率出现了如此大幅的下调,美国一些观察人士仍然抱怨21%的企业应税所得额的税率还是过高;同时,特朗普总统也曾表示,如果他继续执政,税率还可以进一步降低。拜登政府可能会提议提高这一税率,从而为基础设施建设和其他公共支出筹集资金。同时,目前还有呼声呼吁引入全球最低企业税率,以减少税收竞争并遏制逐底竞争。

209

所申报应税收入的法定税率下调只是变化的冰山一角。在过去的40年中,资本收益以及公司总裁等高收入个人薪酬方面的税收政策也发生了许多其他不太明显的结构性改变。这些隐蔽的变化涵盖面很广,包括针对长期资本收益和"携带交易(carried trade)"所得等收入形式的税收优惠、折旧规则的调整,以及高管薪酬结构向低税率股票期权的转变等。

这些变化进一步降低了高收入人群的有效税率。在 20 世纪 50 年代和 60 年代,未实现的资本收益曾引起税务专家的广泛关注。他们认为应该对这些收益征税,因为它们增加了受益人的财富和消费能力,因此构成"收入"。然而在资本市场高度繁荣的时期,这些未实现的资本收益并未被征税。在该环境下,企业所得税税率降低,劳动收入份额下降,公司纷纷利用自己的利润或依靠美联储政策提供的低息贷款购买自己的股票。一些观察人士将上述变化称为"企业福利"或"富人福利"(Harvey & Conyers,2020)。

自 20 世纪 80 年代以来,经济活动的全球化以及对金融和贸易市场监管的放松为"高净值个人"以及跨国或全球性公司提供了许多新的避税途径,利用各种避税手段减少实际应纳税额。他们通过将收入和财富转移(通常是隐匿)到海外那些"避税天堂"和低税收国家来实现这一目的。在那些地方,他们可以享受低税率甚至免税政策,而且还可以保持匿名。(关于这一因素的重要性,详见祖克曼[Zucman,2015]的相关研究。)因此,目前来自企业的税收收入大幅减少,一些大型全球性企业甚至一直未缴纳税款。

据税收正义网(Tax Justice Network)、经济合作与发展组织、国际货币基金组织以及其他多个信息来源的估算,各国政府每年因为全球税收协定的滥用和各种避税行为而损失的税收金额高达数千亿美元。2011 年至 2017 年间,七国集团的平

均工资只增加了 3%，富人的股息却增长了 31%，且在之后的 210
几年里，后者的增长更为显著。这种趋势很难被称作一场"水
涨船高、普惠所有人的浪潮"。这股经济浪潮主要惠及富有的
个人，这在很大程度上是由近几十年来的政策变化所导致的。

企业和富裕人士的税务规划已成为一项主要的全球活
动。越来越多的税务顾问专门负责这些规划的运营。他们消
息灵通、头脑灵活，且薪酬丰厚。此外，他们精通各种税务技
巧，甚至有些源于他们自己的创新。他们善于利用许多国家
税收体系中的复杂性和模糊性，并借此为富裕人士及企业设
计避税策略。各国之间的税收竞争和游说活动也进一步助推
了这种税务规划的发展。在税收竞争中，各国通过下调本国
税率，将经济活动和流动收益从其他国家转移过来，这一做法
对于小国而言尤其具有吸引力。然而，至今仍然缺乏有效的
国际监督来监控和约束这种避税行为。

大量的文献为我们提供了关于这些避税方案的翔实信
息，而且相关的研究也在不断增加（Pogge & Mehta, 2016；
Tanzi, 1995）。全球范围内的经济活动使这些规划的实施成为
可能，同时复杂的税收制度和过时的税收规则也为规划方案的
实现提供了便利条件。各国政府尚无法有效应对这些行为，有
时甚至不愿意采取行动。根据已公布的估测（有些是基于合理
推测），目前有数万亿美元隐藏在境外银行账户中，从而规避了
本国税收。美国每年的税收缺口估计高达约 7000 亿美元。

第十六章 总结与思考

16.1 引言

跨国企业和活跃于全球的富人所面对的税收架构如今已逐渐过时,显然需要重新构建。目前这一架构的设计难以适应新的变化,这些变化包括:(1)全球化程度不断提升;(2)全球范围内许多生产活动演变为跨国生产;(3)个人活动日益全球化;(4)许多销售交易已从实体转向虚拟。目前,美国拜登政府倡导确立全球范围内的最低企业税率。这项政策将有助于减少税收竞争,但是否会在全球范围内得以采纳,仍有待观察。

世界仍然缺乏一个真正的全球性机构,一个拥有技能、声望、资源和权威的机构。这个机构可以尝试在全球范围内重新设计和监测新的税收规则(而非税率),并将这些规则推广给各国。这就像世界贸易组织为贸易关系所做出的努力一样,尽管有些尝试是成功的,而有些则不尽如人意。这样的机构似乎非常必要,它将对每个成员国的税收行为进行直接监督,但同时也将保留各国在税率和税种方面一定的自主权。为了确保该机构发挥作用,其成员需涵盖全球。30 多年来,本书作者在多篇出版物中都提出了类似组织或机构的构想（Tanzi，1988、1995、2016b）。尽管这个想法已经引起了一些关注，但迄今为止尚未见到具体的行动。

16.2　货币政策

近年来，在美国联邦储备银行、欧洲中央银行以及其他一些主要中央银行所实施的货币政策下，数量庞大且日益增多的低成本信贷流向了政府和大型经济主体，而并非像经典的"直升机撒钱"那样覆盖所有人。其中一些在影子银行运作，近几十年来该领域已显著取代了传统商业银行的角色。

货币政策正变得日益复杂，原因在于它没有遵循特定的货币规则，并且在实际效果上已经渗透到财政政策领域。其中一些操作事实上已经演变成了财政操作。而且，这是在财政决策缺乏政治调控的情况下出现的。其结果是，相比于人们更为关注的短期经济效应，货币政策对价格和经济的长期影响变得更加不确定和难以预测。正因为如此，这些长期的影响常常被忽视。

与普通公民和小企业相比，大型金融和经济主体，以及政府更有条件和能力获得由非传统货币政策（如量化宽松政策）所提供的低息贷款。这些主体利用低息贷款来谋求自身的经济利益，而这些利益未必总是与公共利益相一致。

此外,超低利率甚至是负利率提高了股票、债券和房地产等资产的价格,从而令拥有大部分财富的富裕阶层更加受益。与此同时,这也减少了政府提高税收的需求,鼓励他们依赖低息贷款筹集资金,并逐步导致了更高的公共债务。各国将因此在未来面临不确定但潜在的严重后果,财政的可持续性也将不可避免地受到冲击。

根据最近关于各财富阶层储蓄率的数据,在美国,富裕程度位于前1%的人口将大约40%的收入用于储蓄,而处于底部的90%的人口几乎没有储蓄。两者之间的9%的人口大约储蓄了10%的收入。如果这些来自"金融武士"网站(Financial Samurai)的数据是准确的,那么这些数据预示着在未来不平等程度也不会有所减少。这些高额的储蓄将最终对未来的经济活动及其构成产生重大影响。

中央银行在很大程度上忽视了其货币政策可能对分配或者公平性带来的重要影响,因为他们认为这些问题超出了他们的职责范围,所以并非他们需要关注的。而与此同时,多年来,金融从业者在总利润和总收入中所占的比例显著增加。例如在美国,金融业如今占据了总利润的大约三分之一,而在35年前仅为10%,在此之前甚至更低。面对这种巨大的变化,越来越多的人就金融业对国家福祉的影响提出了质疑(Wolf,2008;Rajan,2010;Zingales,2015)。

大多数公民和小企业无法获得中央银行提供的低息信

贷。他们只有继续依靠商业银行，有时也不得不求助于非官方渠道的借贷，而同时他们需要为此支付较高甚至是极高的利息。一些特殊机构（如抵押贷款银行和汽车经销商）所提供的贷款是例外。贷款人可提供诸如房屋和新车等有价值的抵押品，并通过很低的管理成本获得贷款。

有报道指出，那些大型昂贵住宅和公寓的业主进行了抵押贷款再融资。这些业主选择再融资是为了获得低息信贷，并将这些资金投资于当前表现良好的股票市场。他们预期这些资产会像近几年的情况一样继续增值。这种行为曾加速导致了 2007—2008 年金融危机的爆发，希望历史不会重演，也期待这次会有所不同。然而，泡沫正在形成，这将使未来变得更加不确定。

上述对立的情况催生了两个截然不同的货币世界：一个是普通中低收入公民以及主要从事商品与服务生产的小型企业所处的世界，他们在其中承受着昂贵的生活与生产成本；另一个世界则面向大规模经营者和主要机构，包括政府、众多大企业和对冲基金，他们中的相当一部分参与了金融交易等活动，而并非直接从事传统商品与服务的生产。这也为未来的资产泡沫埋下了隐患。与在许多领域一样，人们可能会为了追逐短期的利益而无视长期不确定的危险。上述政策或许表明，一些不确定事件正因为难以预料而被忽视，例如资产价格的下跌以及所可能引发的连锁反应。而类似情况在过去也定期发生过。

在过去的几十年中,对于拥有显赫地位、人脉关系广泛,或者纯粹是运气绝佳的个人来说,百万美元的薪酬变得司空见惯,并且也得到了社会的接受。一些个人即使经营着亏损的企业,也能获得高昂的薪资。有时,无论从能力还是业绩来评估,都难以解释这些虚高的薪酬的合理性。有时,甚至会像2008年那样,企业在宣布破产前几个小时,仍会支付数百万美元的奖金。

如前所述,在美国,联邦政府以低息贷款部分取代了过去由高收入个人所缴纳的税款。这种变化导致了公共债务的大幅增长,也减轻了富人的税收负担。然而,出于对政策未来影响的不确定性,政府再次忽视了过去经常伴随着高额公共债务而出现的危险。在最近的讨论中,上述这些重要且潜在的货币政策问题几乎没有受到关注,但是它们理应获得更多的重视以及更深入的思考与分析。

16.3　大流行病期间需要加大税收的作用吗?

在正常时期,税收的作用在某种程度上应该与特殊时期有所区别。特殊时期需要采取特殊的政策。在包括大规模战争、大流行病及其他重大紧急情况在内的特殊时期,税收不应仅仅扮演其传统的角色,即为政府提供所需的财政收入,还应确保经济体系的公平。税收应适当关注如何通过税收制度减轻人们的痛苦，以及如何更好地分摊危机成本。

为了实现这一目标，在紧急情况下可以对那些有更多纳税能力的人征收更多的税款，而不是继续专注于追求长期税收目标。这些更长远的目标可能包括：(1)确立一个始终公平和高效的税收制度；(2)推动绿色政策以应对气候变化这一长期问题；(3)实现一些有益的长期收入再分配；(4)增加税收制度的透明度；(5)维持就业和促进经济增长。

尽管这些目标都至关重要，但当面临其他更迫切和紧急的需求时，若税收体系的调整仍然抱着长远目标不变，则可能会带来政策的复杂性和不确定性，从而适得其反。例如，在大流行病期间，如果只是单纯依靠增值税以增加税收收入，这可能并不符合公平原则(Bird，2020)。

在七八十年前，诺贝尔经济学奖的首位获得者简·丁伯根(Jan Tinbergen)曾主张，使用政策工具时尽可能聚焦于具体且单一的目标，而不是依靠单一工具实现多个目标。这种对目标的专注有助于保持政策的简单和集中，并提高在特定时间内实现主要预期目标的可能性。

在一场严重危机中，不同群体往往会受到不同程度的影响，比如在大流行病期间。在这种情况下，税收政策的一个主要目标应该是促进短期公平，同时为政府提供所需的收入。在这些危机中，低收入个体往往比高收入个体遭受更多痛苦。

因此,我们似乎应该思考的是,如何通过税收制度,在一定程度上让所有公民基于自身能力分担危机的成本,同时也能保持健康的财政状况,并减少对公共借贷的过度需求。此外,那些具备更高纳税能力且储蓄充裕的个体应该为实现这些目标肩负比正常时期更多的责任。

在过去许多重大战争中,很多国家都曾对那些因战争而获得高额利润的企业征收超额利润税,并提高了个人所得税的最高边际税率。一些国家还曾实行过临时性的财富税或所得税,例如在 2008 年金融危机后的爱尔兰和冰岛,而澳大利亚、德国、日本和意大利等国家在面临其他紧急事件时也采取了同样的税收调整。一次大流行病应被视为一场战争。

鉴于大流行病对经济和人们产生了两极分化的影响,对那些拥有高收入和财富的个人采取特殊但有时限的税收政策似乎是合理的做法。这些个人在疫情中所受的代价相对较低,甚至从中受益。在大流行病持续对经济造成影响的情况下,这些特殊税收应当继续生效。这些税收措施有助于减少政府借贷,并将减轻未来几年需要偿还的公共债务负担。尽管公共债务在当前可能会带来积极影响,但高额的公共债务不可避免地会增加未来的风险。

最简单的短期方案可能包括:(1)提高适用于高收入个人及企业利润的边际所得税率;(2)对某一特定高水平以上的财富所有权进行征税;(3)对公司股票交易征收金融交易

税。这些税收措施的临时性质将有助于降低它们在正常时期 216
被使用时可能产生的任何抑制效应。此外,特别对于财富税,
可能会出现一些需要解决的技术性问题(Oh & Zolt, 2021)。
一个简单的解决方法是对转化为公司股份的财富进行征税,
因为有关这方面的信息应该很容易获取。

正如前面提到的,在美国,金融财富的价值近年来显著增
长,其中部分原因可以追溯到 2017 年以及更早年份所实施的
减税政策。在新冠病毒疫情期间,金融财富持续大幅增长。
因此,所缴纳的税款在很大程度上可能源于更高的市场估值
(即源于"超额利润")。而额外增长了的个人所得税主要来
自高收入个人,他们有更强的纳税能力。

凯恩斯也曾主张征收金融交易税。近年来,已故的詹姆
斯·托宾(James Tobin)也提出过类似的建议。金融交易税是
以较低的税率对交易的股票价值进行征税。由于交易量巨
大,即使税率很低,这项税收也能创造可观的收入。而且作为
一种临时性的税收,它不会因为长期使用而导致规避手段的
出现。如果股票市场持续繁荣,被征税者几乎感受不到这项
税收的影响。

当前的大流行病引发了人们对市场经济公平性的担忧。
目前的市场经济存在政府纠偏机制的不足,也未能充分顾及
社会和全球层面的需求。在严重的全球危机对特定群体造成
巨大冲击的情况下,这种担忧值得重视。我们必须认识到,通

过社会性的纠偏措施（如对高收入人群实行累进税率以及针对弱势群体的公共支出计划）可以显著降低市场在运行过程中产生的收入分配差异。在民主国家中，许多公民认为这些举措还能提升市场体系的合理性，并增进公平。

这些纠偏措施可以伴随着恰当的全球政策为贫困国家提供帮助。同时，通过实施碳税也能够抵消生活水平较高的个体在化石燃料和其他污染性产品的消费中获得的补贴。只有在存在这些纠偏措施的情况下，弗里德曼的观点才有可能是合理的，即市场经济下的企业领袖才能专注于实现股东回报的最大化，而忽略一切社会责任。若没有这些纠偏的举措，这个观点将毫无意义。市场中存在着许多"白蚁"，它们会扭曲市场的正常运行（Tanzi，2018a）。

多年来，在未经纠偏的市场经济环境下，人们对市场的公平性提出了越来越大的质疑。如果目前的情况和政策不发生改变，这种态度很可能会变得更加消极。同时，影响力不断扩大的民粹主义也有可能对市场经济和民主体制的未来构成严峻的挑战，甚至可能引发其他更为不利的替代方案的出现。

不断增长的公共和私人债务以及其他发展趋势也使未来几年的经济和物质状况变得更加不确定。地球变暖和新冠病毒疫情使地球不像过去那样适合人类居住。那些仅限于本国范围、仅关注本国利益的政策，在处理全球性问题方面已无法有效发挥作用。这些全球性问题包括全球公共产品的生成和各种全球公害的防范。

我们正处于人类历史的关键时刻。在经济、技术、分配、环境、政治、生物等领域已经涌现出各种不确定因素,其中有些具有危险性,甚至会对我们的生存构成威胁。人们逐渐怀疑 19 世纪工业革命所倡导的"进步"理念是否仍是今天的主旋律,以及它是否依然能像当时那样引领人类走向更为美好的未来。

在 1864 年创作的一首意大利诗歌中,创作者以充满诗意的笔触对 19 世纪占主导的进步观进行了生动描绘。以下是意大利语的原文直译:

> 前进,前进,伟大的陌生人,
> 探索命运赐予你的天地。
> 即便奴役和泪水犹存,
> 唯因它依然年轻。

意大利语原文为:

> *T' avanza, t'avanza divino straniero,*
> *conosci la stanza che i fati ti dieron,*
> *se schiavi, se lacrime ancora rinserra,*
> *e' giovin la Terra.*

218　　　　这首诗由诗人贾科莫·扎内拉（Giacomo Zanella，1820—1888）创作。诗歌中清晰地融入了那个时代最坚定的信念，即进步是人类美好未来的必然特征。人们相信持续不断的政治和技术变革将创造更为美好的未来，而这些变革在当时也正在改变着旧的世界。而如今，人们已不再普遍且坚定地认为人类的未来一定会比过去更加值得期待。

正如我们在前几章中所强调的，许多潜在甚至已经存在的危险逐渐出现在了人们的视野中，并引起了许多专家和一些普通公民的担忧。尽管这些危险对未来的影响仍存在不确定性，但它们已经对进步的必然性以及人类将拥有更美好未来的理念构成了挑战。

由于这些不确定性，这些危险仍然被许多人和众多政府所忽视，其中包括全球变暖和未来可能出现的大流行病。同时，随着这些危险逐渐产生全球性影响，严格意义上的国家政策在应对某些危机时已受到了挑战。在这种情况下，需要的是在全球范围内协调解决危机。大流行病和气候变化显然都属于这类威胁。

一本由经济合作与发展组织于 2021 年出版的书籍让我们回忆起在过去的两个世纪中人类所取得的巨大进步。毫无疑问，今天人类的生活比过去几个世纪和几千年前更加优越。根据经济合作与发展组织的研究，自 1820 年以来，全球人均国内生产总值增长了 13 倍，总人口增加了 7 倍，世界各国国内生产总值的总量也增长了 90 倍。在这个发展进程中，人们每周的工作时间从 60 至 90 小时缩短至 40 小时，儿童也不再被迫在矿井和其他危险的环境下劳作。与此同时，人口预期寿命也显著延长。

这是一个非凡的进步。地球母亲曾经承载着所有重荷，并使这一进步成为可能。但一路走来也付出了诸多代价。近几十年来，这些代价已经开始显现。现在所面临的关键问题是：这样的进步在未来是否能够延续？抑或地球已经不堪重负，未来的进步因此会更加困难吗？只有时间能够给出答案，但当前的迹象不容乐观。

如果在进一步推动全球经济增长的同时，不对经济增长方式进行重大调整，人类未来的进步可能会愈加艰难，甚至无法实现。经济增长不应成为政府唯一的目标，政府应该着眼于推动实现合理的经济增长方式。这种增长模式不可能像过去那样自发产生，而是需要通过协调个人以及不同国家政府间的行动来实现。

本书将以一个寓言故事结束。

有两列火车在同一条铁轨上行驶，但它们朝着相反的方向前进。其中一列火车由一群坚信个人自由至上的个体操控，他们不重视集体行动。他们强调个体自主决策的重要性，并倡导自由放任主义的政府治理理念。在这列火车上的个人和政策制定者都主张国家政策和个人行动的主要目标应该聚焦于推动经济增长和提升民众的生活水平,且不应受到任何阻碍。唯有确保行动的自由,经济增长才能获得更大的助推,从而达到最优境地。

另一列火车则由环保主义者和具有崇高无私情操的个体驾驶。前者对于全球变暖及其潜在的灾害性后果心存忧虑,后者着眼于长远,关心着后代的福祉。这些个体的思维方式更加全球化。他们与 20 世纪 50 年代的一些主要思想家(如爱因斯坦、甘地和丘吉尔)一样,坚信我们需要一个高效的全球性制度框架来引导那些影响世界的重大决策。这个制度框架可以通过创建一个全球政府来实现,抑或采取更务实的做法,即成立一系列能有效发挥作用且具备强大影响力的国际机构(如联合国、布雷顿森林体系、世界贸易组织和世界卫生组织)。

这些机构可以强有力且高效地履行全球政府代理人的角色。它们将促进全球利益的实现。这些机构的目标是减少政府和某些特定团体的寻租行为(rent-seeking),并致力于推进全球可持续利益的实现。与此同时,它们也将始终强调对个人自由最大程度的保障(Tanzi,2008)。

现在,这两列火车正在同一条轨道上向相反的方向行驶。它们会相撞吗? 或者,其中一列火车是否会先离开轨道以避免碰撞,从而让另一列火车继续前行? 那么又是哪一列火车会这样做呢? 尽管有人会认为这些问题不切实际而且荒诞幼稚,但人类的未来可能就在答案之中。

参考文献

Aggarwal-Schifellite, Manisha, 2021a, Study Aims to Quell Fears Over Falling Human Sperm Count, *Harvard Gazette*(May 11).

——, 2021b, Understanding Connections between Literature and the Environment, *Harvard Gazette*(January 27).

Akerlof, George, 1970, The Market for Lemons: Quality, Uncertainty and the Market Mechanism, *Quarterly Journal of Economics*, 84(3), pp. 488 – 500.

Alfani, Guido, 2021, Economic Inequality in Preindustrial Times: Europe and Beyond, *Journal of Economic Literature*, LIX(1), pp.4 – 44.

Arthur, W. Brian, 2015, *Complexity and the Economy* (Oxford University Press).

Barkley, Paul W. and David W. Seckler, 1972, *Economic Growth and Environmental Decay: The Solution Becomes the Problem* (New York: Harcourt Brace Jovanovich).

Barrett, Philip, Sophia Chen, and Nan Li, 2021, Covid's Long Shadow: Social Repercussions of Pandemics, IMFBlog, Insight and Analysis on Economics and Finance(February 3).

Barry, John M. 2004, *The Great Influenza*(New York: Viking Press).

Batini, Nicoletta and Miguel Segoviano, 2021, Denmark's Ambitious Green Vision, IMFBlog(January 11) .

Bernstein, Peter L., 1996, *Against the Gods: The Remarkable Story of Risk*(New York: John Wiley) .

Bevere, Lucia and Michel Gloor, 2020, Natural Catastrophes in Times of Economic Accumulation and Climate Change, *sigma* 2/2020(Swiss Re Institute, April 8) .

Bevere, Lucia and Rajeev Sharan, 2018, Natural Catastrophes and Man-Made Disasters in 2017, *sigma* 1/2018(Swiss Re Institute, April 11) .

Bird, Richard M., 2020, VAT During and After the Pandemic, *Tax Notes International*(September 28) .

Birol, Faith, 2007, Energy Economics: A Place for Energy Poverty in the Agenda?, *The Energy Journal*, 28(3) , pp.1 − 6.

Blandford, Edward D. and Scott D. Sagan, 2016, eds., *Learning from a Disaster: Improving Nuclear Safety and Security after Fukushima* (Stanford University Press) .

Blanning, T., 2008, *The Pursuit of Glory*(New York: Penguin) .

Blume, Lesley M. M., 2020, *Fallout: The Hiroshima Cover-Up and the Reporter Who Revealed It to the World*(New York: Simon and Schuster) .

Boccaccio, Giovanni, 2003 [c.1351] , *The Decameron*, 2nd ed.(New York: Penguin) .

Bogmans, Christian and Claire Mengyi Li, 2020, A Greener Future

Begins with a Shift to Coal Alternatives, IMFBlog(December 8).

Bollyky, Thomas, J., 2018, *Plagues and the Paradox of Progress* (Cambridge, MA: MIT Press).

Bostrom, Nick, 2014, *Super-Intelligence: Paths, Dangers, Strategies* (Oxford University Press).

Bostrom, Nick and Milan M. Circovic, eds., 2008, *Global Catastrophic Risks*(Oxford University Press).

Bullard, Nathaniel, 2020, Ten Charts that Tell the Weird Story of Oil and Energy in 2020, Bloomberg Opinion(December 30).   221

Burrows, Leah, 2021, 1 in 5 Deaths Caused by Fossil Fuel Emissions, *Harvard Gazette(* February 9).

Caesar, L., S. Rahmstorf, A. Robinson, G. Feulner, and V. Saba, 2018, Observed Fingerprint of a Weakening Atlantic Ocean Overturning Circulation, *Nature* 556, pp.191 – 196.

Caldicott, Helen, ed., 2014, *Crisis Without End: The Medical and Ecological Consequences of the Fukushima Nuclear Catastrophe* (New York: New Press).

Cantor, N. F., 2001, *In the Wake of the Plague: The Black Plague and the World it Made*(New York: Free Press).

Chotiner, Isaac, 2021, How Pandemics Change History, *New Yorker* (March 3).

Cipolla, C. M., 1994, *Before the Industrial Revolution: European Society and Economy,* 1000 – 1700 (New York and London: W. W.

Norton).

Clements, Benedict J., David Coady, Stefania Fabrizio, Sanjeev Gupta, Trevor Serge Coleridge Alleyne, and Carlo A. Sdaralevich, 2013, *Energy Subsidy Reform: Lessons and Implications* (Washington, DC: International Monetary Fund).

Coase, R. H., 1960, The Problem of Social Cost, *Journal of Law and Economics*, 3, pp.1 – 44.

CoreLogic (Hazard HQ Team), 2021, *2020 Climate Change Catastrophe Report* (CoreLogic Inc.), available online at www.corelogic. com/wp-content/uploads/sites/4/2021/05/report-2020-climate-change-catastrophe-report.pdf(accessed August 11, 2021).

Crauwshaw, J. L., 2012, *The Plague Hospitals: Public Health for the City in Early Modern Venice* (New York: Routledge).

Dasgupta, Partha, 2021, *Economics of Biodiversity: The Dasgupta Review*(London: HM Treasury).

Davis, Debra, 2002, *When Smoke Ran Like Water: Tales of Environmental Deception and the Battle Against Pollution* (New York: Basic Books).

Davis, Kenneth C., 2018, *More Deadly than War: The Hidden History of the Spanish Flu and the First World War*(New York: Henry Holt).

Deaton, Angus, 2013, *The Great Escape: Health, Wealth and the Origin of Inequality*(Princeton University Press).

Debenedetti, Franco, 2021, *Fare profitti: Etica dell'impresa*(Venice:

Marsilio).

Dennis, Brody, Chris Moony, and Sara Kaplin, 2020, The World Rich Need to Cut their Carbon Footprint by a Factor of 30 to Slow Climate Change, UN Warns, *Washington Post*(December 10).

Di Bonifacio, Carlos and Carlo Stagnaro, 2021, The EU National Energy and Climate Plans: A Survey, IBL Special Report(2 February).

Diamond, Jared, 1999, *Guns, Germs, and Steel: The Fates of Human Societies*(New York and London: W. W. Norton).

Diaz del Castillo, Bernal, 1956 [1632 Spanish ed.], *The Discovery and Conquest of Mexico 1517 – 21* (New York: Farrar, Strauss and Cudahy). *The Economist*, 2020, Making Coal History (December 3), pp.25 – 28.

Editors of *Fortune*, 1970, *The Environment: A National Mission for the Seventies*(New York, Evanston, and London: Harper & Row).

Ehle, John, 1988, *Trails of Tears: The Rise and Fall of the Cherokee Nation*(New York: Doubleday).

Ehrlich, Paul R. and Anne H. Ehrlich, 1972, *Population, Resources and Environment: Issues in Human Ecology* (San Francisco: W. H. Freeman).

Fletcher, Catherine, 2020, *The Beauty and the Terror: The Italian Renaissance and the Rise of the West*(Oxford University Press).

Fogel, R. and B. Harris, 2011, *The Changing Body* (Cambridge University Press).

Folger, Tim and Keith Ladzinsli, 2020, So Great, So Fragile, *National Geographic* (December) , pp.40 – 61.

Friedman, Milton, 1970, The Social Responsibility of Business Is to Increase its Profits, *New York Times Magazine*(September 12) .

Frydman, Roman and Michael D. Goldberg, 2007, *Imperfect Knowledge Economics*(Princeton University Press) .

Galbraith, John Kenneth, 1977, *The Age of Uncertainty* (Boston: Houghton Mifflin) .

Galeotti, Marzio and Alessandro Lanza, 2021, Como sará il 2021 del clima, lavoce.info(January 7) .

Garrett, Laurie, 1994, *The Coming Plague: Newly Emerging Diseases in a World Out of Balance*(New York: Farrar, Straus and Giroux) .

Gates, Bill, 2021a, *How to Avoid a Climate Disaster: The Solution We Have and the Breakthrough We Need*(New York: Alfred Knopf) .

——, 2021b, Losing Time Against Climate Disaster, *Harvard Gazette* (February 26) .

Gelles, David, 2021, Despite Losses CEOs Prosper Amid Pandemic, *New York Times*(April 25) , pp.1, 24.

Getty, J. Arch and Oleg V. Naumov, 2010, *The Road to Terror: Stalin and the Self-Destruction of the Bolsheviks, 1932 – 1939*, enlarged ed.(Yale University Press) .

Gladwell, Malcolm, 2008, *Outliers: The Story of Success*(New York, Boston, and London: Little, Brown) .

Gleick, James, 1992, *Genius: The Life and Science of Richard Feynman*(New York: Pantheon Books) .

Gray, Mike and Ira Rosen, 2003, *The Warning: Accident at Three Mile Island*, new ed.(New York and London: W. W. Norton) .

Greenblatt, Stephen, 2011, *The Swerve: How the World Became Modern*(New York: W. W. Norton) .

Greenspan, Alan, 2007, *The Age of Turbulence: Adventures in a New World*(New York: Penguin) .

Guicciardini, Francesco, 1964 [1561 Italian ed.] , *History of Italy; History of Florence*, trans. Cecil Greyson, ed. and abridged John R. Hale (New York: Washington Square Press) .

Guo, Jessie, Daniel Kubli, and Patrick Saner, 2021, *The Economics of Climate Change: No Action Not an Option*(Zurich: Swiss Re Institute) .

Gwynne, S. C., 2010, *Empire of the Summer Moon* (New York: Scribner) .

Hackett Fischer, David, 1996, *The Great Wave: Price Revolutions and the Rhythm of History*(Oxford University Press) .

Harvey, Phil and Lisa Conyers, 2020, *Welfare for the Rich: How Your Tax Dollars End Up in Millionaires' Pockets — And What You Can Do About It*(New York: Post Hill Press) .

Hassey, Meg, Richard Liu, and Claire Auld-Brokish, 2021, Who Pays the Bill for Plastic Waste?, China Environment Forum(blog of the Wilson Center, January 7) .

Hicks, John, 1939, *Value and Capital*(Oxford University Press) .

Hobhouse, Henry, 2005, *Seeds of Change: Six Plants that Transformed Mankind*(Washington, DC: Shoemaker and Hoard) .

Honigsbaum, Mark, 2020, *The Pandemic Century: A History of Global Contagion from the Spanish Flu to Covid 19*(London: Penguin) .

Hooijer, A. and R. Vernimmen, 2021, Global LiDAR Land Elevation Data Reveal Greatest Sea Level Rise Vulnerability in the Tropics, *Nature Communications* 12(3592) .

Hosking, Geoffrey, 1992, *The First Socialist Society: A History of the Soviet Union from Within*, 2nd enlarged ed.(Harvard University Press) .

Hume, David, 1970 [1752], *Writings on Economics*, ed. Eugene Rotwein(University of Wisconsin Press) .

Hume, Neil, 2021, Miners Face Up to Climate Challenge, *Financial Times*(January 7) .

IMF, 2021, *World Economic Outlook, April 2021: Managing Divergent Recoveries*(Washington, DC: International Monetary Fund) .

Kahneman, Daniel, 2011, *Thinking, Fast and Slow* (New York: Farrar, Straus and Giroux) .

Kay, John and Mervyn King, 2020, *Radical Uncertainty: Decision Making Beyond the Numbers*(New York: W. W. Norton) .

Kelly, James, 1992, Scarcity and Poor Relief in Eighteenth-Century Ireland: The Subsistence Crisis of 1782 – 4, *Irish Historical Review*, 28 (109) , pp.38 – 62.

Kelly, John, 2005, *The Great Mortality: An Intimate History of the Black Death, the Most Devastating Plague of All Times*(New York: Harper Collins) .

Kenny, Charles, 2021, *The Plague Cycle: The Unending War Between Humanity and Infectious Diseases*(New York: Scribner) .

Keynes, John Maynard, 1921a, *The Economic Consequences of the Peace*(New York: Macmillan) .

——, 1921b, *A Treatise on Probability*(London: Macmillan) .

——, 1930, Am I a Liberal?, in John Maynard Keynes, *Essays in Persuasion*(London: Macmillan) .

——, 1926, *The End of Laissez Faire*(London: Hogarth Press) .

——, 1936, *The General Theory of Employment, Interest, and Money* (New York: Harcourt, Brace) .

Knight, Frank H., 1923, The Ethics of Competition, *Quarterly Journal of Economics*, 37, pp.579 – 624.

——, 1964 [1921], *Risk, Uncertainty and Profit* (New York: Century Press) .

Kolata, Gina Bari, 2005, *Flu: The Story of the Great Influenza Pandemic of 1918 and the Search for the Virus that Caused It*(New York: Touchstone) .

Kolbert, Elizabeth, 2014, *The Sixth Extinction* (New York: Henry Holt) .

Kopits, George, ed., 2004, *Rules-Based Fiscal Policy in Emerging*

Markets: Background, Analysis, and Prospects (New York: Palgrave Macmillan) .

——, 2013, *Restoring Public Debt Sustainability: The Role of Independent Fiscal Institutions*(Oxford University Press) .

Kuznets, Simon, 1966, *Modern Economic Growth: Rate, Structure, and Spread*(Yale University Press) .

Lane, Frederic C., 1973, *Venice: A Maritime Republic*(Johns Hopkins University Press) .

Levi Montalcini, Rita, 1987, *Elogio dell'imperfezione* (Milan: Garzanti) .

Lewis, Michael, 2010, *The Big Short: Inside the Doomsday Machine* (New York: W. W. Norton) .

Liu, Xingrang and Ramesh Bansal, 2016, *Thermal Power Plants: Modeling, Control, and Efficient Improvement*(Boca Raton: CRC Press) .

Lustgarten, Abrahm, 2020, Catastrophe's Harvest, *New York Times Magazine*(December 20) , pp.24 – 29, 51 – 53.

MacFarquhar, Roderick and Michael Schoenhals, 2006, *Mao's Last Revolution*(Belknap Press of Harvard University Press) .

Malthus, Thomas, 1890, *An Essay on the Principle of Population* (University of Minnesota) .

Mandelbrot, Benoit B. and Richard L. Hudson, 2004, *Mis(behavior) of Markets: A Fractal View of Risk, Ruin, and Reward*(New York: Basic Books) .

Martin, W. R. and Robert Pindyck, 2019, Welfare Costs of Catastrophes: Lost Consumption and Lost Lives, NBER working paper 26068(July).

McKibben, William, 1989, *The End of Nature*(New York: Random House).

Messere, K. C., 1993, *Tax Policy in OECD Countries: Choices and Conflicts*(Amsterdam: IBFD Publications BV).

Milanovic, Branko, 2005, *Worlds Apart: Measuring International and Global Income Inequality*(Princeton University Press).

Mises, Ludwig von, 2005, *The Quotable Mises*, ed. Mark Thornton (Auburn: Mises).

Morison, Samuel Eliot, 1971, *The European Discovery of America: The Northern Voyages*(Oxford University Press).

Moss, David A., 2002, *When All Else Fails: Government as the Ultimate Risk Manager*(Harvard University Press).

Musgrave, Richard, 1959, *The Theory of Public Finance*(New York: McGraw-Hill).

Nelson, Edward, 2020, *Milton Friedman and Economic Debates in the United States, 1932 − 1972*, Volume 2(University of Chicago Press).

Nice, O. M., 2011, Piecing Together Fukushima: Nuclear Experts Hear New Details of the Fukushima Disaster, *The Economist*(May 5).

Nordhaus, William D, 2007, A Review of the Stern Review on the Economics of Climate Change, *Journal of Economic Literature*, 45(3), pp.

224

686 – 702.

——, 2013, *The Climate Casino: Risk, Uncertainty, and Economics for a Warming World*(Yale University Press) .

North, Douglass C., 1990, *Institutions, Institutional Change and Economic Performance*(Cambridge University Press) .

OECD, 2021, *How Was Life? Volume II: New Perspectives on Well-Being and Global Inequality Since* 1820(Paris: OECD Publishing) .

Oh, Jason and Eric M. Zolt, 2021, Wealth Tax Design: Lessons from Estate Tax Avoidance, *Tax Law Review*, 74.

Oldstone, Michael B. A., 1998, *Viruses, Plagues, and History: Past, Present and Future*(Oxford University Press) .

Olson, Mancur and Hans H. Landsberg, eds., 1973, *The No-Growth Society*(New York: W. W. Norton) .

Pechman, Joseph, 1987, *Federal Tax Policy*, 5th ed. (Washington, DC: Brookings Institution) .

Petrucelli, Lyons, 1987, *Medicine: An Illustrated History*(New York: Abradale Press) .

Pigou, A. C., 1920, *The Economics of Welfare*(London: Macmillan) .

Pindyck, Robert S. and Neng Wang, 2009, The Economics and Policy Consequences of Catastrophes, NBER working paper 15373 (September) .

Piotrowski, Matt, 2019, Nearing the Tipping Point: Drivers of Deforestation in the Amazon Region (Washington, DC: Inter-American

Dialogue).

Plokhy, Serhii, 2018, *Chernobyl: History of a Tragedy* (London: Penguin).

Pogge, Thomas and Krishen Mehta, eds., 2016, *Global Tax Fairness* (Oxford University Press).

Pooley, Gale and Marian L. Tupy, 2021, *The Simon Abundance Index 2021*, Human Progress(April 22)(Washington, DC: Cato Institute).

Pope Francis, 2015, *Laudato Si': Encyclical Letter* (Vatican City: Libreria Editrice Vaticano).

Porter, D., 1999, *Health, Civilization and the State* (London: Routledge).

Posner, Richard A., 2009, *A Failure of Capitalism: The Crisis of ' 08 and the Descent into Depression*(Harvard University Press).

Powell, Alvin, 2020, Six-Year Deluge Linked to Spanish Flu, World War I Deaths, *Harvard Gazette*(October 5).

Prescott, William Hickling, 1980, *History of the Conquest of Mexico and History of the Conquest of Peru*(New York: Modern Library).

Rahmstorf, Stefan, 2002, Ocean Circulation and Climate During the Past 120, 000 Years, *Nature*, 419, pp.207 - 214.

Rajan, Raghuran G., 2010, *Fault Lines: How Hidden Fractures Still Threaten the World Economy* (Princeton University Press).

Rhodes, Richard, 1997, *Deadly Feasts: Tracking the Secrets of a Terrifying New Plague*(New York: Simon and Schuster).

225

Rohatinski, Zeljko, 2017, *Time and Economics: The Concept of Functional Time*(Cham, Switzerland: Palgrave Macmillan) .

Rosen, W., 2007, *Justinian Flea*(New York: Penguin) .

Saez, E. and Zucman, G., 2019, *The Triumph of Injustice*(New York: W. W. Norton) .

Samuelson, Paul, 1947, *Foundations of Economic Analysis*(Harvard University Press) .

Sandel, Michael J., 2012, *What Money Can Buy*(New York: Farrar, Straus and Giroux) .

Schlossberg, Tatiana, 2020, Seaweed: An Unusual Feed for Cows, A Powerful Fix for Greenhouse Gases, *Washington Post*, Health and Science (December 15) , Section E.

Segrè, Gino and Bettina Hoerlin, 2016, *The Pope of Physics: Enrico Fermi and the Birth of the Atomic Age*(New York: Henry Holt) .

Semega, Jessica, Melissa Kollar, Emily A. Shrider, and John F. Creamer, 2020, *Income and Poverty in the United States: 2019*, US Census Bureau, Current Population Reports, P60 - 270 (Washington, DC: US Government Publishing Office) .

Sen, Amartya, 1981, *Poverty and Famines*(Oxford University Press) .

——, 1999, *Development as Freedom*(New York: Alfred A. Knopf) , Chapter 7.

Shafir, Minousche, 2021, *What We Owe Each Other: A New Social Contract*(London: Bodley Head) .

Shiller, Robert J., 2000, *Irrational Exuberance*(New York: Broadway Books) .

———, 2012, *Finance and the Good Society*(Princeton University Press) .

Sierra Martín, César, 2021, The Plague of Athens, *National Geographic*, History(May – June) , pp.34 – 45.

Siliezar, Juan, 2021, Antarctic Ice Sheet Melting to Lift Sea Level Higher than Thought, Study Says, *Harvard Gazette*(April 30) .

Small, Meredith F., 2021, *Inventing the World: Venice and the Transformation of Western Civilization* (New York and London: Pegasus Books) .

Smil, Vaclav, 2021, *Grand Transitions: How the Modern World Was Made*(Oxford University Press) .

Smith, Adam, 1937 [1776] , *The Wealth of Nations* (New York: Modern Library) .

Snowden, Frank M., 2002, *Naples in the Time of Cholera, 1884 – 1911*(Cambridge University Press) .

———, 2019, *Epidemics and Society: From the Black Death to the Present*(Yale University Press) .

Solimano, Andres, 2020, *A History of Big Recessions in the Long Twentieth Century*(Cambridge University Press) .

Spohr, Kristina and Daniel S. Hamilton, eds., 2021, *The Arctic and World Order*(Washington, DC: Brookings Institution) .

Stern, Nicholas, 2006, *The Stern Review: The Economics of Climate*

Change(London: HM Treasury) .

Stern, Nicholas and Joseph E. Stiglitz, 2021a, Getting the Social Cost of Carbon Right, *Project Syndicate*(February 15) .

——, 2021b, The Social Cost of Carbon, Risk, Distribution, Market Failures: An Alternative Approach, NBER working paper 28472 (February) .

Stirling, Stuart, 2005, *Pizarro: Conqueror of the Inca*(Stroud: Sutton) .

Swan, Shanna H., with Stacey Colino, 2021, *Count Down: How Our Modern World Is Threatening Sperm Counts, Altering Male and Female Reproductive Development, and Imperiling the Future of the Human Race* (New York: Simon and Schuster) .

Tainter, Joseph, 1988, *The Collapse of Complex Society*(Cambridge University Press) .

Taleb, Nassim Nicholas, 2004, *Fooled by Randomness: The Hidden Role of Chance in Life and in the Market*(New York: Random House) .

——, 2007, *The Black Swan: The Impact of the Highly Improbable* (New York: Random House) .

——, 2012, *Antifragile: Things That Gain from Disorder*(New York: Random House) .

Tanzi, Vito, 1988, Forces that Shape Tax Policy, in Herbert Stein, ed., *Tax Policy in the Twenty First Century*(New York: John Wiley) , pp. 266 – 277.

——, 1995, *Taxation in an Integrating World* (Washington, DC:

Brookings Institution).

——, 2008, The Future of Fiscal Federalism, WZB discussion paper SP II2008 − 03(Wissenschaftszentrum Berlin), also in *European Journal of Political Economy*, 24, pp.705 − 712.

——, 2011, *Government Versus Markets: The Changing Economic Role of the State*(Cambridge University Press).

——, 2013, *Dollars, Euros and Debt*(London: Palgrave Macmillan).

——, 2015, Hayek and the Economic Role of the State: Some Comparison with Keynes' Views, in Konrad Hummler and Alberto Mingardi, eds., *Europe, Switzerland and the Future of Freedom: Essays in Honour of Tito Tettamanti*(Torino: IBL Libri), pp.465 − 482.

——, 2016a, Pleasant Dreams and Nightmares in Public Debts Scenarios, *CESifo Forum*, 17, special issue, pp. 40 − 43 (Munich: ifo Institut/Leibniz-Institut für Wirtschaftsforschung an der Universität München).

——, 2016b, Lakes, Oceans and Taxes: Why the World Needs a World Tax Authority, in Thomas Pogge and Krishen Mehta, eds., 2016, *Global Tax Fairness*(Oxford University Press), pp.251 − 264.

——, 2018a, *Termites of the State: Why Complexity Leads to Inequality*(Cambridge University Press).

——, 2018b, *The Ecology of Tax Systems: Factors that Shape the Demand and Supply of Taxes*(Cheltenham: Edward Elgar).

——, 2018c, *Italica: L'Unificazione difficile, tra ideali e realtà*

(Fasano: Schena) .

——, 2020a, *Advanced Introduction to Public Finance*(Cheltenham: Edward Elgar) .

——, 2020b, Perfect Markets, Perfect Democracies and Pandemics (Ibero-American Association of Local Finance[AIFIL] , in tribute to the late economist Luiz Villela) .

——, 2020c, *The Economics of Government: Complexity and the Practice of Public Finance*(Oxford University Press) .

——, 2021, Some Reflections on Transition: Its Roots, Complexity of the Process, and Role of the IMF and Other Organizations, in Eloise Douarin and Oleh Havrylshyn, eds., *The Palgrave Handbook of Comparative Economics*(London: Palgrave) , pp.369 – 388.

Torpey, Elka, 2020, Essential Work: Employment and Outlook in Occupations that Protect and Provide, *Career Outlook*, US Bureau of Labor Statistics(September) .

Tuchman, Barbara W., 1978, *A Distant Mirror: The Calamitous Fourteenth Century*(New York: Alfred A. Knopf) .

Turner, Adair, 2020, The Costs of Tackling Climate Change Keep on Falling, *Financial Times*, Opinion(December 11) , p.9.

US Federal Reserve, 2021, Distribution of Household Wealth in the US Since 1989, in *Survey of Consumer Finances and Financial Accounts of the United States* (US Federal Reserve) , available online at www. federalreserve. gov/releases/z1/dataviz/dfa/distribute/chart/(accessed

August 14, 2021).

van Overtveldt, Johan, 2007, *The Chicago School: How the University of Chicago Assembled the Thinkers Who Revolutionized Economics and Business*(Chicago: Agate) .

Vicarelli, Fausto, 1984, *Keynes: The Instability of Capitalism* (University of Pennsylvania Press) .

Wallace, Chris, with Mutch Weiss, 2020, *Countdown 1945: The Extraordinary Story of the Atomic Bomb and the* 116 *Days that Changed the World*(New York: Avid Reader Press) .

Wallace-Wells, David, 2019, *The Uninhabitable Earth: A Story of the Future*(New York: Penguin) .

Washington Post, 2021, Air Pollution from Farms Leads to 17, 900 US Deaths Per Year, Study Finds(May 12) .

Weitzman, M. L., 2007, *A Review of the Stern Review on the Economics of Climate Change, Journal of Economic Literature* 45(3) , pp. 703 – 724.

Wike, Richard, Katie Simmons, Bruce Stokes, and Janell Fetterolf, Many Unhappy with Current Political System, report, October 16 (Pew Research Center) .

Winchester, Simon, 2005, *A Crack in the Edge of the World: America and the Great California Earthquake of 1906*(New York: HarperCollins) .

Wolf, Martin, 2008, *Fixing Global Finance*(Johns Hopkins University Press) .

Woodward, Sir Llewellyn, EBA, 1962 [1938], *The Age of Reform, 1815 – 1870*, 2nd ed.(Oxford: Clarendon Press).

World Meteorological Organization, 2021, *State of the Global Climate 2020*(Geneva: WMO).

Zingales, Luigi, 2015, Presidential Address: Does Finance Benefit Society?, *Journal of Finance*, 70(4), pp.1327 – 1363.

Zucman, Gabriel, 2015, *The Hidden Wealth of Nations: The Scourge of Tax Havens*(University of Chicago Press).

索 引

索引页码为本书边码

图书在版编目（CIP）数据

脆弱的未来：灾害、大流行病和气候变化的不确定性经济学 / (美) 维托·坦茨著；陈瑶译. -- 北京：商务印书馆, 2024. -- (剑桥精选). -- ISBN 978-7-100-24230-1

Ⅰ. F0

中国国家版本馆 CIP 数据核字第 2024NY5953 号

脆弱的未来

灾害、大流行病和气候变化的不确定性经济学

〔美〕维托·坦茨　著

陈瑶　译

商　务　印　书　馆　出　版
（北京王府井大街 36 号　邮政编码 100710）
商　务　印　书　馆　发　行
北京盛通印刷股份有限公司印刷
ISBN　978-7-100-24230-1

2024 年 9 月第 1 版　　　开本 787×1092　1/32
2024 年 9 月第 1 次印刷　　印张 11¾

定价：78.00 元